Catia Letizia



# Ein Neuanfang auf Kreta

Autobiografie

agenda

Catia Letizia

# Ein Neuanfang auf Kreta

Autobiografie

agenda Verlag
Münster
2021

Bibliografische Information der Deutschen Nationalbibliothek
Die Deutsche Nationalbibliothek verzeichnet diese Publikation in der Deutschen Nationalbibliografie; detaillierte bibliografische Daten sind im Internet über http://dnb.dnb.de abrufbar.


Drubbel 4, D-48143 Münster
Tel. +49-(0)251-799610
info@agenda.de, www.agenda.de

Umschlagabbildung vorne: Davide Macella

Druck und Bindung: TOTEM, Inowroclaw, Polen

ISBN 978-3-89688-701-6

# Inhalt


1. Prolog – Die Entdeckung des Paradieses 9

2. Einzug in Vagionia 26

3. Dorfleben 34

4. Griechischer Amtsschimmel 46

5. Eleftherias Tribut 55

6. Ein widerspenstiger Geländewagen 60

7. Mein neues Beziehungsnetz 66

7.1. Dorfgeschwätz 66
7.2. Die Zunft der Auswanderer 68
7.3. In guten wie in schlechten Zeiten 68
7.4. Eine gesegnete Freundschaft fürs Alter 70
7.5. Die Hippies von Dytikos 71
7.6. Besucher der «Villa Eleftheria» 74

8. Schwere Tage 79

9. Freunde auf vier Pfoten 96

9.1. Lara 96
9.2. Liza 100

10. Reputation ist alles 103

10.1. Der Möchtegern-Held 103
10.2. Sozialer Aufstieg 104
10.3. Der König von Vagionia 105
10.4. Ein hoffnungsloser Fall 107

11. Liebeskummer im Geflügelstall 109

12. Kretas überbordende Feiern 114

12.1. Sommerfeste 114
12.2. Religiöse Feiern 116

13. Rocket Stove – ein waghalsiges Projekt 132

14. Katzenterror 141

15. Unser Leben mit den Jahreszeiten 147

15.1. Frühling 147

15.2. Sommer 149
15.3. Herbst 151
15.4. Winter 152
16. Tierschutz? Fehlanzeige! 154
17. Kretas eigene Regeln 160
18. Die Göttin Chemie 165
19. Außenseiter und Randgruppen 169
19.1. Outing mit Folgen 169
19.2. Wertvolle Arbeitskräfte aus dem Osten 169
19.3. Vorurteile 172
19.4. Das freie Leben der Roma 172
19.5. Das schwere Schicksal der beeinträchtigten Menschen 175
20. Die Rolle der Frau 177
21. Heilende Erde 182
21.1. Rituale 183
21.2 Kindersegen 185
21.3. Dem Himmel so nah 193
21.4. Unterwegs zum Red Sand Beach 196
22. Ein Hoch auf die Schönheit meiner Insel 204
22.1 Gruß der Delphine 205
22.2 Die gastfreundlichen Mönche von Koudouma 205
22.3 Als das Meer zu uns sprach 215
22.4 Unvergessliche Begegnungen 217
22.5 Hüter der Gänsegeier 218
22.6 Trost aus dem Jenseits 221
22.7 Der Mond von Vathy 222
23. Epilog 231
23.1 Kreta in Coronazeiten 231
23.2 Fazit und Zukunftsträume 236
Glossar 241

«Ich hoffe nichts, ich fürchte nichts, ich bin frei.»
(Nikos Kazantzakis, 1883 - 1957)

Dieses Buch ist meinem Grosi gewidmet, das mit seiner Stärke und Unabhängigkeit schon immer mein Vorbild war. Dem unerschütterlichen Glauben meiner Großmutter an mich ist es zu verdanken, dass mir Flügel gewachsen sind und ich mich zu dieser glücklichen, eigenständigen und selbstbewussten Persönlichkeit entwickeln konnte, die ich heute bin.

# 1. Prolog – Die Entdeckung des Paradieses

Eine schicksalshafte Verknüpfung diverser Ereignisse führte dazu, dass ich mich im Jahr 1999 für eine Urlaubsreise nach Kreta entschied. Es herrschte damals Krieg im ehemaligen Jugoslawien und mein damaliger Mann, ein Serbe, musste in seine Heimat reisen, um seiner Familie zu helfen. Unsere Kinder und ich konnten nicht mitfahren; es war zu gefährlich, da Serbien zu dieser schrecklichen Zeit durch die NATO bombardiert wurde. Wir wollten unseren Kindern ein solches Kriegstrauma nicht zumuten. An unserem Wohnort in der Schweiz waren die Serben wegen ihrer Rolle als Aggressor im Balkan-Krieg sehr schlecht angesehen und ich wurde wegen meines slawischen Nachnamens ständig auf den Krieg angesprochen und fühlte mich oft diskriminiert, beispielsweise bei der Wohnungssuche, die sich für uns sehr schwierig gestaltete.

Ich suchte deshalb für meine Kinder und mich ein Reiseziel, an dem wir Sonne tanken und uns vom strengen Winter in der Schweiz erholen konnten und wo wir uns für eine Weile nicht mit dem üblen Krieg und mit den damit verbundenen Ängsten und Sorgen auseinandersetzen mussten. Griechenland war und ist mit Serbien verbrüdert, weshalb wir als serbische Familie sehr willkommen waren. Kreta ist die südlichste Insel Griechenlands, mit genügend Sonne und Wärme bereits im April. Diese Gründe führten dazu, dass wir damals nicht an eine unserer gewohnten Feriendestinationen in Serbien oder Italien reisten, sondern in die uns völlig unbekannte Kultur Kretas eintauchten.

Bereits als ich in Heraklion aus dem Flugzeug stieg und den salzigen Geruch des warmen Südwindes einatmete, fühlte ich mich wie zuhause angekommen. Sobald ich dann im Reisebus in Richtung Hotel saß, die wilde Schönheit der Insel sah und die Anziehungskraft der kretischen Erde spürte, überfiel mich ein unbändiges Glücksgefühl, denn ich erkannte, endlich die Heimat meiner Seele gefunden zu haben.

Als Italo-Schweizerin fühlte ich mich weder in der Schweiz noch in Italien jemals ganz zuhause. Ein Teil von mir vermisste immer etwas, egal wo ich war. In der Schweiz sehnte ich mich nach dem Klima und dem Meer Siziliens, es fehlte mir die Herzlichkeit meiner italienischen Verwandtschaft; und im sizilianischen Dorf fühlte ich mich eingeengt durch die religiöse Engstirnigkeit des Katholizismus und die von Angst geprägte Gesellschaft. Die Sizilianer wurden in der Geschichte ständig durch verschiedenste Besatzer unterdrückt. Auch aktuell werden sie von Kirche und Mafia in einer Atmosphäre von Angst und Gewalt beherrscht. Menschen mit so einem Hintergrund fällt es schwer, frei zu sein und offen zu denken. Sie ziehen es vor, sich vordergründig an die Regeln zu halten, um möglichst nicht aufzufallen. Ein Wildmensch wie ich kann sich in Süditalien trotz des herrlichen Wetters und der atemberaubenden Landschaft nicht zuhause fühlen; dazu sind dort die gesellschaftlichen Ketten viel zu eng geschmiedet.

Kreta wurde zwar auch jahrhundertelang durch die Venezianer, die Osmanen und die Nazis besetzt, und die Kreter wurden bei den Besatzungen massiv unterdrückt und ausgebeutet, sie haben sich aber immer leidenschaftlich gegen ihre Unterdrücker gewehrt und im Herzen die Freiheit bewahrt. Ihre unnachgiebige Einstellung wird in Nikos Kazantzakis Buch *«Freiheit oder Tod»* eindrücklich beschrieben. Ich glaube, dass sich die Kreter, im Gegensatz zu den Sizilianern, durch den mutigen Kampf ihrer Vorfahren, ihren Stolz bewahren konnten.

Auf der Busfahrt zu unserem Hotel wurden wir von der Reiseleiterin über die bekanntesten Besonderheiten des kretischen Lebensstils informiert, während wir den Ausblick auf die blühende Küstenlandschaft Nordkretas genossen. Dabei keimte in meinem Herzen eine Faszination und Liebe zu dieser Insel auf, die den Rest meines Lebens bestimmen sollten.

Als ich mit dem Kreta-Virus infiziert wurde, waren meine beiden Kinder Nikola und Marina fünf und drei Jahre alt. Sie konnten sich auf der Insel wirklich frei fühlen, waren überall willkommen, und ihr südländisches Temperament wurde äußerst wohlwollend taxiert. Ständig tätschelten die Leute ihre kleinen Köpfe und im Restaurant konnte ich in Ruhe essen, weil die Kinder vom Personal unterhalten wurden. Sie gaben es schnell auf, wie üblich, Unruhe zu stiften, da sie ohnehin mit viel Aufmerksamkeit überschüttet wurden.

Wir fanden rasch Kontakt zu den Menschen, und ich verfiel der Sinnlichkeit der heißblütigen, kretischen Männer mit ihren starken Körpern und ihren ausdrucksvollen Augen. Geist, Seele und Körper fließen auf Kreta zusammen, und ich fühlte mich zum ersten Mal in meinem Leben als Mensch komplett. Die lebensspendende Kraft der Insel sowie die Offenheit und Herzlichkeit ihrer Bewohner stimmten mich einfach nur glücklich in diesem Urlaub im April 1999.

Während viele meiner Freunde die ganze Welt bereisen mussten, um glücklich zu sein, war ich einfach nur zufrieden, den Ort gefunden zu haben, wo ich hingehörte. Ich wusste instinktiv, dass ich mich auf Kreta niederlassen musste, um mich weiterentwickeln zu können; etwa so wie ein Olivenbaum, der die geeignete Erde braucht, um Wurzeln zu schlagen und zu gedeihen. Kein Wunder also, dass es mich nach meiner Scheidung von meinem serbischen Mann immer wieder nach Kreta zurückzog.

Bei meinem nächsten Urlaub reiste ich allein nach Kreta und lernte dabei Dimitris besser kennen. Der stämmige Mann mit seinen graumelierten Haaren und seinen dunklen, lodernden Augen führte zusammen mit seinem Bruder Kostas eine phantasievoll dekorierte Taverne, in welcher er mich bereits bei meiner ersten Kreta-Reise mit meinen Kindern mit seinen traumhaften Kochkünsten verwöhnt hatte. Ich erreichte das Hotel mitten in der Nacht und sah um drei Uhr morgens noch Licht in Dimitris' Taverne «Nefeli». Von Ungeduld getrieben, wieder in die Glückseligkeit meiner ersten Reise einzutauchen und nach der schwierigen Scheidung seelisch ausgehungert, beschloss ich nachzusehen, wer zu so später Stunde noch im Lokal anzutreffen war.

Als ich die Holzpergola des Restaurants betrat, winkte ich Dimitris zu, der an der Bar saß und sich mit einem Freund unterhielt.

Obwohl ich Dimitris nur flüchtig kannte, erkannte er mich sofort wieder und freute sich offensichtlich sehr über das Wiedersehen. Er lud mich ein, mich zu ihm an die Bar zu setzen, während sein Freund sich unverzüglich von uns verabschiedete. Nachdem Dimitris mir einen *Metaxá*-Cognac serviert hatte, fischte er mit seinen starken Fingern eine gelbe Rose aus dem Bouquet auf der Theke, steckte sie mir zart und vorsichtig ins Haar und prostete mir mit seinem Whiskey on the Rocks zu: «*Gia mas!*»

Geschmeichelt erkundigte ich mich bei ihm nach dem Befinden von gemeinsamen Bekannten und erfuhr, dass das «Nefeli»-Team immer noch aus Dimitris, seinem Bruder Kostas sowie der russischen Barfrau Olga bestand. Nur der sinnliche Kellner Titos war nicht mehr da. Er war seiner Ferienliebe nach Holland gefolgt. Statt ihm arbeitete nun Aristotelis im Service. Ich war etwas traurig, Titos nicht mehr antreffen zu können, aber Dimitris' Zunge an meinem Hals tröstete mich schnell, entführte mich in höhere Sphären und ließ mich alles andere vergessen.

Unweigerlich landete ich in Dimitris' Bett in seiner Wohnung, direkt am Strand und gab mich den Rest der Nacht, im Takt der rauschenden Wellen, seiner Leidenschaft hin. Als ich am Morgen völlig ausgelaugt zum Hotel spazierte und auf das Haus am Strand zurückblickte, stand Dimitris' Tochter Eleftheria auf der Veranda und schaute mir nach. Sie war in dieser Nacht ebenfalls bei ihrem Vater zu Besuch und ich konnte nur hoffen, dass sie einen tiefen Schlaf hatte.

Da schaltete sich mein Verstand wieder ein, und ich wunderte mich, dass ich mich auf dieses Abenteuer mit Dimitris eingelassen hatte und dass er mich ohne weiteres an unserem ersten Abend verführen konnte. Die Art und Weise, wie er mich überrumpelt hatte, fand ich ziemlich unverschämt. Ich fühlte mich wie gerädert, denn mein ganzer Körper schmerzte von der anstrengenden Liebesnacht und ich beschloss, Dimitris nicht wieder zu treffen. Später erfuhr ich, dass er an jenem Abend eine Menge Alkohol und auch Gröberes intus hatte und deshalb den Mut und die Frechheit besaß, alle Regeln der Verführung außer Acht zu lassen und mich einfach so, ohne Umstände, zu nehmen. Dieses Abenteuer und meine unbändige Freude darüber, endlich wieder auf meiner geliebten Insel Kreta zu sein, führten wohl dazu, dass Dimitris und ich an diesem ersten Abend meines zweiten Kreta-Urlaubs zu einem Paar wurden und entgegen meines Vorsatzes nach unserer ersten Liebesnacht, konnten wir danach nie wieder voneinander lassen.

Ich nutzte in den folgenden Jahren jede Gelegenheit, um in den Sommermonaten nach Kreta zu reisen, und Dimitris besuchte uns jeweils im Winter, wenn seine Taverne geschlossen war, in Zürich. Wir gingen im Gleichschritt durch viele Höhen und Tiefen, trafen uns in der Schweiz oder auf Kreta und unternahmen gemeinsame Reisen an für ihre Schönheit bekannten Destinationen in Europa.

Dimitris half mir dabei, Nikola und Marina aufzuziehen und war ihnen ein liebevoller und sich kümmernder großer Spielkamerad. Meine Kinder durften in der Taverne mithelfen die Gäste zu bedienen. Besonders Nikola entwickelte sich zu einem schneidigen Kellner sowie zu einem erfolgreichen Animator. Er war ein wahrer Touristenmagnet im «Nefeli» mit seinen Gesangs- und Tanzeinlagen und er verdiente eine Menge Trinkgeld durch seine witzigen Auftritte. Oftmals saß auch Dimitris' Vater Georgios in der Taverne und unterhielt Nikola und Marina mit seinen Späßen in gebrochenem Deutsch.

Mit Dimitris' Kindern Georgios und Eleftheria war der Kontakt schwieriger und seltener. Die Scheidung von seiner ersten Ehefrau Vula war mit vielen Streitigkeiten verbunden, und die Verletzungen, welche sich die beiden in ihren gemeinsamen Ehejahren und bei der Trennung zugefügt hatten, sind leider bis heute noch nicht verheilt. Die ganze Liebe, welche er nicht seinen beiden eigenen Kindern schenken konnte, weil er sie so wenig sah, gab er an Nikola und Marina weiter, vertraute mir Dimitris einmal an.

Um mich im Land meiner Träume besser verständigen zu können, belegte ich einen Sprachkurs für Neugriechisch an der Volkshochschule in Zürich. Meine zwölf Mitschüler besuchten den Kurs aus unterschiedlichen Beweggründen. Ärzte und Pfleger erhofften sich durch die Fortbildung einen besseren Zugang zu den zahlreichen im Gesundheitssektor verwendeten medizinischen Ausdrücken; andere, meist jüngere Teilnehmer, wollten sich auf ihre Karriere als Hotel-Animatoren in Griechenland vorbereiten.

Georgios, ein hagerer, ehrgeiziger Lehrer aus Nordgriechenland, bemühte sich leidenschaftlich, uns in die Geheimnisse der griechischen Sprache einzuweihen. Er war der Ansicht, dass wir das Griechisch in seinen Grundsätzen verstehen und nicht, wie Papageie, Worte und Sätze auswendig lernen sollten. Das führte dazu, dass wir eine Menge Grammatik büffeln mussten und der Spaß beim Lernen ein wenig auf der Strecke blieb.

Am Ende des halbjährigen Kurses waren nur noch ein Zahnarzt und ich übrig. Alle anderen warfen nach und nach frustriert die Flinte ins Korn. Wir beide wollten gerne noch verlängern, aber der Schulvorstand winkte ab. Nur für zwei Personen lohnte es sich nicht den Kurs weiterzuführen.

Immerhin kannte ich nun die griechischen Buchstaben und wusste, wie ein Satz in Griechisch aufgebaut sein musste; mein Wortschatz war jedoch noch sehr bescheiden. Mit Dimitris sprach ich ein amüsantes Gemisch aus Englisch, Deutsch und Griechisch, eine Art Geheimsprache, welche nur wir beide und meine Kinder verstanden. Im Urlaub auf Kreta versuchte ich jeweils, meine Sprachkenntnisse im Gespräch mit den Einheimischen so gut wie möglich anzuwenden und zu üben. Mit der Zeit gelang es mir immer besser, einfache Unterhaltungen zu führen.

Ich entdeckte, dass viele Wörter im deutschen Sprachgebrauch eigentlich aus dem Griechischen stammen, zum Beispiel Chaos, Dialekt, Telefon, Diät, Panik, Prognose, Typ und Charakter. Vor allem in der Terminologie der Medizin und der Naturwissenschaft, der Philosophie und der Politik werden zahlreiche griechische Fremdwörter verwendet. Insgesamt gibt es mehrere tausend griechisch-stämmige Worte in der deutschen Sprache. Wir alle sprechen somit von klein auf ein wenig Griechisch.

Natürlich träumten wir manchmal davon, das ewige Hin- und Herreisen zwischen der Schweiz und Kreta aufzugeben und gemeinsam an einem Ort zu leben, aber ein Leben in der Schweiz kam für Dimitris nicht in Frage, denn sein Heimweh nach Kreta zeigte sich jeweils bereits nach den ersten Wochen im kalten Zürich und wurde spätestens nach zwei Monaten unerträglich für ihn. Als seine Sehnsucht nach Kreta einmal besonders stark war, stürmte er nach einem Telefonat mit seinem Bruder Kostas höchsterregt zu mir in die Küche. «Kostas hat sich mit einem Beil in sein eigenes Bein gehackt!», ließ er mich wissen. «Ich muss dringend nach Kreta reisen, um ihn zu pflegen.» Bei meinem nächsten Aufenthalt auf Kreta fragte ich Kostas, wie es seinem lädierten Bein denn gehe. Kostas verstand nicht wovon ich sprach, denn er hatte sich glücklicherweise gar nicht verletzt. So flog auf, dass Dimitris den angeblichen Unfall nur erfunden hatte als Ausrede, damit er endlich wieder nach Hause reisen konnte.

In den ersten Jahren fand Dimitris zwar in der Schweiz ab und zu Hilfsjobs in der Gastronomie, er konnte sich aber nie richtig an den schweizerischen Arbeitsrhythmus gewöhnen. Oftmals wurde er bereits nach kurzer Zeit wieder entlassen, weil er sich beispielsweise unerlaubterweise zurückzog, um eine Zigarette zu rauchen oder weil er die Reste des Frühstückbuffets einpackte und mit nach Hause nahm, statt sie wegzuwerfen, wie vorgeschrieben. Wenn er frühmorgens im Bus ein fröhliches Lied trällerte, wurde er von den missmutigen Pendlern mit genervten Blicken bedacht. Er hasste die Monotonie des schweizerischen Alltags und sehnte sich nach der Wärme und der Lebensfreude in seiner Heimat.

Auf der anderen Seite kam für mich eine Auswanderung nach Kreta nicht in Frage, solange Nikola und Marina noch von mir abhängig waren. Ich wollte meinen Kindern die Trennung von ihrem Vater, der Familie und den Freunden in der Schweiz nicht zumuten und befürchtete, dass sich die Zukunft meiner Kinder durch die schlechten Arbeitsbedingungen in Griechenland viel schwieriger gestalten würde als in der Schweiz, wo mehr Milch und Honig fließt.

Wir fanden uns also damit ab, uns nur im Urlaub zu sehen, und ich glaube, dass dieses abwechselnde Sich-Treffen, Sich-satt-Haben, Sich-Trennen und Sich-aus-Sehnsucht-nacheinander-Verzehren dazu geführt hat, dass unsere Liebe so lange frisch geblieben ist. Heute bin ich davon überzeugt, dass genau dieser immer wiederkehrende Abstand voneinander der Grund dafür war, dass wir so lange zusammengeblieben sind.

Wir brauchten beide unsere Freiheit und wir führten ein erfülltes Leben außerhalb unserer Beziehung, das ebenfalls gepflegt werden musste. Ich drückte auch mal ein Auge zu, wenn Dimitris während meiner Abwesenheit eine fremde Blume pflückte, schließlich war er ein Mann in seinen besten Jahren und ich liebte ihn ja schließlich gerade, weil er so leidenschaftlich war. Diese kurzen Eskapaden, die sich aus einem körperlichen Bedürfnis heraus entwickelt hatten, konnten unserer Liebe keinen Schaden zufügen und sobald wir wieder zusammen waren, hatte er nur noch Augen für mich. In unserer Sturm- und Drangzeit hätte zu viel Nähe wohl zu wenig Raum für unsere Selbstverwirklichung geboten und unweigerlich zur Trennung geführt. Wir waren also nicht unglücklich über unsere Lebenssituation und gingen unsere separaten Wege parallel weiter.

Nach der Jahrtausendwende sank der Umsatz der Taverne «Nefeli» dramatisch, und Dimitris und Kostas mussten ihr geliebtes Restaurant schließlich aufgeben. Sie versuchten danach an anderen Orten in der Gastronomie Fuß zu fassen, aber die großen Hotels hatten All-inclusive-Angebote eingeführt und die Touristen sahen keinen Sinn darin, außerhalb ihrer Unterkunft fürs Essen zu bezahlen, wenn sie am Hotelbuffet alles kostenlos bekommen konnten. Ein Lokal nach dem anderen musste schließen und im Alter von über fünfzig Jahren war es für Dimitris auf Kreta schwierig, eine gute Arbeitsstelle zu finden. Es gab Legionen von jüngeren und günstigeren Arbeitskräften gegen die er sich durchsetzen musste. Aber es kam noch schlimmer.

An einem heißen Junitag im Jahr 2006 verlor Dimitris' Sohn Georgios in einem tragischen Verkehrsunfall sein Leben. Dieser

Schicksalsschlag schleuderte Dimitris förmlich zu Boden und es sollte noch viele Jahre dauern, bis er wieder einigermaßen auf die Beine kommen konnte. Georgios war ein schöner Mensch; eine Lichtgestalt, der unermüdlich die ganze zerrüttete Familie zusammenzuhalten versuchte. Alle die ihn kannten, vergötterten ihn, denn er brachte so viel Freude in die Herzen der Menschen.

Auch meine kleine Schwester Anita erlag seinem Charme und dem Glanz seiner grünen, mit dichten, langen Wimpern umrandeten Augen und die beiden erlebten ein kurzes aber leidenschaftliches Liebesabenteuer. Im Gegensatz zu Anita, die es gewohnt war, wie ein Schmetterling von einer Blume zur nächsten zu fliegen, trauerte der tiefgründige Georgios noch lange nach der Trennung der verlorenen Liebe nach.

Die Erwartungen der Familie an Georgios waren hoch. Er sollte seiner Mutter in ihrem Eiervertriebsgeschäft helfen und später einmal das Land von Dimitris und Kostas bewirtschaften. Eigentlich hatte er den Beruf des Buchhalters gelernt, aber er war ständig mit Mutters Lieferwagen unterwegs, um ganz Mittelkreta mit Eiern zu beliefern. Sobald ich auf Kreta war, hielt ich stets nach seinem weißen Eiertransporter Ausschau, denn er pflegte mich auf seinen Fahrten mitzunehmen und so erhielt ich die Gelegenheit, auch die entlegensten Dörfer Kretas kennenzulernen.

In meinem Herzen besetzte Dimitris' Sohn einen Ehrenplatz, und ich war unendlich traurig als ich erfuhr, dass Georgios auf einer seiner Fahrten, kurz vor Dimitris' Heimatdorf Vagionia, bei einem Verkehrsunfall sterben musste. Georgios fehlt uns wahnsinnig; es ist schwierig, ohne ihn zu leben. Seine Fröhlichkeit und seine Fürsorglichkeit sind durch nichts zu ersetzen. In ganz schwierigen Momenten habe ich das Gefühl, dass er neben mir ist und meine Hand hält, so als würde er auch als Engel seine Bestimmung wahrnehmen, für uns da zu sein.

Das Gefühl, von Georgios geleitet zu werden, hatte ich auch als ich Vula, der Exfrau von Dimitris, nach Georgios' Tod eine größere Summe Geld lieh. Sie war verzweifelt, denn ihr Eiergeschäft würde ohne Georgios' Hilfe noch schlechter laufen und sie bat mich, ihr finanziell unter die Arme zu greifen. Vula wollte mit dem Geld einen Friseursalon für ihre Tochter Eleftheria eröffnen und mir die Summe in einem Jahr zurückzahlen. Ich durfte aber Dimitris und Eleftheria nichts von unserem Plan erzählen. Entgegen jeder Vernunft ging ich darauf ein und wenn ich jetzt zurückblicke, dann kommt es mir vor, als hätten höhere Mächte die Hand im Spiel gehabt. Es ist eigentlich nicht meine Art, so hohe Summen auszuleihen, ohne zu hinterfragen, ob die Person auch in der Lage ist, das Geld zurückzuzahlen. Die Bitte, die Transaktion geheim zu halten, hätte mich eigentlich stutzig machen sollen. Ich habe das Geld bis heute nicht zurückerhalten. Dimitris ist immer noch sehr sauer und aufgebracht darüber, dass ich hinter seinem Rücken von seiner Exfrau übers Ohr gehauen wurde.

Aber Eleftheria hat sich durch meine Hilfe eine Lebensgrundlage schaffen können, mit der sie für sich und die ganze Familie sorgen konnte. Sie ist sehr tüchtig und sogar während der Finanzkrise war ihr Geschäft erfolgreich. Georgios wäre bestimmt sehr begeistert davon gewesen, dass ich es seiner Schwester ermöglicht habe, ihren Traum zu verwirklichen. Ohne meine Finanzspritze müsste die Familie in schrecklicher Armut leben. Es tröstet mich, wenn ich sehe, dass mein Geld etwas Gutes bewirkt hat. Und das ist doch viel sinnvoller, als wenn es auf der Bank liegen würde. Die ganze Sache hat aber auch Schuldgefühle bei Vula und Wut bei Dimitris ausgelöst und der Kontakt zwischen den beiden ist danach noch schwieriger geworden. Trotz der gegenwärtigen Funkstille zwischen Vula und mir, hoffe ich, dass die Gerechtigkeit eines Tages siegen wird und ich irgendwann doch noch etwas zurückerhalte, sei es in Form von Geld oder Land, das an mich überschrieben wird, damit wir uns alle wieder in die Augen blicken können. Andernfalls wird mir diese Aktion wenigstens ein paar Karmapunkte einbringen.

Nach dem schrecklichen Verlust seines Sohnes und dem Scheitern von diversen Arbeitsprojekten in der Gastronomie an den Touristenorten im Norden Kretas, beschloss Dimitris, in sein Heimatdorf Vagionia, im Süden der Insel, zurückzukehren und sich dort mit Landwirtschaft zu beschäftigen. Er hatte zusammen mit seinem Bruder Land mit Olivenbäumen von seinen Eltern geerbt, das gepflegt werden musste.

Vagionia ist ein Bauerndorf inmitten der fruchtbaren Messara-Tiefebene. Die vom Massentourismus noch völlig verschont gebliebene Messara war schon in der Antike die Kornkammer Kretas und wird noch heute intensiv landwirtschaftlich genutzt. Mir gefiel es von jeher besser im Süden der Insel, wo das ursprüngliche kretische Leben sehr intensiv stattfindet. Den Agronomen in der Messara geht es wirtschaftlich besser als vielen Bewohnern des Nordens, die mit einem stark schwankenden Touristengeschäft zu kämpfen haben.

Deshalb ist die Stimmung im Süden viel entspannter. Man trifft und hilft sich gegenseitig im Dorf und jeder kennt jeden. Die betagten Männer unterhalten sich im *Kafenío,* – dem Kaffeehaus – auf dem Dorfplatz und die Frauen tratschen auf dem sogenannten *Koutsoúri* – einer Sitzbank vor unserem Haus – und rezitieren *Mantinádes* – traditionelle Reime mit uralten Lebensweisheiten, – die von der Liebe zur Natur und den Alltagsfreuden und -sorgen der Kreter erzählen.

In Vagionia fühlte ich mich in meine Kindheit auf dem Bauernhof in der Schweiz zurückversetzt, wo ich aufgewachsen war. Meine Großeltern besaßen damals Felder und Kühe und ich half ihnen immer sehr gerne in der Landwirtschaft. Die Arbeit mit Tieren gefiel mir dabei besonders gut. Viel lieber als zur Schule zu gehen, stand ich jeweils frühmorgens auf, um die Kühe zu füttern und auszumisten. Dass meine Klassenkameraden aus dem «Neureichen-Quartier», wo ich zur Schule ging, jeweils die Nase rümpften wegen meines Stallgeruchs, war mir gleichgültig.

Meine Verwandten auf Sizilien waren ebenfalls einfache Bauern und ich durfte meinen Großvater und meinen Onkel auf dem Esel reitend zu den Olivenhainen begleiten. Ich konnte damals kein Italienisch und mein Großvater konnte kein Deutsch. Wir schwiegen deshalb stundenlang und lauschten der Musik der Natur. Ich fühlte in dieser Stille die tiefe Liebe, die meinen Großvater und mich verband. Außerdem empfand ich eine große Bewunderung für die Esel, den treuen Kameraden meines Onkels und meines Großvaters, die klaglos und geduldig zentnerschwere Lasten die sizilianischen Hügel hoch und runter schleppten. Die Tiere taten meiner Seele gut und ich konnte nicht oft genug mit den Eseln zusammen sein. Diese intensiven Erlebnisse in der Abgeschiedenheit des sizilianischen Hinterlands gehören zu meinen schönsten Kindheitserinnerungen. Ich war deshalb begeistert von Dimitris neuen Plänen und freute mich auf das Landleben in Vagionia.

Nachdem sich Dimitris in Vagionia eingerichtet hatte, beschloss auch ich dort Land mit Olivenbäumen zu erwerben und mein eigenes, rein biologisches Olivenöl zu produzieren. Mein kretisches Olivenöl verkauft sich sehr gut in der Schweiz. Die Kunden schätzen es sehr, wenn sie ihre Nahrungsmittel direkt von der Bäuerin ihres Vertrauens beziehen können und bereits nach kurzer Zeit hatte ich so viele begeisterte Käufer, dass ich der Nachfrage nicht mehr gerecht werden konnte und nun auch das Olivenöl von Dimitris und Kostas in der Schweiz verkaufe. Im Dorf erhielt ich jede erdenkliche Unterstützung. Die Bauern Vagionias freuten sich sehr, eine Ausländerin in ihren Reihen aufzunehmen und weihten mich bereitwillig in die Geheimnisse des erfolgreichen Olivenanbaus ein. Bei der körperlich schweren Baum- und Landpflege bin ich auf die Unterstützung von Dimitris und Kostas angewiesen. Während der Ernte führe jedoch ich das Kommando und entscheide, wie wir die Olivenbäume düngen und was wir gegen Schädlinge tun. Ich verzichte beim Anbau auf den Einsatz von Chemie und bin sehr stolz, meinen Kunden ein gesundes und naturbelassenes Produkt anbieten zu können.

Bei unseren früheren Blitzbesuchen in Vagionia, als der Vater von Dimitris noch dort lebte, kletterte ich immer gleich die Treppe hoch aufs Dach und genoss die Aussicht. Wie schön wäre es doch, hier einen Sitzplatz, eine Pergola oder sogar ein Zimmer einzurichten, um noch länger hoch über den Dächern Vagionias verweilen zu können. Wir entschieden uns deshalb, das Gebäude mit einem Studio im ersten Stock zu erweitern, und ich unterstützte Dimitris beim Bau des neuen Raumes und bei der Renovierung der bestehenden und bereits etwas baufälligen Zimmern im Erdgeschoss. Dimitris verputzte die rissigen Steinwände in den unteren Räumen und baute ein komplett neues Bad ein. Das alte Badezimmer bestand lediglich aus einer Toilette und einem Rohr, das aus der Decke ragte und als Dusche diente. Der Abfluss führte früher in eine Jauchegrube, welche alle paar Wochen durch ein professionelles Unternehmen geleert werden musste. Dimitris gelang es, die Abwasserrohre direkt an die Kanalisation der Gemeinde anzuschließen, was unser Leben ungemein vereinfachte.

Dimitris' Haus war das Werk von drei Generationen. Großvater Kostas hatte angefangen mit einem kleinen Raum direkt an der Straßenkreuzung. Danach erweiterte Dimitris' Vater das Häuschen mit einer Küche, einem Wohnzimmer, einem fensterlosen Eckzimmer und einem Stall. Unsere Generation machte es sich nun zur Aufgabe, den oberen Stock auszubauen und das, ohne jemals eine offizielle Baubewilligung eingeholt zu haben. Um eine Bewilligung zu erhalten, wären zahlreiche strapaziöse Behördengänge und hohe finanzielle Ausgaben von Nöten gewesen. Solange sich hier jedoch niemand beschwert, greift kein Ordnungshüter in die Bautätigkeiten ein. Und wir hatten Glück mit unseren toleranten Nachbarn, die sich mit uns an der Verschönerung des Hauses erfreuten und monatelang klaglos den Baulärm ertrugen.

Die meisten Häuser in den Dörfern wurden und werden eingeschossig gebaut und beim Blick aus dem Fenster sieht man lediglich an die Hauswand des Nachbarn. Wenn jemand mehr Platz braucht, wird normalerweise einfach ein zusätzliches Zimmer als Anbau neben dem Haus errichtet, statt einen weiteren Stock auf das bestehende Gebäude zu setzen. Es erfüllt mich jeweils mit Stolz, wie beeindruckt unsere Besucher aus dem Dorf sind, wenn sie die Treppen zu unserem Studio erklimmen, ihren Blick umherschweifen lassen und den weißen Gipfel des Psiloritis und die grüne Pracht des weitläufigen Tals erspähen. Manchmal konnten wir sogar den einen oder anderen Dorfbewohner dazu anregen, seinen Platz auf dem eigenen Hausdach besser zu nutzen.

Dimitris war ein hervorragender Bauherr, der seine Projekte schnurgerade und zielgerichtet durchzog. Gerne überließ ich deshalb ihm das Zepter bei der Sanierung seines Elternhauses. Gelegentlich wurden aber auch Vorschläge von mir angenommen, wie zum Beispiel, die Böden unserer Gästezimmer mit Laminat auszulegen. Das war sehr revolutionär und wurde von den «Vagionitern» mit viel Skepsis taxiert, denn wie in vielen südlichen Ländern üblich, rüsten die Kreter ihre Häuser mit Plattenböden aus. Diese haben im Sommer einen angenehm kühlenden Effekt. Wenn die Temperaturen von November bis März jedoch tiefer sinken, dann ist ein Holz- oder Laminatboden viel angenehmer für die Füße. Auf den Zementboden in der Küche, in den Bädern und im Wohnzimmer legten wir helle Fliesen.

Nicht immer waren wir zufrieden mit den Handwerkern, welche uns bei der Erneuerung des Hauses unterstützten. Einige Arbeiter enttäuschten uns mit einer schlechten Qualität, überrissenen Preisen oder Unzuverlässigkeit. Mit der Zeit fanden wir jedoch ganz tolle Facharbeiter, auf welche wir uns komplett verlassen konnten, wie der Spengler Stelios, der sich durch eine saubere Arbeitsweise auszeichnete und uns professionell beriet, wie wir die Toiletten mit einer Duschvorrichtung zusätzlich aufwerten konnten. Bei jedem Besuch von Stelios erhielten wir eine Kiste mit Zitronen aus seinem Garten und manchmal trafen wir ihn und seine Familie auch im privaten Rahmen auf einen Drink oder ein gemeinsames Essen. Ein Anruf reichte, und der im zwanzig Kilometer entfernten Listaros wohnhafte Elektriker Vasilis eilte herbei, um allfällige Schäden bei der Elektroinstallation zu beheben. Seine Preise waren stets transparent und fair. Nachdem wir von einem verwandten Schmied wochenlang hingehalten wurden, als wir Türen und Fenster unseres neuen Apartments in Auftrag geben wollten, fanden wir in Mires eine Eisenwerkstatt und erkundigten uns beim Inhaber Manolis, ob er die Arbeit übernehmen wolle. Noch am gleichen Tag, vermass der

Chef die Öffnungen und erstellte eine Offerte. Eine Woche später lieferte er uns die qualitativ hochstehenden Fenster und Türen, sehr zum Ärger des mit uns verwandten Schmieds, welcher sich von uns verraten fühlte. Nach diesen anfänglichen Schwierigkeiten mit den Arbeitern haben wir nun ein Team von professionellen Handwerkern, auf welches wir bei jeglichen Renovierungs- und Reparaturarbeiten zurückgreifen können. Es ist auf Kreta üblich, die Arbeiter täglich bar auf die Hand zu bezahlen und sie großzügig zu verpflegen. Ein Arbeitsvertrag ist obsolet; Steuern, Versicherungen und Altersvorsorge fallen weg.

Während des Baus unseres Studios erwischte mich eines Tages eine bösartige Grippe. Wir hatten am Tag vorher gemeinsam mit unserem gesundheitlich etwas angeschlagenen Bauleiter Georgios ein wohlverdientes Mittagessen genossen und schöpften dabei, wie in Griechenland üblich, den Salat nicht in unsere Teller, sondern pickten alle gemeinsam unser Gemüse mit den Gabeln direkt aus der Salatschüssel. Am nächsten Tag lag ich mit einer starken Grippe im Bett und fühlte mich so elend, dass ich im Fieberwahn nach meiner Mutter rief.

Dimitris hatte Mitleid mit mir und bat die Witwe Maria *Dimitrákina*, die Mutter von Georgios, dem Tankwart des Dorfes, als Pflegerin einzuspringen, da sich meine Mama weit weg in der Schweiz aufhielt und mir deshalb nicht helfen konnte. Um die vielen Marias in unserem Dorf voneinander unterscheiden zu können, wird hinter ihrem Vornamen jeweils der Name ihres Mannes angehängt: Maria *Dimitrákina* – die Frau von Dimitris. Maria war eine fleißige Besucherin der «Villa Eleftheria», die es liebte, ihr Herz beim mitfühlenden Dimitris auszuschütten und uns immer mit den wichtigsten Neuigkeiten des Dorfes versorgte. Die Angehörigen der resoluten Maria sind mit der Familie von Dimitris seit mehreren Generationen befreundet und Georgios war der Pate von Dimitris' Sohn. Die Mitglieder beider Familien nennen sich als Ausdruck dieser Freundschaft und wegen der Patenschaft gegenseitig *Sínteknos*, wenn der Angesprochene ein Mann ist oder *Síntekna* bei einer Frau.

Die von Kopf bis Fuß schwarz gekleidete Witwe zögerte nicht lange, schlüpfte in die Rolle der Krankenschwester und erklomm mit Hilfe ihres Holzstocks die Treppen zum Studio. Im ersten Augenblick dachte ich dem Tod persönlich ins Antlitz zu blicken, als ich aufwachte und die schwarze, runzlige Maria neben meinem Bett stehen sah. Sie befahl mir, mich auszuziehen und rieb mich von Kopf bis Fuß mit Petroleum ein, was ihrer Meinung nach die beste Medizin gegen Fieber sei. Andere Frauen im Dorf setzen üblicherweise lieber auf die Schlagkraft von *Rakí*-Schnaps als Fiebersenker. Ob es der Schreck oder die Wirkung des Petroleums war oder ob die Grippe von selbst wieder vorbeiging, kann ich nicht mit Sicherheit sagen; Fakt ist jedoch, dass ich bereits wenige Stunden nach der Petroleumabreibung wieder auf die Beine kam.

Je länger die Restauration der «Villa Eleftheria» dauerte, desto mehr verschlechterte sich die Beweglichkeit der betagten Maria. Am Ende stellten die Stufen in den ersten Stock eine zu große Mühsal für ihre Beine dar, sodass wir uns mit ihr jeweils auf dem Sitzplatz im Hof unterhielten.

Als der Bau abgeschlossen war, glich Dimitris' Elternhaus einer Art Schiff mit Kapitänsdeck, von welchem aus man die Übersicht über drei Straßen hatte, die sich vor unserem Haus treffen. Wir ließen bei der Gestaltung des Gebäudes unserer eigenen Phantasie freien Lauf, inspiriert von unserem Besuch im Hundertwasser-Haus in Wien. Die Witwen auf dem *Koutsoúri* vor unserem Haus machten mich bei einer Unterhaltung darauf aufmerksam, dass an allen drei Straßen viele alleinstehende, ältere Frauen wohnten, die sich von Dimitris' Gegenwart auf seinem Kapitänsdeck beschützt fühlten. Ob er das beim Hausbau so geplant hatte oder ob es sich zufällig so ergeben hatte, dass Dimitris nunmehr die Nachbarschaft unseres Dorfviertels «unter Kontrolle hatte», behielt er für sich. Jedenfalls genießt er bis heute seinen Gockel-Status und geht in der Rolle als Beschützer förmlich auf und die Witwen danken es ihm, indem sie uns hin und wieder ein Geschenk aus dem Garten oder ein Kaninchen für unser Abendessen vorbeibringen. Wir haben uns gefreut, dass der Bau so gut gelungen war und nannten unser neues Zuhause «Villa Eleftheria» – das Haus der Freiheit.

Einer nimmermüden Schar von Spatzen, Schwalben und Türkentauben scheint die «Villa Eleftheria» ebenfalls zu gefallen. Sie nisten im Frühjahr auf den Balken unter den Dächern und in den Kaminrohren, wo ihre Jungen vor den Katzen geschützt sind. So kamen wir auf die Idee, dass unser neues Zuhause auch menschlichen Besuchern ein Zufluchtsort sein könnte und beschlossen, die neu gebaute Unterkunft im ersten Stock in den Sommermonaten an Gäste zu vermieten.

Nachdem wir genügend Olivenbäume in unseren Besitz gebracht hatten, das Haus fertig renoviert war und meine beiden Kinder in der Schweiz eine Arbeitsstelle gefunden hatten und eigenständig waren, stand meiner Auswanderung nach Kreta nichts mehr im Wege. Ich wollte in der zweiten Lebenshälfte nicht nur meine Lebensumstände ändern, sondern auch mehr Wert auf Freiheit und Kreativität legen. Als Selbständige würde ich endlich selbst entscheiden können, wie ich meinen Tag gestalte. Ich würde mich mehr von meinen Instinkten leiten lassen und auf meine eigenen Bedürfnisse eingehen können, weil ich nicht mehr in den Zwängen des Alltags gefangen sein würde. Materiell würde ich weniger zur Verfügung haben als früher, aber das war mir gleichgültig. Ich war immer schon ein bescheidener Mensch, fast schon ein Minimalist, mit der Einstellung: *Die besten Dinge im Leben sind meistens kostenlos.*

## 2. Einzug in Vagionia

Als Ergebnis jahrelanger Vorbereitung war also in Kreta alles bereit, als ich im April 2015 die Brücken zur Schweiz hinter mir abbrach und nach Vagionia zog, um den Rest meines Lebens auf Kreta zu verbringen.

Nichts würde mehr so sein wie früher, das war mir klar, als ich das Flugzeug mit Destination Heraklion bestieg, um mich endlich am Ort meiner Träume niederzulassen. Die Reise nach Kreta war mir vertraut; ich kannte die schneebedeckten Alpen, die lieblichen kroatischen Inseln, die karge Landschaft Albaniens und die Betonwüste Athens bereits von vielen vergangenen Reisen und überließ meinen Fensterplatz sehr gerne einer freundlichen Touristin aus der Schweiz, welche die Aussicht mit dem Staunen eines kleinen Kindes genoss, das die Welt neu entdeckte. Ihre Faszination für die Meereslandschaft und für die Topographie des Südens war offensichtlich. Sie würde sicherlich, genauso wie ich bei meiner ersten Griechenland-Reise vor zwanzig Jahren, begeistert sein von Kreta, einer Insel mit starker Anziehungskraft, wilden, kargen Landschaften und mütterlicher Üppigkeit.

Begrüßt von den stolzen, schneebedeckten Bergen, den immergrünen olivenbewachsenen Tälern, dem Duft der wilden Kräuter und der salzigen Meerbrise, war ich gekommen, um meinen Frieden zu finden. Paradiesähnlich erschien mir dieses meerumschlungene Bergland, mit seinem Überfluss an natürlichen Schätzen. Ein Eiland, welches nur dazu erschaffen schien, seine glücklichen Bewohner mit gesunder und reichhaltiger Nahrung zu beschenken und die Herzen aller Lebewesen mit seinem Licht zu erwärmen.

Auf Kreta fand ich meinen Seelenfrieden und meine Liebe. Als ich nach jahrelanger Planung endlich von der Schweiz nach Kreta auswandern konnte, war ich sicher, dass jetzt die glücklichste Zeit meines Lebens beginnen würde. Ekstatische Freude herrschte, als ich bei Dimitris im bäuerlichen Dorf einzog, wo ich meine zweite

Lebenshälfte verbringen wollte. Mein neuer Lebensmittelpunkt lag nun im Süden der Insel, in der grünen Tiefebene Messara, eingebettet zwischen dem majestätischen Ida-Gebirge mit seinen mystischen Wäldern und den kargen Asterousia-Bergen, dem Reich der Gänsegeier. Gemeinsam mit Dimitris und seinem Bruder Kostas würde ich mich nun der Pflege der Olivenbäume aus dem Familienbesitz widmen und das hochwertige Öl in meiner alten Heimat verkaufen. Außerdem wollten wir die freien Räume in unserem bäuerlichen Landhaus an abenteuerlustige und aufgeschlossene Besucher aus aller Welt vermieten.

Ich hüpfte sozusagen in ein gemachtes Nest, in unsere «Villa Eleftheria», dem Haus der Freiheit; ich wusste aber genau, welche Arbeit mich erwarten würde mit unseren Olivenhainen und mit welchem Schlag Menschen ich es zu tun haben würde. Es war keine Überraschung für mich, dass mich die Dorfbewohner sofort in ihre Reihen aufnahmen. Sie hatten mir bei meinen früheren Besuchen immer schon das Gefühl gegeben, dass ich in Vagionia willkommen war. Mich begrüßten sie mit dem Willkommensgruß *kalós írthes* und auch Dimitris wurde zum Neuankömmling in seiner Familie beglückwünscht. Natürlich wollten einige von unseren Bekannten in Vagionia von mir hören, ob ich nun wirklich beabsichtigte, für immer auf Kreta zu bleiben und wie ich mir meine Zukunft vorstellte.

Unser erster gemeinsamer Sommer war der Eingewöhnung und dem gemächlichen Aufbau gewidmet. Ich hatte viel Zeit, um meine neue Umgebung zu bestaunen und mich vertieft mit den Menschen und mit der Kultur der Kreter auseinanderzusetzen, mit dem Ziel, mich bestmöglich zu integrieren. Zahlreiche Wanderungen über duftende Berge und Schluchten, mit anschließendem Eintauchen in die lieblichen Wellen des libyschen Meeres und ausgiebigen Sonnenbädern führten schon bald dazu, dass ich mich in perfektem Einklang mit der kretischen Natur fühlte.

Für mich sind Tiere das Größte und bereits in meinem ersten Jahr auf Kreta legten wir uns einen beträchtlichen Zoo mit Hühnern, Enten, Gänsen, Kaninchen, Ziegen und Schafen zu, die uns bis heute mit Fleisch,

Eiern und Milch versorgen. Die Pflege ist mit einigem Aufwand verbunden und wir müssen jeden Abend zeitig von unseren Ausflügen zurückkommen, um die hungrigen Mäuler zu stopfen. Spontane auswärtige Übernachtungen sind nicht mehr möglich. Wenn die Ziegen hungern, sind sie zu allem fähig und wenn die Blätter eines Avocado-Baums außerhalb des Geheges locken, kann kein Zaun sie zurückhalten. Der Besuch im Stall ist aber auch immer mit viel Freude verbunden, denn es ist wunderbar, von den dankbaren Tieren begrüßt zu werden, sie zu füttern und die heiß begehrten Streicheleinheiten auszuteilen.

Wir arbeiten kontinuierlich daran, als Selbstversorger möglichst autonom zu leben und Dimitris bepflanzt begeistert unseren Garten. Er befasst sich bereits seit seinem Neustart in Vagionia mit der Kunst des Gärtnerns und hat sich inzwischen einen großen Wissensschatz aufgebaut, wie man erfolgreich Früchte und Gemüse kultiviert. Wann immer er Hilfe benötigt, stehen ihm die erfahrenen Bauern des Dorfes sehr gerne mit Rat und Tat zur Seite.

Unser Liebesverhältnis wurde anfangs auf eine harte Bewährungsprobe gestellt. Während unserer Fernbeziehung sollten wir uns jeweils lange aufeinander freuen, um danach während ein paar Wochen des Zusammenseins alles Vermisste miteinander nachzuholen. Wir waren während dieser kurzen Zeit des Wiedersehens stets glücklich miteinander. Seit meinem Einzug bei Dimitris lebten wir nun plötzlich tagein, tagaus zusammen und mussten uns auch mit den Schwächen des anderen auseinandersetzen.

Dimitris' laute und heftige Wutanfälle, wenn wir uns stritten, versetzten mich in Angst und Schrecken und triggerten eine alte Urangst, welche sich durch frühere gewalttätige Beziehungen in meiner Seele festgesetzt hatte. Ich reagierte mit Flucht auf solche Konflikte und spielte auf langen Spaziergängen sogar mit Trennungsgedanken.

Einmal war es so schlimm, dass ich Dimitris endgültig verlassen wollte. Ich packte unbemerkt einige wenige Sachen ein und machte mich zu Fuß auf den Weg ins zehn Kilometer entfernte Asimi, wo ich in eine Pension ziehen wollte, um meine weitere Zukunft auf Kreta zu planen.

Während ich auf der Landstraße lief, hielt ein blauer Fiat Panda neben mir und eine junge Kreterin bestand darauf, mich nach Asimi zu fahren. Sie erzählte mir, dass sie als Nagelpflegerin in Heraklion arbeitete und dass sie gerade bei ihrem Vater im kleinen Dorf Dionysi zu Besuch war. Beschämt betrachtete ich meine eigenen, von der Gartenarbeit schmutzigen und verfranzten Fingernägel und befürchtete, bei der schönen und gepflegten Frau einen denkbar schlechten Eindruck zu machen. Sie ließ sich jedoch nichts anmerken und interessierte sich sehr für meine Auswanderergeschichte und meine Entscheidung, mich in der Messara niederzulassen. In Asimi angekommen, bedankte ich mich bei meiner Fahrerin, die mich so wunderbar von meinen Sorgen abgelenkt hatte und setzte mich vor der Kirche auf eine Bank.

Es war ein friedlicher Frühsommertag und die Sonne schien versöhnlich in mein Gesicht. Ich musste an Dimitris denken, wie er sich jetzt wohl fühlen würde und ich merkte plötzlich, wie sehr ich ihn jetzt schon vermisste. Ein Leben ohne ihn war einfach unvorstellbar für mich. Ich schaute auf mein Handy und sah, dass er mich inzwischen zwölf Mal angerufen hatte. Als ich ihn endlich zurückrief, war er überglücklich. «*Agápi mou*, mein Liebster, ich bin in Asimi und vermisse dich. Ich mache mich jetzt auf den Weg zurück zu dir.» Meine Worte sorgten am anderen Ende der Leitung für spürbare Erleichterung.

Auf dem Rückweg begegnete ich Georgios, dem Tankwart unseres Dorfes, welcher einer abgelegenen Manufaktur Treibstoff geliefert hatte. Ich verzichtete jedoch auf die Mitfahrgelegenheit und wollte lieber einen Spaziergang durch die Olivenhaine machen, um wieder auf klare Gedanken zu kommen. Am späteren Nachmittag nahm ich bei einer Weggabelung den falschen Pfad und gelangte deshalb in ein mir unbekanntes Gebiet. Im Zickzack und mich an den Gipfeln des Asterousia-Gebirges orientierend suchte ich meinen Weg zurück ins Dorf.

Es war bereits dunkel, als ich die mondbeschienenen Häuser des Nachbardorfs Stavlies erreichte. Endlich konnte ich dem besorgten

Dimitris meinen genauen Standort angeben und er holte mich mit dem Auto ab. Mein Liebster verzichtete darauf, mir Vorwürfe zu machen. Stattdessen bat er mich mit ruhiger Stimme, ihm nie wieder so etwas anzutun: «Wenn du es nicht mit mir aushältst, dann musst du Schluss machen. Wenn du aber mit mir zusammen sein willst, dann darfst du mir nie wieder einen solchen Schrecken einjagen.» Das führte mir klar vor Augen, dass Dimitris nicht verantwortlich war für meine Ängste aus der Vergangenheit und dass es meine Aufgabe war, sie zu überwinden.

Langsam lernte ich meinem Mann zu vertrauen und mich darauf zu verlassen, dass er mir gegenüber nie handgreiflich werden würde. Ich brachte es mit der Zeit zustande, ohne Panikattacken mit seinem heißblütigen Temperament umzugehen. Es half mir dabei sehr, dass Dimitris fortan versuchte seine Wutanfälle besser zu kontrollieren. Mit der Zeit wuchsen wir immer mehr zusammen, entwickelten Verständnis füreinander und lernten, mit den Schwächen des anderen umzugehen, bis sich sogar eine fast geschwisterliche Beziehung etablierte, in der eine Trennung nunmehr, außer im Falle des Todes, undenkbar schien.

Schon immer schätzte ich den Stolz, die Großzügigkeit und die überbordende Freude und Herzlichkeit der Kreter. Sie haben sich, trotz ihrer kriegsgeschüttelten Geschichte, ihre freien und offenen Herzen bewahrt. Bald nach meiner Einwanderung lernte ich jedoch ebenfalls die ignorante Seite der griechischen Mentalität kennen und es schmerzte mich, festzustellen, dass auch in diesem Paradies der Fortschritt zu einer Abwendung der Menschen von der Natur geführt hatte. Es dauerte eine ganze Weile, bis ich mich an die Leichtfertigkeit und Gedankenlosigkeit gewöhnt hatte, mit welchen der heilige Boden der Insel bis heute ausgebeutet und verunstaltet wird, fast so als gäbe es kein Morgen.

Beim Anblick der kretischen Bauern, welche ihre Gifte weiträumig mit Turbinen versprühten, um ihre Olivenbäume und die Erde darunter zu behandeln, schrie und trauerte ich innerlich. Das Grundwasser sank in den letzten Jahren kontinuierlich durch die

Klimaveränderung sowie das Bewässern der Olivenhaine und der Treibhäuser. Der alte Fluss, welcher das Tal in Dimitris' Kindheit ganzjährig mit Wasser beschenkte, ist nun sogar in einem regenreichen Winter oft nur ein trauriges Rinnsal. Wenn das so weitergeht, wird Kreta in einigen Jahrzehnten eine Wüste sein. Das scheint aber nur sehr wenige Menschen zu interessieren. Die Kreter leben im Jetzt, wie die Welt für ihre Kinder und Enkel aussehen wird, ist kein Grund zur Sorge, denn Gott wird es schon richten. Der alte Fluss mit seinen stattlichen Eukalyptusbäumen wird so gering wertgeschätzt, dass er sogar als illegale Mülldeponie dienen muss. Eine Wanderung im ausgetrockneten Flussbett wird deshalb schnell zum Spießrutenlauf zwischen Plastik, Bauabfällen und fürchterlich stinkenden Tierkadavern. Es könnte so schön sein hier am alten Fluss, wenn die Menschen ihm wieder den Respekt und die Ehre erweisen würden, die er verdient; ihm, dem Erhabenen, der die Geschöpfe seit tausenden von Jahren mit seinem lebensspendenden Wasser versorgt.

Ich frage mich auch, ob ich mich jemals an das verzweifelte Bellen der Kettenhunde, an die kranken und mageren Kätzchen und die vielen toten, plattgefahrenen Tiere auf den Straßen gewöhnen kann.

Da Dimitris nicht als der geduldigste und verständnisvollste Zuhörer bekannt ist, lud ich meinen Frust und mein Unverständnis meistens bei Schwager Kostas ab: «Wie könnt ihr es wagen, eure Mutter Natur so leichtsinnig aufs Spiel zu setzen und hört ihr die bangen Hilferufe der Pflanzen und Tiere nicht? In der Schweiz geht man sehr viel respektvoller mit den natürlichen Ressourcen um, unsere Gewässer sind glasklar und unsere Tiere gesund und glücklich. In der Schweiz setzen viele Landwirte auf biologischen Anbau und die gesundheitsbewussten Eidgenossen heilen ihre kleinen Leiden möglichst mit natürlichen Mitteln.» Kostas musste sich oft in Geduld üben, denn wegen meinen unzureichenden Sprachkenntnissen verstand ich nur etwa die Hälfte seiner Erklärungen und das führte immer wieder zu großen Missverständnissen. Noch heute wundere ich mich darüber, dass er die Diskussion niemals resigniert mit dem Satz kappte: «Wenn es dir hier nicht gefällt, dann gehe doch zurück in deine Heimat!»

Andere Gesprächspartner reagierten oft mit Schweigen auf meine Kritik, welches ich anfangs so deutete, dass man zwar anderer Meinung war, jedoch dem Frieden zuliebe nicht mit mir diskutieren wollte. Erst mit der Zeit verstand ich, dass das Schweigen eher etwas mit Scham zu tun hatte und mir mein Gegenüber bei den Vorwürfen zu Dingen, die in Griechenland nicht so gut funktionierten, oft insgeheim zustimmte. Viele Kreter sind selbst nie aus Griechenland hinausgekommen und kennen die westliche Welt nur in idealisierter Form durch Erzählungen und durchs Fernsehen. Sie sind manchmal ein wenig neidisch auf die Industrieländer und auf die Möglichkeiten und den Wohlstand, die eine gut funktionierende Wirtschaft und ein stabiles System mit sich bringen. Es hat sich in Griechenland eine Art Minderwertigkeitskomplex etabliert, weil das Land sich von der einstigen Wiege Europas, welche die kulturelle Entwicklung der europäischen Zivilisation maßgeblich prägte, zum Armenhaus entwickelt hat. Das Ausmaß, in dem die Menschlichkeit durch blindes Konsumdenken, gnadenlose Gewinnoptimierung und rücksichtslosem Egoismus in den westlichen Ländern zu Schaden kam, erschließt sich den Kretern jedoch kaum. Wenn sie, wie Dimitris, eine Zeitlang im knallhart agierenden Mitteleuropa leben würden, wo nur Geld und Status zählen, dann würden sie ihr kleines Paradies viel mehr zu schätzen wissen. Ich erkannte, dass meinen Gesprächspartnern zu einem fairen Schlagabtausch oft ganz einfach die Argumente fehlten und schaltete mit meinen Anschuldigungen und Beurteilungen einen Gang herunter. Eigentlich habe ich kein Recht dazu, die hier herrschenden Zustände anzuprangern. Schließlich habe ich mein neues Lebensumfeld aus gutem Grund ausgewählt und bin nur als Gast hier. *Wenn alles wie in der Schweiz sein sollte, warum war ich dann überhaupt hierhergekommen? Statt zu debattieren, wollte ich künftig eher versuchen, mit gutem Beispiel voranzugehen.* Ich bin auch heute nach wie vor die einzige Person in Vagionia, die mit eigenen Einkaufstaschen im Dorfladen einkauft. Alle anderen Dorfbewohner lassen sich durch die Gebühr von sechs Cents pro Plastiksack nicht abschrecken und packen ihre Einkäufe jeweils sorglos in die hauseigenen Beutel des Dorfladens ein.

Als ich bei einem Spaziergang einen Olivenhain mit prächtigen Bäumen sah, dessen vergiftete Erde jedoch einer Mondlandschaft glich, stimmte mich dies sehr traurig. Da erinnerte ich mich plötzlich an die Einstellung meines Schweizer Großvaters in meiner Kindheit. Er war Bauer und seine damaligen Aussagen deckten sich mehrheitlich mit den Ansichten meiner kretischen Gesprächspartner. Auch für ihn stand die Steigerung der Produktion im Vordergrund. Die Chemie war für ihn die Rettung und die Möglichkeit, mehr Geld zu verdienen. Darüber, was er mit seiner Art Landwirtschaft zu betreiben der Natur antat, war er nur in geringer Weise aufgeklärt worden.

Mir fiel es wie Schuppen von den Augen, dass der hauptsächliche Unterschied zwischen der Schweiz und Kreta darin bestand, dass Kreta etwa fünfzig Jahre in der Entwicklung hinterherhinkte. *Und war es nicht genau diese Rückständigkeit, die mein Leben hier auf Kreta um so viel reicher machte als mein früheres Dasein in der Schweiz? Waren die Menschen auf Kreta mit ihrer sozialen und arglosen Art nicht so, wie die Schweizer früher einmal gewesen waren, bevor sie durch gierige Wirtschaftsbosse in ein Hamsterrad gepresst wurden und nur noch das eigene Ego zählte?* Es ist nur eine Frage der Zeit, bis sich die Missstände auf der Insel verbessern werden; hoffentlich bleiben aber die positiven Seiten der Rückständigkeit auf Kreta noch lange bestehen. Mit dieser Einsicht konnte ich die Einstellung meiner Mitmenschen auf der Insel endlich besser verstehen und die Integration in die kretische Gesellschaft konnte beginnen.

# 3. Dorfleben

Im ländlichen Kreta spielen die sozialen Kontakte noch eine wichtige Rolle und es wird nichts verschwendet. Wenn man die eigenen Köstlichkeiten aus dem Garten nicht alle selber verwerten kann, dann wird mit Familie, Freunden und Nachbarn geteilt. Wie oft durfte ich mich an einem Geschenk in Form von schmackhaften Früchten und gesundem Gemüse erfreuen, das in einem Plastiksack von einer der betagten Großmütter aus unserer Nachbarschaft oder von einem Treibhausbesitzer unseres Dorfes vor der Haustür abgestellt wurde.

Mit meiner liebsten Nachbarin, der gutherzigen und klugen Christina tausche ich regelmäßig fruchtigen oder würzigen Likör gegen eingemachte Kapern. Die Witwe Maria stellt mir jeweils ihre Küchenabfälle zur Fütterung unserer Hühner zur Verfügung und bekommt im Austausch frische Eier von uns. Maria wird hier im Dorf *Giátrina* – Arztfrau – genannt, weil ihrem verstorbenen Mann Nikos als Kind von seiner Mutter eine Zukunft als Arzt prophezeit wurde. Das stellte sich als Irrtum heraus, denn Nikos wurde Bauer, wie schon seine Vorfahren, aber der Name *Giatrós* – Arzt – blieb an ihm haften wie der Klettverschluss an seinem Turnschuh und folglich wurde Maria nach ihrer Hochzeit, zumindest dem Namen nach, ebenfalls in den Ärztestand erhoben.

Theophili mit ihren edlen Kopftüchern schenkt mir jedes Mal, wenn ich auf dem Weg zu den Tieren an ihrem duftenden Garten Eden vor dem Haus vorbeikomme, ein fröhliches und lautes *kaliméra* – guten Morgen – oder *kalispéra* – guten Abend. Wie allen Kretern ist es ihr überaus wichtig, dass die Begrüßung von Herzen kommt. Wenn man sich begegnet, wünscht man sich deshalb überschwänglich und aus voller Kehle einen guten Tag, einen guten Abend, eine gute Nacht oder Gesundheit. An einem Feiertag wünscht man dem Gegenüber viele Lebensjahre und am ersten Tag eines Monats begrüßt man sich mit *kaló mína* – guten Monat. Falls man gegenüber einer Person, der man begegnet einen Groll hegt, lässt man das Grüßen lieber ganz sein, denn es ist besser zu schweigen, als nur halbherzig Hallo zu sagen.

Als Freundin aller Vögel, die sich in ihrem Garten tummeln und ihr Gesellschaft leisten, informiert uns Theophili jeweils freudestrahlend, wenn die Schwalben von ihrem Winterquartier in Afrika zurückkehren. Ganz selten gelingt es Dimitris, ihr ein paar schöne Blumen abzuringen, die sie dann seufzend abtrennt, um mir eine Freude zu machen. Sie befindet sich in einem ehrgeizigen Wettstreit um die schönste *Avlí* – Hausplatz – des Dorfes mit Maria, welche einige Straßen weiter wohnt und ebenfalls ihre gesamte Freizeit damit verbringt, ihren Vorgarten zu pflegen. Auch die Häuser der beiden Konkurrentinnen leuchten farbenfroh um die Wette. Beide Witwen werden nur selten von ihren Kindern besucht, die ihr tägliches Brot in den Städten verdienen. Sie vertreiben sich ihre Einsamkeit, indem sie sich mit ihrem Garten beschäftigen.

Für einen weiteren Lichtblick im Leben der vielen schwarzgekleideten Witwen in unserer Nachbarschaft sorgt das allabendliche Treffen beim *Koutsoúri* vor unserem Haus. Dort vereinen sie sich an den milden Tagesenden, beobachten und kommentieren die Vorbeifahrenden, tauschen Gerüchte aus und schwelgen in Erinnerungen und lassen frühere Zeiten wiederaufleben. Mit ihren wettergegerbten Gesichtern, ihren Kopftüchern, langen Gewändern und Holzstöcken sind sie die größte Attraktion von Vagionia. Oft halten Passanten vor dem *Koutsoúri* an und erkundigen sich, ob sie von den Dorfschönheiten ein Foto schießen dürfen, was die Damen jeweils hocherfreut gestatten. Maria *Dimitrákina* behauptet sogar, eine Berühmtheit zu sein, da ihr Bild bereits im Internet veröffentlicht wurde.

Es ist sehr auffällig, dass in unserem Dorf auf zweihundert Witwen nur etwa zwanzig Witwer kommen. Über die Gründe der männlichen Übersterblichkeit kann man nur spekulieren. Tatsache ist, dass die Ehen der Frauen, welche heute über achtzig Jahre alt sind, zumeist von den Eltern arrangiert wurden und nicht immer glücklich verliefen. Viele Witwen betrauern zwar oft und tränenreich den Verlust von Söhnen oder Töchtern, welche ihr Leben vor ihnen lassen mussten, von ihren verstorbenen Ehemännern ist aber fast nie die Rede. Häufig waren es Zweckgemeinschaften und manchmal war auch Gewalt und Unterdrückung im Spiel. Ein Gerücht besagt, dass Dimitris' Großonkel vor vielen Jahrzehnten wie aus heiterem Himmel zusammenbrach und auf der Stelle tot war. Als der Arzt bei der Familie eintraf, erkundigte er sich, was der sonst so gesunde Onkel gegessen habe vor seinem Hinscheiden. Die Tante wies auf ein paar selbstgebackene Kekse auf dem Küchentisch hin. Misstrauisch geworden, verfütterte der Arzt eines der Gebäcke an den Familienhund, worauf auch dieser auf die gleiche Weise, wie vorher sein Herrchen, niedersank und starb. Es wurde nie ein strafrechtliches Verfahren eingeleitet.

Maria *Dimitrákina* ist fast täglich auf dem *Koutsoúri* anzutreffen, denn seit dem Tod ihres Gatten leidet sie sehr unter der Einsamkeit. Bei einer Unterhaltung mit ihr sollte man besonders vorsichtig sein und vermeiden, zu Prahlen, denn sie wird schnell neidisch und ist auch für ihren bösen Blick bekannt. Wie viele Kreter glaubt mein Mann ebenfalls daran, dass «eifersüchtige Blicke» magische Kräfte besitzen und der Person, an die sie gerichtet sind, Unglück bringen können. Er vermeidet deshalb in den meisten Fällen, über den Dorfplatz zu fahren, wo sich seiner Meinung nach besonders viele neidische Menschen aufhalten. Wenn er auf dem Weg zu den Olivenhainen doch einmal mitten durchs Dorf fahren muss, dann passiert ganz bestimmt ein kleineres oder größeres Missgeschick, wie ein Maschinendefekt oder, im schlimmsten Fall, kommt sogar ein Mensch zu Schaden.

Im Lenz, wenn das Grün in den Feldern hochsteht, erhalte ich von meinen Nachbarinnen die Erlaubnis, auf ihrem Land Gras für unsere Schafe und Ziegen zu ernten. Wie praktisch für beide Seiten, denn nach dem Schnitt sieht der Obstgarten wieder gepflegt aus und meine Tiere konnten ihre Mägen füllen und freuen sich.

Wenn jemand aus dem Dorf einige Tage nicht gesehen wird, dann fällt das auf. Nach einem Aufenthalt in der Schweiz dauert mein

Gang durch Vagionia wesentlich länger als normalerweise, denn jeder den ich im Dorf treffe, erkundigt sich bei mir, wie es mir geht: «*Ti kánis?*» Außerdem muss ich jedes Mal ausführlich darüber berichten, wie erfolgreich meine Zeit im Ausland war und zu welchem Preis ich mein Olivenöl verkaufen konnte.

Vagionia ist mit seinen siebenhundert Einwohnern mit Abstand das größte Dorf in der Umgebung und bildet deshalb ein kleines Zentrum für die umliegenden Siedlungen. Fast alle Einwohner beschäftigen sich in irgendeiner Form mit Olivenanbau. Die Kinder aus den Nachbarorten werden mit Schulbussen, je nach Alter, entweder in die zentrale Grundschule mit dem großen Vorplatz und der Gedenkstätte für die Gefallenen im zweiten Weltkrieg oder in die mit ihren Gitterschranken eher einem Gefängnis ähnelnde Mittelschule am Rande des Dorfes gebracht. Zwei Supermärkte, eine Bäckerei, eine Metzgerei, zwei Friseure, zwei Geschäfte für den Landwirtschaftsbedarf, zwei Tankstellen und eine Apotheke bieten alles für den täglichen Gebrauch. Fliegende Händler preisen Waren wie Kleider, Milchprodukte, Fisch, Gebäck, Früchte, Gemüse und Haushaltartikel sowie lebendes Geflügel über Lautsprecher an, wenn sie durch Vagionia fahren. Wegen seiner guten Infrastruktur wird unser Dorf oft von Auswärtigen besucht und es herrscht ein reges Treiben.

Die Häuser stehen dicht nebeneinander und meistens befinden sich Gärten und Ställe außerhalb des Dorfes. Diese Art des bäuerlichen Zusammenlebens unterscheidet sich stark von den Bauernbetrieben in den westlichen Ländern, wo üblicherweise ein Farmhaus inmitten der betriebseigenen Ländereien steht und sich das Leben einer Bauerfamilie deshalb etwas einsam und isoliert gestaltet. In den kretischen Dörfern leben die Menschen zusammen und begeben sich für die Arbeit in die umliegende Landschaft. Das ist sehr gut für die Gemeinschaft, bietet aber Dieben manchmal eine gute Gelegenheit, Tiere oder Landwirtschaftsgeräte zu entwenden, da die Ställe und Lagerräume abgelegen und in der Nacht verlassen sind. Direkt neben unseren Ställen wohnt Dimitris' Cousine Anna. Aus diesem Grund hat sich glücklicherweise noch niemand getraut, bei uns einzubrechen. An unserem vor dem Haus parkierten Traktor wurde hingegen bereits mehrere Male Benzin abgezapft und eine herumliegende Motorsäge verschwand wie durch Zauberhand. Wenn die Grundstücke durch ihre abseitige Lage weniger geschützt sind, dann sichern die Bauern ihren Besitz oft mit einem hohen Zaun, einem scharfen Wachhund oder Überwachungskameras.

Für Fußgänger empfiehlt es sich, jederzeit dicht am Straßenrand zu bleiben, denn die jungen «Cowboys» drücken häufig kräftig aufs Gas, wenn sie mit ihren massiven Geländewagen geräuschvoll durchs Dorf brausen. Die Ladeflächen sind je nach Jahreszeit vollgepackt mit geernteten Oliven, Holz, mit bis zum Rand gefüllten Olivenöl-Fässern oder Tierfutter. Ein aufgeregter Köter, der vom Pickup herunter die alarmierten Straßenhunde ankläfft, gehört ebenfalls zum Alltagsbild. Wer von den Burschen etwas auf sich hält, macht bei der Fahrt mit seinem getunten Motorrad so laut auf sich aufmerksam, dass ein jeder Harley-Fahrer vor Neid erblassen würde. Dazu kommen noch viele Traktoren, die auch schon bessere Tage gesehen haben. Man kommt sich manchmal vor wie in einem Museum für Landmaschinen, wenn man durch die Straßen von Vagionia geht. Die dunkelblonde Vangelio benutzt, in Ermangelung an anderen Fahrzeugen, ihren Traktor für all ihre Besorgungen. Jedermann freundlich grüßend thront sie mit ihrem frechen Kurzhaarschnitt auf ihrem roten Massey Ferguson, wenn sie mit ihren Einkäufen im Anhänger durchs Dorf saust. Sie sorgt als Verkehrskadettin in Vagionia ebenfalls für die Sicherheit der Schüler und ist deshalb oft in ihrer Leuchtweste mitten auf der Straße zu sehen, wo sie ein strenges aber freundliches Regime führt.

Während der Finanzkrise wurde in deutschsprachigen Medien oft über die *faulen Griechen* geschrieben und auch dem Touristen vor Ort kann es manchmal so vorkommen, dass das Vorurteil stimmt, wenn sich die Verkäufer im Lebensmittelladen noch ein kleines Schwätzchen mit einem Kunden gestatten, während der Wirt von nebenan dem Krämer einen Kaffee liefert, wenn der Ladeninhaber zusätzlich zu seiner Arbeit noch eine Horde Kinder hütet oder wenn eine junge Kellnerin in der Hochsaison in einem vollen Restaurant gemächlich und freundlich ihre Arbeit erledigt, ohne sich von gestressten Urlaubern, die dringend bestellen oder bezahlen wollen, aus der Ruhe bringen zu lassen. An heißen Sommernachmittagen ist Vagionia wie ausgestorben und manch einem Besucher mag es seltsam vorkommen, dass ein gesamtes Dorf in einen mehrstündigen, kollektiven Mittagsschlaf verfallen kann. Dem gewöhnlichen Urlauber entgeht dabei, dass die klugen Bauern ihre gesamten Aktivitäten auf die frühen Morgenstunden und auf den kühleren Abend verlegen, um Arbeit während der Hitze zu vermeiden. Wenn man sich intensiver mit den Arbeitsbedingungen der Kreter auseinandersetzt, merkt man bald, dass der Schein trügt und es vielmehr an den klimatischen Bedingungen, an den langen Präsenzzeiten und den wenigen freien Tagen liegt, dass die Arbeits- und die Freizeit fließend ineinandergreifen.

Der große Supermarkt von Vagionia zum Beispiel hat von sieben Uhr dreißig morgens durchgehend bis abends um einundzwanzig Uhr geöffnet und zwar sechs Tage in der Woche. Es ist ein Familienbetrieb, geführt von Mutter Sophia, die das Geschäft von ihrem Vater geerbt hat, ihrem Mann Nikos und ihren drei Söhnen. Das Geschäft zeichnet sich aus durch ein vielfältiges Sortiment an allen gebräuchlichen Lebensmitteln, Tierfutter und einer kleinen Baumarktabteilung. Wenn ich ein Produkt vermisse, kann ich einen Verantwortlichen im Laden bitten, es neu ins Sortiment aufzunehmen und fünf Tage später findet sich der betreffenden Artikel im Regal. Auf Wunsch liefert unser Dorfladen die gekauften Produkte mit einem Quad direkt nach Hause, was vor allem für die älteren Einwohner eine vortreffliche Dienstleistung ist. Auch wir sind dankbar für diesen Service, wenn wir zum Beispiel schwere Säcke voller Tierfutter benötigen, welche jeweils vom Laden direkt in unseren Stall geliefert werden.

Die fünf Familienmitglieder sind abwechselnd im Laden im Einsatz, wobei immer mindestens zwei Personen anwesend sind, obwohl es durchaus auch Zeiten gibt, an denen nicht viel läuft im

Geschäft. Nikos fällt zeitweise ganz aus wegen seiner Krebserkrankung; Marios, der jüngste Sohn, geht noch zur Schule und Georgios, der Mittlere, muss gerade seinen neunmonatigen Wehrdienst leisten. Aus diesen Gründen sind meistens der ältere Sohn Eleftheris und seine Mutter im Supermarkt anzutreffen. Da er, außer am Sonntag, keine Freizeit hat, erledigt Eleftheris seine Privatsachen, wenn im Laden gerade nichts läuft. Falls gerade kein Kunde an der Kasse steht, textet er mit seiner Liebsten, plaudert mit seinen Freunden, die kurz bei ihm vorbeischauen, surft im Internet oder schaut sich eine Sendung im Fernsehen an, der über den Regalen mit den Süßigkeiten thront. Mit der Geburt in diese Händlerfamilie ist Eleftheris' Schicksal vorbestimmt. Ungeachtet seiner persönlichen Träume und Fähigkeiten wird er als Ältester später einmal den Familienbetrieb übernehmen. Manchmal bedauere ich, dass dieser junge Mann seine gesamte Jugend im Supermarkt verbringen muss, während seine Freunde ausgehen und das Leben genießen können. Eleftheris gehört nichtsdestotrotz zu den privilegierten Einwohnern in unserem Dorf, da ihm der Laden ein festes Einkommen und eine gesicherte Zukunft bietet.

Marios, der Schüler, springt in seiner Freizeit ein, um seinen Bruder im Supermarkt abzulösen und auch sonst sieht man viele Kinder hinter den Verkaufstresen und im Service arbeiten. In unserem Gemüseladen trifft man oft den Sohn der Geschäftsinhaber an, der in Gesellschaft eines Freundes hinter der Kasse sitzt und Marias neunjähriger Sprössling hält in der Metzgerei die Stellung, wenn seine Mutter kurz etwas Anderes erledigen muss. Auf der Straße zwischen Agii Deka und Gortyna, vor den Ruinen des beeindruckenden römischen Apollo-Tempels, verkauft ein Halbwüchsiger den ganzen Tag lang Erdbeeren und im Ledergeschäft von Mires berät ein keckes Mädchen die ausländischen Kunden in perfektem Englisch. Während in Mitteleuropa Kinderarbeit verpönt ist, wird hier auf Kreta oft die ganze Familie in die Familiengeschäfte mit einbezogen. Die Kinder lernen dabei zu beraten, mit Kunden zu kommunizieren, Gäste zu bedienen und abzurechnen. Womöglich werden sie durch die frühe Eingliederung in die Arbeitswelt sogar besser aufs Leben vorbereitet als in der Schule.

Allgemein herrscht in Vagionia, wie auf ganz Kreta üblich, eine hohe Dienstleistungsorientierung. Im kleinen Supermarkt als auch im Landwirtschaftsgeschäft von Anastasis können Kunden ihre Einkäufe anschreiben lassen und später bezahlen. Bei Anastasis darf ich kostenlos den Drucker benutzen, falls meiner wieder einmal streikt, die Tankstellen sind bedient und Georgios offeriert Getränke, wenn man Zeit hat, nach dem Tanken noch ein wenig zu verweilen. Nikos' Café ist gleichzeitig Umschlagplatz für Verkaufsware, Postbüro und Arbeitsvermittlung. Und das Kaffeehaus «Malamas» organisiert an den Sommerabenden auf dem Dorfplatz Public Viewings für Fussballfans. Die geschäftstüchtigen Kreter finden überall eine Möglichkeit, um Geld zu verdienen. Manchmal steht in den einsamsten Gegenden ein Stand mit dem typisch kretischen *Kaneláda*-Zimtsirup als Hauptattraktion und abgefülltem *Rakí*-Schnaps und Olivenöl zum Mitnehmen. Wenn Bauern ihre Früchte nicht oder nur zu einem geringen Preis an den Großhandel absetzen können, dann begeben sie sich kurzerhand an einen Strand und verkaufen ihre Produkte direkt von der Ladefläche ihres Geländewagens an die Badegäste.

Die Kirche bietet weitere Gelegenheiten für gesellschaftliches Zusammensein, welche rege genutzt werden. Neben der großen Hauptkirche im Dorf gibt es noch mindestens zehn weitere Kirchen in der Gemeinde, die teilweise von Landwirten auf ihrem privaten Grundstück erbaut wurden. Jede dieser Kirchen ist einem Heiligen gewidmet und am alljährlichen Namenstag des Schutzpatrons findet ein Fest für die Gläubigen statt. Nach dem Gottesdienst verweilen die Besucher jeweils noch ein wenig auf den Plätzen vor der Kirche und werden von den Kircheninhabern verpflegt. Manchmal fallen diese Festmahlzeiten auch sehr üppig aus. Besonders großzügige Gastgeber grillen ganze Lämmer und servieren *Piláfi*, eine Spezialität aus Reis, dazu. Auch die zahlreichen Gedenktage für Verstorbene werden gerne für ein Treffen mit den anderen Dorfbewohnern genutzt; auch dort werden die Gäste verköstigt und oft erhalten sie zusätzlich ein kleines Paket mit Esswaren, das sie nach Hause mitnehmen dürfen. Überspitzt formuliert könnte man sich nur durch den Besuch dieser Kirchenfeierlichkeiten komplett ernähren.

Es ist für die Witwen und die älteren Herren von Vagionia üblich, sich am Sonntagmorgen beim Glockengeläute in der Hauptkirche zur Messe zu treffen. Für alle Daheimgebliebenen wird der Gottesdienst durch Lautsprecher übertragen. Es gibt somit am Tage des Herrn für niemanden ein Entrinnen vor den inbrünstigen, religiösen Sprechgesängen. An hohen Feiertagen sind auch viele jüngere Leute im Gotteshaus anzutreffen. Als ich zu Ostern ausnahmsweise ebenfalls die Messe besuchte, raunte mir Maria mit der schönen *Avlí* enthusiastisch zu: «Ich bin so froh, dass du hier bist, denn der orthodoxe Glaube ist der einzig Wahre.»

Anders als in anderen südlichen Ländern, wird, nach meiner Erfahrung, in Griechenland die Religionsfreiheit aber respektiert und es herrscht kein gesellschaftlicher Druck, sich an die Regeln der hiesigen Glaubensgemeinschaft halten zu müssen. Die orthodoxe Kirche verlangt keine Steuern; sie ist auf die Einnahmen durch den Verkauf von Kerzen und Kalendern sowie auf Spenden angewiesen. Zahlreiche Gläubige ohne Nachfahren vermachen ihren gesamten Besitz nach ihrem Tod der Kirche, in der Hoffnung auf einen besonders schönen Platz im Paradies.

Gefühlt die Hälfte aller Dorfbewohner tragen denselben Nachnamen wie Dimitris: Neonakis. Die Endung *-akis* ist eine Verkleinerungsform des Namens, welche die Osmanen während ihrer Besatzungszeit auf Kreta ihren Untertanen zugewiesen haben, um die kretische Bevölkerung klein zu halten und zu unterdrücken. In den Tälern von Kreta ist deshalb meistens *-akis* in den Familiennamen enthalten. Die stolzen Bergler hingegen, die sich auch während der Besatzungszeit durch ihren Kampfgeist und die topographischen Kriegsvorteile ihre Freiheit bewahrten, konnten ihre Originalnamen beibehalten.

Jeder kennt jeden und die meisten Leute in Vagionia haben eine Menge Zeit. Deshalb ist der Dorfplatz von Vagionia, mit seinen Cafés und dem Restaurant von Idomeneas, zu jeder Tages- und Abendzeit gut besucht. Die Pensionäre vertreiben ihre Langeweile, indem sie stundenlang auf einem der unbequemen Stühle vor dem *Kafenío* ihrer Wahl sitzen und die Lebewesen und Fahrzeuge beobachten, die den Dorfplatz über kurz oder lang aufsuchen. Dabei ist es völlig in Ordnung, wenn sie einen halben Tag lang dort zubringen, ohne mehr als einen Kaffee zu konsumieren. Der Dorfplatz ist auch Ort des Tratsches und des Handels und es werden laufend Geschäfte vermittelt. Wenn wir zum Beispiel einen Eier-Überschuss haben, dann informieren wir die Wirte und die Ladenbesitzer darüber und es findet sich immer jemand, der uns die Eier abkauft. Jegliche Kauf- oder Verkaufsabsichten von Ländereien werden mit den Schlüsselpersonen auf dem Dorfplatz kommuniziert. Die Stammkundschaft der *Kafenía* besteht zum größten Teil aus älteren Herren. Die altehrwürdigen Damen des Dorfes verbringen ihre Nachmittage und Abende, wie schon erwähnt, auf den Sitzplätzen vor den Häusern ihres Quartiers. Obwohl dies offiziell niemand zugeben würde, schickt es sich aus alter Tradition nicht für eine Frau, sich ebenfalls zu den Männern ins *Kafenío* zu setzen. Beide Geschlechter sind gerne unter ihresgleichen und haben das Bedürfnis, sich, neben der ehelichen Gemeinschaft im Haus und der Arbeit auf dem Feld, Freiraum mit Gleichgesinnten zu schaffen.

Unbefriedigend ist diese Situation nur für die jungen Dorfbewohner, welche gerne einen Partner finden würden. Vor allem die Männer in Vagionia haben oftmals Mühe, eine Frau kennenzulernen, die gerne auf dem Land leben und fleißig im Treibhaus oder in den Olivenhainen mitarbeiten würde. Die meisten kretischen Mädels, die etwas auf sich geben, streben ein Leben in der Stadt an. Und wie kann man mit den wenigen Landmädchen in Kontakt treten, wenn es keinen gemeinschaftlichen Rahmen gibt, in welchem man sich treffen und kennenlernen kann, außer der Kirche? Früher war es einfacher, da wurden die Bündnisse fürs Leben durch die Eltern vermittelt und einige verzagte Singles wünschen sich diese Zeiten zurück. Die arrangierten Ehen mussten ja nicht immer so tragisch verlaufen, wie bei Dimitris' unglücklichem Großonkel.

Junggesellen in den Mittvierzigern baten mich in einem Anflug von Verzweiflung um Rat. Sie erzählten mir, dass sie Mädchen des Dorfes beobachtet hatten, wie sie in einer größeren Stadt wie Mires oder in der Hauptstadt Heraklion mit Freunden in Cafés saßen, etwas was sie in Vagionia nie tun würden. Unsere nicht mehr ganz so taufrischen Freunde auf Brautschau wollten also von mir wissen, was sie tun müssten, damit die von ihnen begehrten Weiblein auch die *Kafenía* in Vagionia besuchten und sie dort ganz ungezwungen miteinander in Kontakt treten könnten. Meine Vermutung war, dass sich die Damen vielleicht in einem schick eingerichteten Café mit leckerem Gebäck wohler fühlten, als auf den harten Stühlen eines kargen Lokals.

Mittlerweile glaube ich jedoch, dass das Problem tiefer in der Kultur der Griechen begründet liegt. Das wichtigste Gut, das es für eine seriöse Frau zu verteidigen gilt, ist ihr Ansehen. Wie ein Mantra hat sie dies schon von klein auf gelernt. Ist der Ruf erst einmal ruiniert, dann ist es quasi unmöglich, einen guten Mann zu finden und die ganze Familie hat unter dem Geschwätz zu leiden. Eine zweifelhafte Reputation kann sich über Generationen negativ auswirken und auf dem Dorfplatz wird dann ein junger Nachfahre von einer Persona non grata beispielsweise wie folgt beschrieben: «Das ist Petros, der Sohn von Katina, die ihre jüngste Tochter außerehelich mit einem Albaner gezeugt hat. Ihr armer Mann Ioannis hat sie verlassen, als er merkte, dass die Tochter dem Landarbeiter glich, den sie bei sich angestellt hatten, usw.», bis der ganze Skandal, der sich vor zwanzig Jahren zugetragen hatte, durchgekaut ist. Heutzutage hätte wahrscheinlich niemand mehr etwas dagegen, wenn sich eine Frau zu den Herren ins *Kafenío* setzen würde, aber es braucht sehr viel Mut und wahrscheinlich nochmals eine Generation, um mit den alten Traditionen zu brechen.

Bei mir ist dies selbstverständlich etwas Anderes, denn ich genieße den Ausländerbonus, der mir mehr Freiheiten verschafft. Ich bin eine neuzugezogene Mitteleuropäerin, die nur über sehr geringe Kenntnisse der kretischen Gebräuche verfügt und deshalb platziere ich mich gerne einmal zu einem gelangweilten Pensionär ins *Kafenío*, wenn er mich einlädt und wir unterhalten uns ein wenig. Es ist sehr interessant, was mir die älteren Herren über ihre Familie und über die früheren Zeiten zu erzählen haben und die Großväter fühlen sich geehrt, dass sich die *Xéni* – die Ausländerin – ausgerechnet mit ihnen abgibt. Das steigert ihr Ansehen in den Augen der anderen ein wenig und Reputation ist ja bekanntlich alles.

# 4. Griechischer Amtsschimmel

Viele Dorfbewohner waren neugierig, wie ich finanziell über die Runden kommen würde und stellten unverblümt Fragen, ob ich meine schweizerischen Pensionsguthaben bereits beziehen konnte. Geldfragen sind hier kein Tabu. Man scheut sich nicht, die Leute nach der Höhe ihres Lohnes oder ihrer Pension auszufragen und die Finanzen sind ein beliebtes Thema. Mit Geld wird oft geprahlt und nicht selten klagen die Leute zu Recht, viel zu wenige Euros zur Verfügung zu haben.

Zum Bezug von meinen Pensionskassengeldern konnte ich in meinen ersten Tagen im Dorf noch keine abschließende Auskunft geben, da vorgängig in Griechenland noch Formalitäten erledigt werden mussten. Ich wusste aus früheren Erfahrungen, wie mühsam und kompliziert die griechische Bürokratie sein konnte. Unsere im Jahr 2007 geschlossene Ehe ist noch immer nicht amtlich anerkannt in Griechenland. Zusätzlich zur übersetzten Heiratsurkunde wollten die Beamten auf unserer Gemeinde noch eine Unterschrift aus Den Haag, und da wir diese natürlich nicht liefern konnten, lautet Dimitris' Zivilstand in Griechenland dreizehn Jahre nach unserer Heirat noch immer ledig. Außerdem ist die definitive Übertragung eines Stücks Land auf meinen Namen nach zehn Jahren immer noch ausstehend, weil von den Behörden immer wieder noch ein weiteres Schriftstück verlangt wird, um den Verkauf amtlich zu machen. Ganz zu schweigen von den jährlichen Subventionen, die jedem Olivenbauer eigentlich zustehen würden, von welchen ich aber nie einen Cent gesehen habe, weil die bürokratischen Hürden für die wenigen Euros so hoch gesetzt sind, dass ich meinen Nerven zuliebe das Handtuch geworfen habe. Lieber verzichte ich auf das bisschen Geld, als meine Zeit in den grauen und staubigen Büros von gleichgültigen und gelangweilten Beamten zu verbringen, die ihren Job oftmals dank Beziehungen und nicht aufgrund von Kompetenz erhalten haben.

Für die Auszahlung der Hälfte meiner schweizerischen Pensionskassen-Ersparnisse war die beglaubigte Unterschrift meines Mannes nötig. Diese Formalität konnten wir leider nicht in der Schweiz erledigen, da sich Dimitris zu besagtem Zeitpunkt in Griechenland aufhielt. Die Sachbearbeiterin bei der Versicherung teilte mir jedoch mit, dass Dimitris auch in Griechenland unterschreiben und wir die Beglaubigung bei einem kretischen Notar einholen könnten. Wir hatten drei Wochen Zeit, das Formular mit der beglaubigten Unterschrift von Dimitris zurückzusenden. Wenn wir das nicht schafften, würde die Versicherung das gesamte Pensionskassengeld auf ein Freizügigkeitskonto einzahlen, wo es dann bis zu meiner Pensionierung in fünfundzwanzig Jahren ruhen würde.

Deshalb nahmen wir das Projekt «*Unterschrift beglaubigen lassen*» als Erstes nach meiner Ankunft auf Kreta in Angriff. Noch guter Dinge, suchten wir Sophia die Notarin und Tochter von Dimitra, Dimitris' Cousine ersten Grades, auf. Sie hat ihr Büro im Dorf, war uns stets wohlgesinnt und hatte uns bereits in der Vergangenheit bei Landkäufen geholfen. Sophia freute sich ehrlich, uns zu sehen. Wir erklärten ihr, um was es ging und gaben ihr das Formular zur Beglaubigung. Leider sei sie nicht befugt, das Dokument zu verifizieren, ließ sie uns wissen; sie dürfe nur Schriften beglaubigen, welche sie selber erstellt habe. Die Notarin schickte uns auf die Gemeindeverwaltung unseres Wohnbezirks Gortyna, welche sich im Nachbarort Agii Deka befindet, mit dem aufmunternden Kommentar, dass die Gemeindebeamten Dimitris' Unterschrift ganz bestimmt problemlos bestätigen würden, auch ohne den Inhalt des Pensionskassen-Formulars zu kennen, welches in deutscher Sprache verfasst war.

Etwas weniger zuversichtlich fuhren wir also zu unserer Gemeindeverwaltung, welche uns ja bereits die Anerkennung unserer Heirat verweigert hatte. Zwei Schalterbeamte beugten sich nacheinander über das Pensionskassen-Formular und runzelten die Stirn. «Bedauerlicherweise können wir keine Unterschrift auf einem Dokument beglaubigen, welches in einer fremden Sprache verfasst wurde», teilten sie uns mit. Sie versicherten sich vorgängig noch telefonisch bei ihrem Vorgesetzten, welcher bestätigte, dass ein neues Gesetz die Beglaubigung von Unterschriften auf nichtgriechischen Formularen untersagte. Sie boten uns aber freundlicherweise an, anstelle der Unterschriftsbeglaubigung, die Geburtsurkunde von Dimitris auszustellen. Da uns dieses Dokument jedoch nicht zweckerfüllend schien, verlangten wir den Vorgesetzten persönlich zu sprechen und wurden zu einem Kabäuschen im mittleren Teil des Gemeindegebäudes geschickt.

Dort saß krötenähnlich hinter einer sicheren Glasscheibe ein graumelierter Herr, der sich ein Gähnen unterdrückend hinter dicken Brillengläsern, die von Dimitris vorgetragene Bitte anhörte. Er wiederholte leicht genervt, was er bereits seinen Schalterbeamten am Telefon mitgeteilt hatte und brachte als Lösungsvorschlag für unser Problem vor, wir könnten das schweizerische Dokument von einem anerkannten Dolmetscher ins Griechische übersetzen lassen und dann nochmals herkommen. Allenfalls könne er dann die Unterschrift auf dem übersetzten Dokument beglaubigen. Ich war jedoch unzufrieden mit diesem Vorschlag, da ich den Beglaubigungsstempel auf dem schweizerischen Formular benötigte. Da der höhere Beamte hart blieb und uns den Beglaubigungsstempel weiterhin verweigerte, beschlossen wir, den Gemeindepräsidenten aufzusuchen.

Wir fragten uns durch ein Gewirr von dunklen Gängen und mit Akten vollgestopften Büros durch, bis wir den gewichtigen Präsidenten hinter einem Holzpult thronend fanden. Auf beiden Seiten des Raumes befanden sich Stühle mit wartenden Bittstellern und Besuchern, die zum mächtigen Mann wollten. Ein wenig erregt von den hitzigen Diskussionen und der Sucherei des Präsidialbüros, platzten wir in die entspannte Atmosphäre des Machtzentrums hinein und ich erkannte im wachen und interessierten Blick des Gemeindepräsidenten die Chance, den Mann allenfalls mit Charme und Witz auf unsere Seite zu bringen. Deshalb fuhr ich Dimitris unwirsch über den Mund und brachte mein Anliegen gleich persönlich vor. Unter Einsatz meines Hundeblicks und der wortreich in gebrochenem Griechisch zum Ausdruck gebrachten Verzweiflung einer armen, hilfsbedürftigen Fremden, brachte ich den Präsidenten dazu, uns helfen zu wollen. Er ließ seinen für Beglaubigungen zuständigen Beamten in sein Büro rufen, um das Versicherungsdokument abzustempeln und wenige Sekunden später stieß zu meinem allergrößten Bedauern der altbekannte Beamte mit dem unsympathischen Krötengesicht zu uns, der sich, auf das angebliche neue Gesetz berufend, zur Belustigung aller Anwesenden, erneut weigerte, seiner Pflicht nachzukommen. Der Gemeindepräsident schien nicht gewillt, seinem Angestellten in den Rücken zu fallen und ein Machtwort zu sprechen. Ich sah unsere Felle bereits davonschwimmen, als, angelockt von unseren aufgebrachten Stimmen ein wohlbekannter Cousin von Dimitris den Raum betrat. Der junge Mann hieß Antonis und war zu unserer freudigen Überraschung seit Neuestem ebenfalls Angestellter der Gemeinde Gortyna.

Antonis begrüßte uns herzlich, signalisierte uns augenzwinkernd seine Hilfsbereitschaft und führte uns galant in sein eigenes Büro, nachdem er erkannt hatte, in welcher Situation wir waren. Wir erklärten ihm nochmals detailliert unseren Wunsch und er zeigte sich sehr interessiert am Inhalt des Versicherungsdokuments. Ich versuchte ihm das Formular Wort für Wort auf Griechisch zu übersetzen. Cousin Antonis wurde nicht ganz schlau aus meinen stotternden Ausführungen und fand es ebenfalls zu riskant, den bedeutenden Stempel der Gemeinde Gortyna auf unser Formular zu drücken. Stattdessen vermittelte er uns den Kontakt zu einer offiziell anerkannten Übersetzerin in der Hauptstadt Heraklion. Sobald er die Übersetzung habe, würde er die Unterschrift auf dem schweizerischen Formular beglaubigen, versicherte er uns.

Es blieb uns also nichts Anderes übrig, als einen Termin bei der Übersetzerin Fotini zu vereinbaren und am nächsten Tag fuhren wir nach Heraklion, um ihr das Versicherungsformular persönlich auszuhändigen. Fotini war hocherfreut über den Auftrag und prognostizierte, dass sie ihre Arbeit voraussichtlich in drei Tagen erledigt haben würde. Kostenpunkt: Zwanzig Euro. Das war kein überrissener Preis und ich dankte ihr auf Deutsch im Voraus für ihre hochgeschätzte Hilfe. Leider schien Fotini kein Wort meiner Dankesrede zu verstehen und ich wurde etwas skeptisch, wie sie ohne Deutschkenntnisse die Übersetzung zustande bringen würde.

Als Dimitris und ich drei Tage später wieder Fotinis Büro betraten, bekamen wir ein fast fertiges Dokument präsentiert; ich musste ihr nur noch bei zwei oder drei Formulierungen helfen, welche das Übersetzungsprogramm des Computers nicht ausgespuckt hatte. Es war ein heißer Apriltag und im schlauchförmigen Büro von Fotini war es schwül und stickig. Fotini trug eine tiefausgeschnittene birnengrüne Bluse. Immer wieder wischte sie sich die Schweißperlen aus Stirn und Ausschnitt, während sie unser Dokument fertigstellte und ihr Entgelt entgegennahm.

Dimitris erzählte ihr noch von unserer Beglaubigungs-Odyssee und fluchte ein bisschen über die griechische Bürokratie, an welcher wir auch bei der Registrierung unserer Heirat gescheitert waren. Beim Stichwort Heirat fuhr Fotini zu unserem Schrecken unvermittelt aus ihrem Ledersessel hoch und schrie Dimitris an: «Dann heiratet halt nicht!» Völlig perplex guckten wir in ihre dunklen, blitzenden Augen, als sie fortfuhr: «Ehen sind sowieso zum Scheitern verurteilt!» Und dann fragte sie uns noch, das letzte Quäntchen Professionalität aufgebend: «Oder kennt ihr etwa ein einziges Paar, das nach vielen Ehejahren noch glücklich zusammen ist?» Erst als Dimitris ihr beipflichtete, beruhigte sie sich ein wenig und Dimitris, ganz der Hobbypsychologe, mutmaßte laut, dass sie wohl mal sehr verletzt worden sein musste von einem Typen, da sie so verbittert über den ewigen Bund fürs Leben sprach.

Die mitfühlenden Worte Dimitris veranlassten die noch immer aufrecht hinter ihrem Pult stehende Fotini, ihre Geschichte zu erzählen. Zuerst aber informierte sie uns, dass ihre Eltern ursprünglich aus Kleinasien stammten und sie deshalb grösser, schöner und klüger geraten sei, als die kleinen, rückständigen Kreterinnen. Worauf Dimitris einen interessierten Blick auf ihr Dekolleté schweifen ließ, um sich ebenfalls von Fotinis Qualitäten zu überzeugen.

Leider war Fotini trotz ihrer Schönheit und Weisheit an einen falschen Mann geraten, mit dem sie in der Folge fünf Jahre lang liiert war und der, während ihrer Beziehung, stillschweigend eine andere geheiratet hat. Von ihren Bekannten musste die Betrogene dann erfahren, dass sie der Mann ihrer Träume wegen einer Kreterin sitzen gelassen hatte. Verständlich also, dass die Arme weder aufs Heiraten noch auf die Kreterinnen gut zu sprechen war.

Auch später gingen zahlreiche Affären kläglich in die Brüche, informierte sie uns. Sie probierte, gemäß ihrer Aussage, alles und jeden aus, nachdem sie vom Traummann sitzen gelassen worden war. Die detaillierte Schilderung der zahlreichen Liebesabenteuer verstärkte Dimitris Interesse deutlich und er schien zu vergessen, dass ich auch noch da war. Feinfühlig fragend ermutigte er Fotini zu immer neuen Geständnissen, bis wir komplett in das frühere Liebesleben der leidenschaftlichen Deutschübersetzerin eingeweiht waren. Fast erwartete ich noch Zeugin davon zu werden, dass Dimitris Fotini zu einem romantischen Abendessen einlud, denn die beiden schienen sich fantastisch zu verstehen.

Der Wendepunkt kam jedoch als uns Fotini erklärte, dass all ihre Erfahrungen dazu geführt haben, dass sie nicht mehr an die Liebe glaubte. Sie war außerdem zur Überzeugung gelangt, dass alle Männer Lügner seien und sie würde nie mehr zulassen, angelogen zu werden. In der Hitze des Raumes und in ihrer Leidenschaft verkündete sie drohend, über uns gebeugt, dass sie dem nächsten Mann, der sie anlügen wird, den Schwanz abschneiden werde. Da sah ich meinen Mann erbleichen. Schnell sammelte er unsere Papiere ein, stammelte eine hastige Verabschiedung und schob mich aus dem kochenden Übersetzungsbüro.

Wir tranken noch einen Kaffee in Heraklion, um uns etwas zu beruhigen, bevor wir den Rückweg in unser kleines Dorf und die Rückkehr in unser schlichtes, unkompliziertes Eheleben antraten.

Mit der Übersetzung in der Tasche und der Zusicherung von Cousin Antonis im Hinterkopf, uns helfen zu wollen, marschierten wir erneut in die Gemeindehalle und steuerten direkt das Büro von Antonis an. Er war jedoch leider abwesend und nachdem wir ihn von einem Kollegen rufen ließen, sahen wir ihn gestresst und fluchend um die Ecke biegen.

Antonis würdigte uns kaum eines Blickes und murmelte etwas von einem behördlichen Notfall, um welchen er sich dringend kümmern müsse. Dimitris bat ihn erneut, uns zu helfen und hielt ihm Fotinis Übersetzung unter die Nase. Nun war der Notfall kurz vergessen und er las die Zeilen aufmerksam durch. Als er über den Inhalt des Versicherungsformulars und damit auch über meine finanziellen Verhältnisse ausreichend informiert war, schickte er uns wieder zum Beamten mit dem Krötengesicht. Er sei leider nicht befugt, Unterschriften zu beglaubigen, rief uns Antonis noch kurz über den Rücken zu und rannte den Gang entlang davon.

Dimitris bebte vor Wut und Enttäuschung darüber, von Cousin Antonis im Stich gelassen worden zu sein und ich schielte auf den Gemeinde-Stempel auf Antonis' Tisch. Es wäre so einfach gewesen, den Stempel schnell selber neben die Unterschrift von Dimitris zu setzen und die Sache wäre erledigt gewesen. Aber es war nur ein kurzer Gedanke, den ich schnell wegwischte. Schließlich wollte ich mein Leben hier in meiner neuen Heimat nicht als Urkundenfälscherin starten.

Der für Beglaubigungen zuständige Beamte weigerte sich weiterhin hartnäckig, sein Siegel auf das schweizerische Formular zu setzen, sondern stempelte die Unterschrift von Dimitris auf der Übersetzung ab. Danach schickte er uns hochnäsig zum Gemeindepräsidenten, welcher noch seine Unterschrift auf den Stempel kritzeln musste.

Der Gemeindepräsident hatte wiederum sofort Zeit für uns. Er fragte uns, was wir wollten und ich unternahm einen letzten Versuch, ihn zu einem Stempel und einer Unterschrift auf dem schweizerischen Formular zu bewegen. Der Präsident zögerte und das gesamte Publikum in seinem Buero und wir beide hielten gespannt die Luft an. Da wir aber unsere Bitte wohl nicht mit einer kleinen Zuwendung in einem Umschlag bestärkten, beschränkte sich der Präsident auf die gesetzeskonforme Unterschrift auf der Übersetzung.

Ein unserem Drama bisher still beiwohnender bärtiger Mann, der es sich auf einem Besucherstuhl im Präsidentenbüro gemütlich gemacht hatte, sprach uns an, bevor wir dieses Irrenhaus, welches sich Gemeinde Gortyna nennt, verließen. «Entschuldigung!», rief er uns zu, «worum geht es bei Ihrem Dokument eigentlich?» Ich antwortete frustriert: «Es geht um Geld, das ich gerne beziehen möchte, um es hier bei euch in Griechenland auszugeben. Aber ihr scheint es einfach nicht nötig zu haben.» Und Dimitris beeilte sich, mich zur Türe und zum Gemeindegebäude heraus zu bugsieren.

Die Sachbearbeiterin bei der Pensionskasse in der Schweiz war dann bereit, ein Auge zuzudrücken und mir mein Geld trotz fehlender Beglaubigung auf dem Originaldokument auszuzahlen. In dieser Angelegenheit konnte uns die griechische Bürokratie also trotz starkem Gegenwind nicht das Genick brechen.

Später stellte sich heraus, dass mit den richtigen Beziehungen auch auf der Gemeinde Gortyna alles einfach und reibungslos abgewickelt werden kann. Wir brauchten für unseren Bauernbetrieb einen Traktor und fanden ein zum Verkauf stehendes, geeignetes Fahrzeug bei unserer gleichwohl fleißigen wie auch geizigen Nachbarin *Bardoleni*. Leider kam der Handel nicht zustande, weil die misstrauische Alte uns partout nicht ihre Bankverbindung bekanntgeben wollte, da sie befürchtete, dass wir, mit Kenntnis ihrer Daten, ihr Konto leerräumen und ihr ein Leben lang so hart erspartes Geld stehlen könnten.

Dimitris warf angesichts *Bardolenis'* beleidigenden Befürchtungen genervt das Handtuch und fand bald Ersatz bei *Pápa Mími*, dem Pfarrer unseres Nachbardorfs. *Pápa Mími* ist ein fleißiger und attraktiver Mann, der neben seinem Einsatz in der Kirche auch erfolgreich einen Holzhandel betreibt. Er genießt eine hohe Beliebtheit in der Gemeinde, denn er ist stets fröhlich, hat für alle Sorgen ein offenes Ohr und immer die passende Lebensphilosophie bereit, um seinen ratsuchenden Schäfchen mit seiner Weisheit weiterzuhelfen. Die Geschäfte des dreifachen Familienvaters liefen so gut, dass er seinen alten Traktor mit einem leistungsfähigeren neuen Modell ersetzen konnte und er war gerne bereit, uns seinen roten, etwas verbeulten und angejahrten Massey Ferguson unkompliziert und zu einem fairen Preis zu überlassen.

Gemeinsam betraten wir die erhabene Halle der Gemeinde Gortyna und sofort wurde der bärtige Pfarrer von ehrfürchtigen Gemeindeangestellten umringt, die ihn freudig begrüßten, ihn nach seinem Befinden befragten und ihm eifrig ihre Dienste anboten. Ein Wunder, dass sie nicht auch noch seine lange, dunkelblaue Robe küssten und einen roten Teppich für ihn auslegten. Der Kaufvertrag wurde in Rekordzeit beglaubigt, unterschrieben und abgestempelt und nach der Übergabe der Fahrzeugpapiere war ich nach gefühlten fünf Minuten in der Gemeinde stolze Besitzerin eines Traktors. Jetzt wissen wir, wen wir um Hilfe bitten müssen, wenn es bei unseren Behörden etwas zu erledigen gibt. *Pápa Mími* als Freund zu haben, ist Gold wert.

# 5. Eleftherias Tribut

Unsere Pension «Villa Eleftheria» ist meiner Schwiegermutter Eleftheria gewidmet. Ich durfte sie leider nie persönlich kennenlernen, denn sie war, kurz bevor ich Dimitris kennenlernte, an einer verschleppten Infektionskrankheit gestorben. Aber auch über zwei Dekaden nach ihrem Tod ist die Erinnerung an Eleftheria im Dorf immer noch lebendig. Oft erzählen mir die Leute, was für ein großzügiger und gutherziger Mensch sie gewesen war.

Viele Menschen aus unserem Umkreis zählten sich zu Eleftherias Freunden. Sie war gleichwohl tatendurstig wie abenteuerlustig und unternahm mit ihren beiden Söhnen und dem familieneigenen Esel lange Ausflüge zu den umliegenden Märkten, um ihre Kartoffeln zu verkaufen, zu ihren Verwandten ins Dorf Apesokari, wo sie herstammte und zu den Stränden, wo sie mit den Kindern oft tagelang campierte und Ferien machte. Anders als viele Südländer, die das Meer als unberechenbaren Feind betrachten, haben die Griechen keine Berührungsängste mit dem Wasser. Wie die meisten Inselkinder lernte Klein-Dimitris schon früh das Meer zu genießen und zu schätzen.

Ihr Mann, mein Schwiegervater Georgios, war begeisterter Tangotänzer und ein enormer Fan von Eiskunstlauf. Der große Kinderfreund gab seinen Söhnen die Leidenschaft fürs Tanzen und Singen weiter. Leider übernahmen Kostas und Dimitris ebenfalls seine Begeisterung fürs Rauchen, sehr zum Leidwesen von Eleftheria, welche den Zigarettengestank hasste. Das Geld für seine Glimmstängel verdiente er sich normalerweise, indem er im Dorf die Eier seiner Hühner verkaufte. Als Eleftheria einmal die einzigen verbliebenen Eier für ihre Kinder zubereitete und er deshalb auf seine geliebten Zigaretten verzichten musste, brach er in Wut aus und fand, es sei an der Zeit, die Familienfinanzen etwas aufzubessern. Er immigrierte deshalb für einige Jahre nach Deutschland, wo er in einer Chemiefabrik tätig war, um die Familie über die Runden zu bringen und um das Studium von Dimitris' Bruder Kostas zu finanzieren, welcher jedoch, sehr zum Kummer seiner Eltern, die Wirtschaftsschule im letzten Semester abbrach, um sich in Moskau zum Kommunisten ausbilden zu lassen.

Für Georgios, der im griechischen Bürgerkrieg auf der Regierungsseite gekämpft hatte und der so viel für die Ausbildung seines hochbegabten Sohnes geopfert hatte, war das wie ein Schlag ins Gesicht. Zurück auf Kreta, musste Kostas jedoch feststellen, dass er die Massen nicht für seine Politik begeistern konnte. Er blieb der linksextremen Ideologie zwar zeitlebens treu, musste seinen Lebensunterhalt allerdings fortan als Kellner verdienen. Als Kostas am Sterbebett seines Vaters um Verzeihung bat für sein Scheitern und für die Enttäuschung, die er seinen aufopferungsvollen Eltern bereitet hatte, nahm ihn Georgios in seine Arme. Er verspürte schon lange keinen Groll mehr gegenüber seinem Sohn, denn sein fürsorgliches Herz war voller Liebe.

Dimitris war weniger erfolgreich in der Schule. In der ersten Klasse wurde die Entstehung der Erde behandelt. Als der Lehrer ausführte, wie Gott die Welt erschuf, wagte der intelligente Junge zu fragen, wer es denn war, der Gott erschaffen hatte. Verärgert über die Blasphemie blieb der Pädagoge ihm die Antwort schuldig und strafte den vorwitzigen Schüler stattdessen mit Prügel. Das war der Schlüsselmoment, wo Klein-Dimitris für sich entschied, dass von der Schule keine schlaue Vorbereitung aufs Leben zu erwarten war. Fortan beschränkte sich Dimitris' Teilnahme am Unterricht auf die Musterung der schlanken Beine seiner jungen Lehrerinnen.

Als Junge war Dimitris oft mit seinem Esel unterwegs, um beispielsweise Lebensmittelvorräte für eine Woche zu seinem Bruder nach Pompia zu transportieren, der dort wohnte und die Schule besuchte. Später erhielt Dimitris als erstes Kind in seinem Dorf ein Fahrrad von seinem Vater geschenkt und konnte Ausflüge ins über zwanzig Kilometer entfernte Matala unternehmen, um die in den dortigen Höhlen lebenden Hippies zu beobachten.

Georgios kam während seiner Zeit als Chemiearbeiter in Deutschland jeweils nur für wenige Wochen im Sommer zurück nach Vagionia, um seine Familie zu besuchen. Ein telefonischer Kontakt kam nur selten zustande und ein persönliches Gespräch zwischen dem Ehepaar war schier unmöglich, da es nur eine einzige Telefonkabine auf dem Dorfplatz gab und alle Umstehenden mithören konnten, was sich Eleftheria und Georgios über das Meer zu sagen hatten. Schreiben konnte Eleftheria nicht, denn sie hatte, wie viele Frauen ihrer Generation, die Schule nur ganz kurz besuchen dürfen. Gelegentlich kam ein Brief von Georgios, den die Söhne dann vorlasen und beantworteten.

Eleftheria war in diesen schwierigen Jahren größtenteils mit der Erziehung der Kinder und der Landwirtschaft ganz auf sich alleine gestellt, worüber sie sich aber nie beklagte. Als Dimitris noch klein war, gab es weder Wasser noch Strom im Haus. Am Abend sorgten Öllampen und Kerzen für spärliches Licht und das Wasser wurde aus dem Brunnen vor dem Haus geschöpft. Die Kinder waren im Sommer barfuß unterwegs, in der kalten Jahreszeit trugen sie billige Plastikstiefel. Die Toilette kam erst Ende der sechziger Jahre «in Mode» und wurde als zusätzlicher Anbau neben den Häusern errichtet. Vorher war es für die Kreter üblich, ihr Geschäft in einer Ecke außerhalb des Hausplatzes zu verrichten. Eleftherias Aufgabe war es, einmal täglich die Exkremente der Familie in der freien Natur zu entsorgen. Im Winter heizte sie das Kinderzimmer auf, indem sie eine Eisenschale mit glühender Kohle für einige Minuten auf den Lehmboden stellte, immer darauf bedacht, die Gefahr der Kohlenmonoxid-Vergiftung möglichst gering zu halten. Wo sich heute der *Koutsoúri*, der Treffpunkt der Witwen unserer Nachbarschaft befindet, stand früher ein Backofen, wo die Frauen der umliegenden Häuser nacheinander ihr Brot buken. Den ganzen Tag über war Eleftheria mit der Versorgung der Tiere, welche damals zusammen mit der Familie im Haus wohnten, sowie mit Kochen, Backen und Waschen beschäftigt.

Dennoch stand Eleftherias Haus immer offen für alle, und auch wenn sie einmal nichts zu geben hatte, spendete sie den Vorbeikommenden wenigstens ein Glas Wasser. Dimitris folgte ihr wie ein Schatten überall hin. Weder Schule noch Landwirtschaft konnten ihn begeistern. Er war von der Hausarbeit fasziniert, was Eleftheria zu folgendem viel zitierten Kommentar bezüglich Dimitris' voraussichtlicher beruflicher Zukunft verleitete: «Mein lieber Junge, du bist nur für die Herstellung von Kerzen zu gebrauchen!» Sie wurde jedoch eines besseren belehrt, als sie später noch erleben durfte, wie aus dem ehemaligen Drückeberger mehr als ein leidenschaftlicher Koch, nämlich ein wahrhaft kulinarischer Künstler, wurde.

Dimitris blickt sehr gerne auf seine Kindheit zurück, welche dank seiner liebevollen und hingebungsvollen Eltern, trotz Armut, sehr glücklich verlief. Er war oft mit den Kühen auf den Weiden unterwegs und lernte im gestauten Wasser des alten Flusses schwimmen. Als Fünfjähriger wurde Dimitris beim Baden von einem Skorpion gestochen, den er aus seinem Schlaf im Sand aufgeschreckt hatte. Mit dem einzigen Auto im Dorf wurde der verängstigte Junge nach Heraklion zum Arzt gefahren, wo das Gift neutralisiert und Dimitris gerettet werden konnte. Er genoss ein nicht ganz ungefährliches aber dafür umso freieres Leben, hatte viele Freunde und interessierte sich schon früh fürs weibliche Geschlecht. Als er einmal von der Nachbarin Katina beim Doktorspielen mit ihrer Tochter erwischt wurde, übernahm sie die Bestrafung des Jungen gleich selber, denn Eleftheria war eher dafür bekannt, dass sie ihre Söhne verhätschelte. Für Dimitris und seine Freunde war es das Größte, wenn Ioannis mit seinem Eiswagen durchs Dorf marschierte oder wenn Süßgetränke geliefert wurden. Süßigkeiten pflegte Eleftheria wegzuschließen und zu rationieren, da sie ansonsten in Rekordgeschwindigkeit weggeputzt worden wären.

Als Dimitris noch ein Kind war, gab es nur wenige, uralte Olivenbäume in der Messara. Die Bauern setzten hauptsächlich auf den Anbau von Weizen. Mit dem Fall des Mehlpreises stiegen die Landwirte auf die Kultivierung von Olivenbäumen um und die Farbe der hundertfünfzig Quadratkilometer großen Ebene änderte sich von gelb auf grün. Um zusätzliches Geld zu verdienen, unterstützte

Eleftheria während eines ganzen Sommers einen Bauer beim Kartoffelanbau. Dieser war jedoch nicht in der Lage, die fleißige Frau für ihre Mühe mit Bargeld zu entschädigen, sondern schenkte ihr stattdessen einen Obstgarten in der Nähe des Dorfes. Um sich für mein allumfassendes Engagement für die Familie erkenntlich zu zeigen, machten mir Kostas und Dimitris ebendieses Stück Land zum Geschenk. Das ist eine besondere Ehre für mich und ich bin sehr stolz, dieses paradiesische Fleckchen Erde, im Gedenken an meine Schwiegermutter, die so hart dafür gearbeitet hatte, hegen und pflegen zu dürfen.

*Eleftherias Ruf im Dorf ist vortrefflich, fast schon legendär und was kann es besseres geben, als so lange nach dem Tod immer noch in aller Munde zu sein und in den höchsten Tönen gelobt zu werden?* Wir wollen unser Gästehaus in ihrem Andenken führen. Es soll ein großzügiger, gastfreundlicher Ort sein, wo jeder mit offenem Herzen empfangen und so akzeptiert wird, wie er ist und wo man füreinander sorgt und einsteht.

# 6. Ein widerspenstiger Geländewagen

Mein Dimitris ist ein Alphatier und hat deshalb ganz bestimmt nichts dagegen, wenn er auf der Ehrbarkeitshierarchie des Dorfes noch ein klein wenig aufsteigen kann. Folgende Elemente sind nötig, um in Griechenland als erfolgreich zu gelten: Eine gute traditionelle Familie, eine schöne und fleißige Frau aus achtsamem Haus, gesunde Söhne, viel Geld und Land und ein tolles Auto. Außer der guten traditionellen Familie hatte Dimitris bisher nicht viel zu bieten. Von seiner ersten Frau ist er geschieden, es ist ihm nur eine Tochter geblieben und das bisschen Land, das er sein Eigen nennt, reicht nicht aus, um damit angeben zu können. In seinen jungen Jahren, als er etwas mehr Geld verdiente, gab er es gleich wieder für Sex, Drugs und Rock 'n' Roll aus. Danach ging es für ihn finanziell stetig bergab.

Die beste und schnellste Möglichkeit, um sein Ansehen im Dorf etwas aufzupolieren, war, in den Besitz eines hochwertigen Autos zu kommen. Als eine meiner ersten Investitionen nach meiner Auswanderung, entschlossen wir uns, ein für unsere vielfältigen Bedürfnisse geeignetes Fahrzeug zu kaufen. Es sollte genügend Platz für unsere Feriengäste bieten, aber auch über eine Ladefläche verfügen, um Waren zu transportieren.

Dimitris betrieb im Sommer jeweils einen regen Früchte- und Gemüsehandel und verkaufte die Erzeugnisse der Bauern der Messara-Ebene an seine früheren Kollegen und Restaurant-Besitzer an der Nordküste von Kreta. Das Auto musste also genügend robust sein, um fast täglich tonnenweise Wassermelonen, Honigmelonen, Tomaten, Schnecken, Honig und Kartoffeln zu transportieren. Wir brauchten die Ladefläche aber auch für die Olivenernte und die Baumpflege, um die Säcke mit den geernteten Oliven oder Holz aufzuladen. Es musste deshalb über einen Vierradantrieb verfügen, damit wir mit dem Auto auch über unwegsames Gelände und in unsere Olivenhaine hineinfahren konnten. Unser Budget betrug zehntausend Euro. Das Ziel war, einen nicht zu bejahrten Occasion Pickup in einem Topzustand zu finden.

Bald mussten wir feststellen, dass die Auswahl in den Automärkten sehr dürftig war. Wahrscheinlich war der Autohandel wegen der herrschenden Finanzkrise eingebrochen. In einer renommierten Garage in Heraklion gab es lediglich einen Pickup, der jedoch mit nur zwei Türen bestückt war und unserem Zweck deshalb nicht entsprach und einen einzigen Viertürer, der brandneu und deshalb viel zu teuer für uns war. Wir klapperten einige Automärkte ab, ohne fündig zu werden und wandten uns schließlich an einen Automechaniker in Mires, um herauszufinden, wie wir zu unserem Wunschauto kommen konnten. Dieser suchte im Internet nach verfügbaren Fahrzeugen in Athen und bot uns an, für dreihundert Euro dorthin zu fahren und sich persönlich ein Bild über den Zustand des Fahrzeugs unserer Wahl zu machen. Das schien uns ein kompliziertes und wenig erfolgsversprechendes Vorgehen zu sein. Uns wäre es lieber gewesen, das Fahrzeug selber in Augenschein nehmen zu können, bevor wir es kauften. Mit Seitenblick auf seine in der leeren Werkstatt herumtollenden Kleinkinder, verdächtigte ich den Mechaniker insgeheim, dass es ihm eher um eine kleine Reise in die Hauptstadt auf unsere Kosten ging, um sich ein wenig von den Wildfängen und dem schlechten Geschäftsgang zu erholen. Wir lehnten deshalb dankend ab und setzten unsere Suche auf eigene Faust fort.

Eines Tages tauchte unverhofft Stephanos, der Autohändler aus Vagionia, bei uns auf und teilte uns mit, unser Traumauto gefunden zu haben. Dimitris begleitete ihn nach Heraklion, um den Pickup in Augenschein zu nehmen und zwei Stunden später hörte ich ein aufgeregtes Hupen vor unserem Haus und blickte gebannt auf das leuchtendweiße Ungetüm, welches von Dimitris im Hof geparkt wurde. Auf riesigen, angeberischen Lettern stand der Modellname RANGER auf der Rückseite der kompakten Ladefläche und auf der Seite des Pickups wies die Aufschrift 4×4 auf die besondere Potenz des Fahrzeugs hin.

Dimitris strahlte auf unserer Probefahrt vor Glück und ich hatte das Gefühl, dass wir gleich vom Erdboden abheben würden, so kraftvoll und schnell war die Maschine. Es war Liebe auf den ersten

Blick für uns beide und es war klar, dass wir genau dieses Auto wollten, auch wenn der Kauf unser Budget bei Weitem überschritt. Der Ford Pickup gehörte dem Händler Dimos aus Heraklion, der sich beeilte, die nötigen Papiere für uns vorzubereiten, uns bei den Behörden als Besitzer anzumelden und eine Autonummer einzulösen. Wir bezahlten danach den geforderten Betrag auf das Konto von Dimos und warteten ungeduldig darauf, das Fahrzeug in Besitz zu nehmen. Dimos wollte noch den Service machen lassen und überprüfen, ob noch etwas am Fahrzeug fehlt. Wir warteten zwei Tage auf die Übergabe und hörten nichts mehr von Dimos. Ich dachte schon, dass er sich mit unserem Geld aus dem Staub gemacht hatte. Auch Dimitris' Nervosität wuchs stündlich und er begann, Dimos mit Anrufen zu bombardieren. Dimitris brauchte das Auto dringend für seinen Früchte- und Gemüsehandel und ich erwartete Feriengäste aus der Schweiz, die wir am Flughafen abholen wollten. Entweder nahm Dimos die Anrufe nicht entgegen oder er vertröstete uns. Er wollte uns wohl auf die Folter spannen. Bis Dimitris schließlich in Erfahrung brachte, dass sich das Fahrzeug in Mires in der Waschanlage befand und es dort überfallsmäßig abholte und zu uns nach Hause brachte. Dimos warnte uns noch, dass der Service aber noch nicht erledigt worden sei und außerdem fehlten der versprochene Plastikschutz für die Ladefläche, zwei neue Reifen und der Wagenheber. Auf diese drei Teile warten wir übrigens noch heute.

Dimitris' Einzug im Dorf mit unserem neuen Ranger war triumphal. Die Leute in den *Kafenía* auf dem Dorfplatz reckten die Hälse, um zu sehen, wer der Besitzer dieses Prachtfahrzeugs war und viele Bekannte gratulierten uns zum Kauf und wünschten uns *kalotáxido* – eine gute Reise. Sie strömten von überall herbei, um das Cockpit, die Sitze, den Motor, die Ladefläche und die Fahrgäste des Rangers zu bewundern. In ganz Kreta gab es nur sehr wenige identische Fahrzeuge und es war eine echte Sensation im Dorf, dass ausgerechnet Dimitris der neue Besitzer dieses Autos für echte Männer war. Dimitris erntete einige neidische, ja sogar verächtliche Blicke, aber auch viele herzliche Kommentare und natürlich wollten alle wissen, ob das Auto neu war und wie viel es gekostet hatte. Man merkte, dass das Versager-Image von Dimitris bröckelte und einige Männer plötzlich gerne mit ihm tauschen wollten. Unsere große Freude und unser Stolz sollte jedoch bald getrübt werden.

Im Mai lief das Geschäft mit dem Wassermelonen-Verkauf ziemlich gut und warf einen ordentlichen Gewinn ab. Die ersten Wassermelonen der Saison waren sehr begehrt. Der Einkaufspreis beim Bauern betrug fünfzig Cent pro Kilo und Dimitris konnte die Melonen zum Kilopreis von einem Euro verkaufen. Gerade als Dimitris mit seinem neuen Ranger das Bergdorf Agia Varvara im Zentrum von Kreta erreichte, öffnete sich die Türe der Ladefläche wie durch Zauberhand und rund zwanzig Melonen knallten auf die Straße und zerplatzten. Zum Glück erwiesen sich die Dorfbewohner Agia Varvaras, welche Zeugen des Missgeschicks wurden, als sehr hilfsbereit. Fast alle *Kafenío*-Gäste sprangen auf, machten Dimitris laut schreiend auf den Unfall aufmerksam und regelten den Verkehr. Sie halfen Dimitris, die rotgrünen Fruchtüberreste von der Straße zu sammeln und luden sie in das Fahrzeug eines örtlichen Geflügelstallbesitzers, der seine Tiere damit beglücken konnte. Zurück in Vagionia reparierte Georgios, unser erfinderischer Freund und Baumeister unseres Hauses, die defekte Türe der Ladefläche mit zwei Eisendrähten. Das war der erste Vorfall einer ganzen Pannenserie.

Nach ein paar unbeschwerten Tagen mit dem neuen Auto leuchtete auf einer von Dimitris' Verkaufstouren plötzlich ein verräterisches Lämpchen im Cockpit auf. Besorgt rief er den Autohändler Dimos an, um zu erfahren, was das bedeuten könnte. Dimos lachte nur und rief ins Telefon: «Kein Grund, sich Sorgen zu machen, drück aufs Gaspedal und fahr einfach weiter.» Eine Stunde später trat Rauch aus der Motorhaube und Dimitris schaffte es nur noch knapp, seine Höllenmaschine in die Autogarage von Efthimis zu fahren. Diagnose des Autoarztes: Ein defektes Getriebe. Es war wie ein Stich in Dimitris‘ Herz, dass sein geliebtes Gefährt bereits zwei Wochen nach dem Kauf einen solchen Schaden erlitten hatte. Dimos erklärte sich zwar bereit, die Kosten für die Reparatur auf sich zu nehmen, aber es sollte zwei Wochen dauern, bis ein neues Getriebe bestellt, geliefert und montiert war. Das bedeutete zwei Wochen Geschäftsausfall für Dimitris' Früchtehandel und unsere Gäste mussten ihre Ausflüge mit unserem uralten und zerbeulten Hyundai unternehmen. Zwei Wochen lang rief Dimitris fast täglich bei Efthimis in der Garage an, um in Erfahrung zu bringen, wie lange es noch dauern würde, bis er seinen Liebling zurückhaben sollte und genau so lang lebte Dimitris in einem fortwährenden Zustand von allertiefster Depression.

Das lange Fehlen des Rangers warf im Dorf natürlich Fragen auf und unser *Sínteknos* Georgios war der erste, der sich bei Dimitris nach dem Verbleib des Prachtstücks erkundigte, als wir den Hyundai bei ihm auftankten. Selbstverständlich dauerte es danach nur wenige Stunden, bis das ganze Dorf über die Misere informiert war. Unser Ranger und wir waren das Thema des Tages. Ich merkte das, weil wir tags darauf auf dem Markt in Mires Dimitris' Cousin Manolis aus Athen trafen, der erst am Vortag angereist war und trotzdem bereits über die ganze Geschichte Bescheid wusste. Allmählich begann ich zu verstehen, dass nicht nur das Fehlen des geliebten Rangers, sondern vor allem die Unkenrufe der Dorfbewohner von Vagionia zur abgrundtiefen und langanhaltenden Verstimmtheit meines Mannes führten. Er beruhigte sich erst, als er wieder hinter dem Steuer sitzen durfte und mit seinem neu reparierten Liebling Kretas Straßen entlangbrausen konnte, immer mit dem Gefühl, gleich abzuheben und mit dem Ranger dem pastellblauen Himmel entgegenzufliegen.

Das Hochgefühl sollte jedoch nur wenige Tage anhalten, denn fast an gleicher Stelle, wo sich das Melonenunglück zugetragen hatte, erlitt der Ranger einen weiteren Schaden. Ob es wohl an den schlechten Schwingungen im Dorf Agia Varvara lag? Oder waren wir von den neidischen Dorfbewohnern Vagionias mit einem Fluch belegt worden? Das haben wir nie erfahren. Aber sogar ich mit meiner schweizerischen Nüchternheit begann langsam aber sicher abergläubisch zu werden, als ich erfuhr, dass uns ein drittes Unglück widerfahren war und der Ranger von einem übermütigen, jugendlichen Bulgaren, der seine Freundin beeindrucken wollte, bei einem missglückten Überholmanöver von hinten gerammt wurde. Die Frontseite des Mercedes, welcher der Bulgare von seinem Arbeitgeber ausgeliehen hatte, war komplett eingedrückt und wir bezweifelten, dass das Auto je wieder fahrtüchtig sein würde. Unser Ranger hingegen kam mit einer kleinen Beule auf der Hinterseite davon. Aber auch diese Reparatur würde uns etwas kosten und der Unfallverursacher war mittellos und nicht versichert. Dimitris wandte sich an den aufgebrachten Bauern und Besitzer des ramponierten Mercedes, welcher in einem Nachbardorf von Vagionia Landarbeiter aus Osteuropa beschäftigte, um sich den Schaden ersetzen zu lassen. Der Schlaumeier schlug als Lösung des Problems vor: Dimitris solle sich doch bei seiner Versicherung als Unfallverursacher melden. Diese würde dann sowohl für den Schaden am Ranger, als auch für den Defekt am Mercedes zahlen. Mit vereinten Kräften hielten Georgios, der Baumeister, Georgios, der Tankwart, und ich meinen Mann jedoch davon ab, diese Dummheit zu begehen und wir gewöhnten uns langsam an die erste Beule, welche die Rückseite unseres Pickups noch lange zieren sollte.

Präventiv stattete Dimitris daraufhin sein Auto mit einem Augenamulett gegen den bösen Blick und Heiligenbildern aus und hoffte, in Zukunft von Problemen im Zusammenhang mit seinem Auto verschont zu bleiben. Aber bald schon leckte der Ölfilter und der Ranger musste erneut für zwei Tage beim Autodoktor Efthimis einquartiert werden. All diese Vorkommnisse führten dazu, dass der anfänglich nach dem Kauf des Rangers erreichte Heldenstatus von Dimitris stark einbrach und man war im Dorf nicht mehr so sehr neidisch auf ein Auto, das zwar wunderschön war, aber ständig Probleme bereitete und Ausgaben verursachte. Dimitris war das inzwischen egal geworden, er war in seiner Verliebtheit zum Auto bereit, alle erforderlichen Kosten und Mühen auf sich zu nehmen, die für dessen Unterhalt erforderlich sein würden.

# 7. Mein neues Beziehungsnetz

In der Schweiz hatte ich einen solch großen Freundeskreis hinterlassen, dass ich gar nicht mehr in der Lage war, ihn anständig zu pflegen. Die vielen Beziehungen waren für mich selbstverständlich geworden und ich war mir nicht bewusst, welche essentielle Bedeutung sie für mich hatten.

Als ich in unser kleines kretisches Dorf auswanderte, dachte ich, im Herzen eine Einzelgängerin zu sein, mir selbst zu genügen und sogar als Eremit ein glückliches Leben führen zu können. Aber ich wurde eines Besseren belehrt, als sich die Einsamkeit in meine Seele schlich und ich realisierte, dass mir meine Verwandten und Freunde in der Schweiz fehlten und es gar nicht so leicht ist, neue tiefgängige Kontakte zu knüpfen.

## 7.1. Dorfgeschwätz

Zwar luden mich die Frauen unseres Dorfes hin und wieder zum Kaffee ein oder wir unterhielten uns ein wenig, wenn wir uns auf der Straße oder in den Geschäften begegneten, aber es stellte sich schnell heraus, dass wir in verschiedenen Welten lebten. Es ist zweifellos sehr interessant, was die Witwen über frühere Zeiten zu berichten haben und ich kriege auch den einen oder anderen Tipp oder sogar Kochkurs für kretische Spezialitäten, aber ich kann ihrer blinden Religiosität und dem Aberglauben nicht viel abgewinnen. Viele Frauen über achtzig genossen als Kinder nur eine kurze Schulbildung, weil sie auf den Feldern arbeiten mussten, sind deshalb Analphabeten und kamen in ihrem Leben nie über die Hauptstadt Heraklion hinaus. Aus diesen Gründen sind der Horizont und die Gesprächsthemen jeweils auf wenige Themen beschränkt.

Es gibt auch einige gleichaltrige Frauen in unserem Dorf, die durchaus offen für einen näheren Kontakt sind. Zum Beispiel Maria aus der Metzgerei, welche immer ein bisschen mit mir plaudert und mir einen Kaffee oder ein Gebäck offeriert, während sie mein Fleisch schneidet. Einmal hatten sich in ihrem Laden verschiedene Frauen aus dem Dorf versammelt, während ich einkaufte. Die neugierigen Kundinnen erkundigten sich bei mir: «Welches Menü wirst du mit dem Rindfleisch kochen?» «Keine Ahnung!», antwortete ich. «Bei uns zuhause kocht Dimitris und ich weiß noch nicht, was er fürs Abendessen geplant hat.» Daraufhin stellte sich eine peinliche Stille bei den Frauen in der Metzgerei ein. Niemals würden sich ihre Ehemänner herablassen, sich in der Küche zu betätigen, teilten sie mir einstimmig mit, nachdem sie sich wieder gefasst hatten. Maria ist eine sehr nette Person und ich bewundere sie sehr, wie sie mit ihrem zarten Körper eine so schwere Arbeit ausführt. Aber es ist unmöglich, sie außerhalb der Metzgerei anzutreffen, denn sie ist schon sehr früh Witwe geworden und muss ihre vier Kinder alleine durchbringen, indem sie sieben Tage in der Woche von früh bis spät Fleisch zerteilt.

Dann ist da noch die Friseurin Ritsa, die mit ihrer geduldigen und sanften Art dafür sorgt, dass die Damen und Herren des Dorfes immer anständig aussehen, allen voran ihr eigener Ehemann Nektarios, der immer wie aus dem Ei gepellt zu seinem Treibhaus fährt. Ein Haarschnitt dauert bei Ritsa im Durchschnitt zehn Minuten und kostet nur wenige Euros. In ihrem Haarsalon trifft man immer auch andere Frauen des Dorfes an, man erfährt jeweils die neusten Gerüchte und wird natürlich auch selber ausgefragt. Etwas zu viel Klatsch und Tratsch für meinen Geschmack, schließlich will ich nicht meine Zeit damit verbringen, das Leben anderer Leute zu durchleuchten, sondern suche Freunde, um etwas gemeinsam zu erleben, Gedanken auszutauschen und zu philosophieren. Es stellte sich heraus, dass die kulturellen Unterschiede und auch die Sprachbarriere große Hindernisse für mein gesellschaftliches Leben im Dorf darstellten.

## 7.2. Die Zunft der Auswanderer

Nachdem ich erkannte, dass in Vagionia wohl nur oberflächliche Beziehungen für mich möglich sein würden, begann ich meine Fühler etwas weiter, nach Personen aus meinem eigenen Kulturkreis, auszustrecken. Bei uns in Südkreta befindet sich der bekannte Touristenort Matala und in den Dörfern rundherum siedeln sich immer mehr Deutsche, Österreicher und Schweizer an.

Über die sozialen Medien gelang es mir, schon bald Kontakte zu knüpfen und ich fand die Aussiedlerinnen sehr nett und abenteuerlustig. Bald musste ich aber feststellen, dass die Auswanderer bereits bestens untereinander vernetzt waren und sicher nicht auf jemanden wie mich gewartet hatten. Es handelt sich meist um pensionierte oder gutsituierte Menschen, welche mit einem prallen Bankkonto oder einem regelmäßigen monatlichen Einkommen aus dem Ausland, in ihrem eigenen Mikrokosmos leben, indem sie nicht viel von den Alltagsproblemen der Kreter mitbekommen. Sie vergnügen sich bei gemeinsamen Tanzabenden, wo sie sich steifbeinig zu traditioneller, kretischer Musik bewegen, während sie von einem engagierten Tanz-Animateur in einheimischer Tracht bei Laune gehalten werden und kaufen ausländischen Wein bei Lidl, weil man den Hiesigen angeblich nicht «saufen» kann. Das ist nicht ganz die Art und Weise, wie ich mein Leben auf Kreta gestalten möchte.

## 7.3. In guten wie in schlechten Zeiten

Schließlich hatte mein Schicksal ein Einsehen und sandte mir einen Engel namens Sylvie an meine Seite, der fortan mein Leben bereichern und mir bei meiner Eingewöhnung auf der Insel eine große Stütze werden sollte. Über unser Konsulat erfuhr ich von der Existenz eines Schweizer Clubs auf Kreta und ich wandte mich an die Vorsitzende, in der Hoffnung, mich mit vielen Gleichgesinnten aus der alten Heimat kurzschließen zu können. Im Kreise der Schweizer

Einwanderer würde wohl jemand zu finden sein, der auf der gleichen Wellenlänge wie ich surfte, nahm ich an.

Sylvie, meine Ansprechperson für einen Beitritt im Verein antwortete mir zwar, dass der Schweizer Club wegen mangelnden Teilnehmern aufgelöst worden war, wollte mich aber gerne persönlich kennenlernen und machte gleich einen Termin mit mir aus. Bei ihrem Besuch stellten wir erfreut fest, dass wir uns blendend verstanden. Sie wanderte schon als junge Frau nach Kreta zu ihrem Mann, dem Weinbauer Markos, aus und ist über die Jahre in ihrer ganzen Art zu einer waschechten Kreterin geworden. Gleichzeitig teilt sie den gleichen kulturellen Hintergrund, hat viel Verständnis für meine Probleme und kann mir gute Ratschläge für das Zusammenleben mit den Inselbewohnern geben.

Als gelernte Krankenschwester ist sie sehr geerdet und holt mich schnell auf den Boden der Tatsachen zurück, wenn ich einmal zu negativ urteile. Auch Markos erwies sich mit seiner Ehrlichkeit als hilfreicher Freund. Als ich mich einmal bei ihm über Dimitris' rüde Art beschwerte, nahm er mir den Wind aus den Segeln mit dem Satz: «Bist ganz selber schuld, wenn du einen Kreter als Ehemann nimmst.» Sein direkter Kommentar stimmte mich versöhnlich und zauberte sofort ein amüsiertes Lachen auf mein Gesicht.

Sylvie und ich teilen unsere Leidenschaft fürs Schwimmen im Meer und fürs Wandern. Immer wenn es ihr Job beim Lost and Found am Flughafen Heraklion zulässt, treffen wir uns, unternehmen etwas Schönes zusammen und reden uns alles Schwere von der Seele. Wie ein Schwan der seinen Flügel schützend über sein Junges breitet, hat sie es sich zur Aufgabe gemacht, mir in den schwersten Zeiten beizustehen. Ein winziges Zeichen genügt und Sylvie steigt in ihr mit einer griechischen und einer schweizerischen Flagge dekoriertes Auto, um mir zu Hilfe zu eilen.

Selbstverständlich kauften wir fortan den vorzüglichen Wein und *Rakí*-Schnaps von Markos für uns und unsere Gäste und als er bei der ersten Lieferung zu uns kam, stellte sich heraus, dass Markos ein langjähriger Freund von Dimitris und Kostas ist. Sie hatten früher gemeinsam gekellnert und sich aus den Augen verloren, nachdem Markos aus dem Gastgewerbe ausgestiegen war. *Die Welt ist klein hier auf Kreta.*

## 7.4. Eine gesegnete Freundschaft fürs Alter

Schon vor meiner Auswanderung war ich der Deutschen Marianne begegnet, die einen sympathischen Kreter aus der Nachbarschaft geheiratet hatte und mit ihm in Köln wohnte. Zwar kommt sie nur im Urlaub nach Kreta, aber wenn sie da ist, habe ich fast täglich einen lieben Menschen um mich, mit dem ich mich austauschen kann. Sie lebte schon vor ihrer Heirat jahrelang auf der Insel und gab damals, neben den unzähligen weiteren Beschäftigungen mit denen sie ihren Unterhalt verdiente, auch Deutschkurse. Ihr Mann Grigoris ist ein ehemaliger Schüler von ihr.

Sie ist bestens mit den Traditionen und auch religiösen Gebräuchen auf Kreta vertraut und, durch ihre freundliche und offene Art, perfekt vernetzt im Dorf. Ich erfahre von ihr viel über mein neues Umfeld und sie erklärt mir, wie die jeweiligen Familienverhältnisse und -zugehörigkeiten der Dorfbewohner sind und mir wird manchmal plötzlich klar, dass ein entfernter Bekannter eigentlich über drei Ecken mit unserer Familie verwandt ist.

Wenn sie zu Besuch ins Dorf kommt, schenkt mir Marianne oft ein gutduftendes Duschmittel, damit ich mich nach der Stallarbeit wieder in einen anständigen Menschen verwandeln kann. Sie ermahnt mich hin und wieder, dass ich weniger arbeiten und das Leben mehr genießen solle und sie spendet mir jeweils ihren Segen bevor sie zurück nach Deutschland reist, indem sie mit ihren Fingern ein Kreuz auf meine Stirn malt. Ihre Lebensphilosophie, ein Zitat von Oscar Wilde, hat mich sehr inspiriert und mir in Krisensituationen weitergeholfen, denn sie lautet: *«Am Ende wird alles gut, und wenn es nicht gut ist, dann ist das noch nicht das Ende.»*

Marianne fällt es oft schwer, mit der Spontanität und der Unberechenbarkeit der Kreter umzugehen. Sie beklagt sich manchmal bei mir, wenn ihre Verwandtschaft aus Heraklion wieder einmal überfallsmäßig und unangemeldet bei ihr vor der Türe steht und alle gemachten Urlaubspläne über den Haufen geworfen werden müssen, um die Familie spontan zu bewirten.

Ich bewundere Grigoris für den Spagat, den er zwischen den beiden grundverschiedenen Kulturen vollbringt, in denen er lebt. Er hält sich zwar gerne in Köln auf und hat viele deutsche Freunde, aber sein Herz schlägt für seine Heimat. Wenn er hier im Dorf ist, muss er all seine Gefährten und Bekannten wiedersehen, und er verbringt viel Zeit im *Kafenío*. Während Grigoris' Dorftouren habe ich dann meine liebe Marianne jeweils ganz für mich.

Wenn Marianne sich über die Unzuverlässigkeit und die Willkür ihrer kretischen Familie beschwert, wiegele ich ab. *Ist es nicht auch wunderbar, dass man hier nicht planen muss, sondern sich einfach nur treiben lassen kann?* Wir entscheiden meistens jeweils am Morgen, anhand des Wetters und unserer Laune, wie wir den Tag gestalten möchten und oft geschieht etwas Unvorhergesehenes, das unser Leben in großartiger Weise bereichert, wenn wir uns nur darauf einlassen.

Wir schwatzen viel, wenn wir zusammen sind, machen uns Mut und malen uns aus, wie es sein wird, wenn Marianne einmal pensioniert ist und nach Vagionia zieht und wir beide als ältere Frauen vor unseren Häusern sitzen und stricken.

## 7.5. Die Hippies von Dytikos

Von Dimitris' Freunden gefallen mir die Hippies von Dytikos am besten. Die meisten stammen aus Heraklion und verbringen den gesamten Sommer am Strand. Wie die warmherzige Eli, welche ganzjährig ein Häuschen im Küstenort Tzigkounas mietet, jedoch von Mai bis Oktober in Begleitung ihres betagten Terriers, nackt in einem Zelt in Dytikos lebt. Ihre Strandunterkunft ist geräumig, komfortabel und wunderschön dekoriert. Unter dem Vordach befindet sich ein schattiger Sitzplatz mit bequemen Strandstühlen auf kunstvoll aufgeschichteten Küstensteinen. Dort trifft sich die äußerst beliebte Eli mit ihren zahlreichen Freunden, unterhält sich und spielt Karten. Sie war früher Schmuckverkäuferin in Heraklion und lebt nun mit ihrer bescheidenen Pension ihren Traum.

Sobald ich in Dytikos eintreffe, begrüßt mich die Naturfrau mit einer herzlichen Umarmung. Manchmal gehen wir gemeinsam spazieren, bis zum anderen Ende des Strandes, wo die smaragdgrünen Steine liegen und sammeln Muscheln, welche an den schartigen Felsen kleben und die roh gegessen werden können. Beim Strandspaziergang treffen wir immer wieder Naturliebhaber im Adamskostüm, die sich in Höhlen oder Zelten einquartiert haben und die Eli oft schon seit Jahren kennen und schätzen. Eli ist für mich der Inbegriff einer selbstbestimmten und emanzipierten Kreterin. Weil sie sich ihre Freiheit bewahren wollte, heiratete sie nie. Sie unterhält jedoch eine langjährige Beziehung mit einem ebenso freiheitsliebenden Kreter, der aktuell als Koch in Kongo arbeitet und der sie nur selten besuchen kann.

Clemens, ein abenteuerlicher und mutiger Schweizer, der vor rund vierzig Jahren nach Kreta ausgewandert ist, lebt ebenfalls in der Umgebung von Dytikos. Er ist oft mit den Einheimischen Karten spielend, in den Restaurants und Cafés der Familie Tsapakis, anzutreffen, welche sich hingebungsvoll um das leibliche Wohl der Strandbesucher kümmert. Der hagere Mann mit dem Zwergenkopf ist das Musterbeispiel einer gelungenen Integration auf Kreta. In seinem ganzen Sein und Gebaren unterscheidet er sich kaum von der lokalen Bevölkerung.

Seine Ausbildung als Gärtner in der Schweiz nutzte er erfolgreich, um in den verschiedenen Treibhäusern von Lendas seinen Lebensunterhalt zu verdienen. Eine von ihm gezüchtete Tomatenart, welche mehrmals pro Jahr Früchte produziert, verhalf ihm zu Ruhm und Bekanntheit in der ganzen Region. Der bescheidene Mann strebte jedoch nie nach Besitz und Reichtum, sondern verdingte sich zeitlebens als Taglöhner. Weil er durch seinen Lebensstil alle Sorgen und Probleme mit der lokalen Bevölkerung teilt, wird er bei den Einheimischen sehr geschätzt und bewundert. Aus dem eigensinnigen, jungen Älpler ist im Laufe der Jahre ein echter Kreter geworden.

Als ich Clemens durch Dimitris kennenlernte, war ich sehr an seiner Lebensgeschichte interessiert. Er ist ein großes Vorbild für mich, weil er es geschafft hat, die schweizerische Engstirnigkeit komplett abzulegen und die Natürlichkeit und Wildheit der Kreter zu übernehmen. Bereitwillig erzählte mir Clemens einige Anekdoten von seinen früheren Besuchen in der Schweiz, die verdeutlichen, dass eine Rückkehr in seine ursprüngliche Heimat für den herzhaften Mann undenkbar wäre.

Einmal traf er sich mit Bekannten in einem schicken Restaurant in Zürich und rauchte eine Zigarette. Wie auf Kreta üblich, schnippte er die Asche leichtfertig auf den Boden, statt sie im Aschenbecher zu entsorgen. Beim Verlassen des Lokals wunderte er sich über die tadelnden Blicken von Freunden und vom Personal. Er folgte den Blicken nach unten und bemerkte verschämt, dass der luxuriöse rote Samtteppich unter seinem Stuhl über und über mit grauen Ascheteilen übersät war.

Als er eines Tages aus dem Bus ausstieg und schnurstracks die Landstraße ausstieg, wurde Clemens prompt von vorbeigehenden Passanten darauf hingewiesen, dass sich einige Meter weiter ein Fußgängerstreifen befinden würde, welchen er gefälligst benutzen solle.

Ein anderes Mal lud ein alter Freund Clemens zum Abendessen ein. Ganz nach kretischem Usus traf der Gast erst eine halbe Stunde nach dem vereinbarten Termin ein. Mit erhobenem Zeigefinger informierte der Gastgeber Clemens, dass er die Mahlzeit leider wegen seiner Verspätung verpasst habe und dass nun bedauerlicherweise nichts Essbares mehr übrig sei. Die beiden setzten sich vor den Fernseher und ein richtiges Gespräch wollte den gesamten restlichen Abend lang nicht in Gang kommen.

Weil er sich in der Schweiz wie ein Außerirdischer vorkommt, verzichtet Clemens schon seit Jahren darauf, in den Ort seiner Kindheit zu reisen. Nur noch selten besuchen ihn Verwandte und Jugendfreunde auf Kreta. Manchmal vermisst er seine Schwester Katharina, aber eigentlich ist er auf der Insel sozial so gut eingebettet, dass er sich niemals einsam fühlen muss.

## 7.6. Besucher der «Villa Eleftheria»

Gäste, welche im Sommer Räume bei uns mieten und Erntehelfer aus aller Welt, die im Winter bei uns leben, bereichern mein Leben ebenfalls auf unvorhersehbare Weise. Ältere und ganz junge Besucher jeder Couleur und aus allen sozialen Schichten gehen bei uns zuhause ein und aus. Wir lernen die verschiedensten Menschen und Kulturen kennen. Außer den typischen Touristen aus den europäischen Ländern durften wir auch Reisende aus Australien, Südkorea, Russland, Israel, Ägypten, bis zu Kanada, USA, Argentinien und Mexiko in unserem kleinen Dorf begrüßen. Ja, sogar Bewohner von anderen idyllischen Inselstaaten wie Neuseeland, Neukaledonien, den Philippinen, Singapur und La Réunion benötigen manchmal Urlaub und wählen Vagionia als ihr Reiseziel aus.

Für die Witwen auf dem *Koutsoúri* vor unserem Haus gibt es den Sommer über viel zu beobachten. Manchmal erfüllt fröhliches Kinderlachen aus unserem Hof ihre Herzen und manchmal setzt sich ein Gast zu den alten Damen und sie unterhalten sich mit Händen und Füssen. Unsere Besucher sind in der Regel sehr interessante, abenteuerlustige Menschen, die ein großes Interesse an ihrer Reisedestination zeigen und auch viel über ihre eigene Heimat zu erzählen wissen. So erfahre ich von anderen Paradiesen auf dieser Welt, erweitere meinen Horizont, lerne fremde Kulturen kennen und schätzen und kann mich weiterentwickeln und Vorurteile abbauen. Es ist fast so, als wenn ich selber reisen würde.

Diese Kontakte sind zwar zeitlich beschränkt und manchmal auch nur sehr kurzlebig, aber es ergeben sich auch Freundschaften, welche Zeit und Distanz überdauern und es gibt mittlerweile Stammgäste, die wir jedes Jahr aufs Neue empfangen dürfen.

Etwas weniger erquickend waren die Besucher aus der Schweiz, welche sich als Pauschaltouristen in einem komfortablen Hotel einquartiert hatten und aus purer Neugierde und Langeweile, oftmals unangemeldet, mit leeren Händen und dünnen Herzen, bei uns vorbeischauten. Meistens kannte ich diese Zeitgenossen nicht einmal persönlich. Es waren Freunde von Bekannten oder lose Kontakte aus längst vergangenen Zeiten. Diese schneiten dann mit ihren schicken Mietautos und teuren Kleidern bei uns herein und erwarteten, dass wir alles stehen und liegen lassen, um sie zu unterhalten und zu bewirten. Oftmals rümpften sie sogar die Nasen, verschmähten unser traditionelles, rustikales Essen und konnten unserem einfachen Lebensstil als Selbstversorger in unserem in ihren Augen ärmlichem und dreckigem Bauerndorf nichts abgewinnen. Irgendwann brausten sie dann auf Nimmerwiedersehen davon mit ihren Designer-Sonnenbrillen, zurück zu ihren luxuriösen Unterkünften an der Nordküste und zu den All-you-can-eat-Buffets, um eine Urlaubsanekdote für die Zurückgebliebenen reicher und überzeugt davon, sich ein Urteil über unser Leben anmaßen zu dürfen.

Wie kann man nur so unhöflich und geringschätzig sein? Durch die damals populären Auswanderersendungen im Fernsehen dachten sich unsere Besucher wohl, dass wir eine Art Allgemeingut seien, das man, wie in einem Zoo, betrachten und beurteilen könne. Wie sonst konnten sie gegen alle Regeln des Anstands verstoßen und annehmen, dass wir spontan für sie Zeit hätten und uns mit ihnen abgeben wollten? Man stelle sich vor, wenn ich das Gleiche bei ihnen zuhause in der Schweiz gemacht hätte…

Den ersten spontanen Besuch aus der Schweiz stattete uns das Ehepaar Meyer ab. Sie waren alte Freunde meiner Eltern, die mir schon in Kindheitstagen suspekt vorkamen wegen ihrer Angeberei und weil sie sich manchmal ungebeten in unsere Familienangelegenheiten einmischten. Ganz im Sinne der Gastfreundschaft der «Villa Eleftheria» gab ich mir dennoch Mühe, den beiden einen Nachmittag lang zu zeigen, was wir im Schweiße unseres Angesichts aufgebaut hatten und wie wir unser einfaches aber glückliches Leben gestalteten. Ich hoffte dabei, dass sie meinen Eltern, die noch nie bei mir auf Kreta waren, von ihren Erlebnissen bei uns erzählen und ihnen Fotos von unserem kleinen Paradies zeigen würden. Bei ihrem Abschied fragte mich die Frau abfällig: «Was gefällt dir bloß an diesem Leben hier und wie konntest du es gegen den Wohlstand in der Schweiz eintauschen?» Offenbar waren meine gesamten Ausführungen an ihr heruntergeprasselt wie Regen auf einem Plastikanorak und sie hatte gar nichts verstanden. Nachträglich erfuhr ich, dass sie ihre Erfahrungen in Vagionia bei meinen Eltern unerwähnt ließ und war sehr froh darüber. Meine Eltern hätten sich bei dieser negativen Betrachtungsweise nur Sorgen gemacht.

Auch Rolf, der Nachbar einer Tante, ließ es sich nicht nehmen, mit seinem neuen Freund und Geschäftspartner Kurt bei uns vorbeizuschauen. Die Möchtegern-Playboys hatten sich im angesagten Urlaubsort Matala einquartiert und sorgten mit ihrem himmelblauen Cabriolet für Aufsehen, als sie durch unser Dorf kurvten. Ich hatte nicht viel anzubieten, außer einem Kaffee und Weintrauben aus unserem Garten. Leider probierte Rolf die Früchte nicht einmal, weil er prinzipiell keine Trauben mochte. Ich hörte geduldig zu, wie die beiden von ihrem gemeinsamen Geschäft prahlten. Sie schwärmten von ihrem Strandurlaub in Matala und berichteten mir, wie sie dort abends im Ausgang Frauen aufrissen. Anscheinend hatten die kretischen Kerle sie mit wütenden Blicken bedacht, als sie ihre Flirtkunst bei einer hübschen Griechin in männlicher Begleitung ausprobierten und Kurt wollte wissen, wie die Männer bei uns im Dorf wohl reagieren würden, wenn ein Ausländer versuchen würde, ihnen ihre Frauen auszuspannen. Darauf konnte ich keine Antwort geben, denn bei uns im Dorf gab es keine (schwanzgesteuerten) Touristen, die auf Party und Sex aus waren und wenn, dann waren unsere Besucher bestimmt intelligent genug, sich bei gebundenen Frauen zurückzuhalten. Bei ihrer theaterreifen Abfahrt mit quietschenden Reifen versprach mir Rolf noch, dass er zurück in der Schweiz gerne mein

Olivenöl kaufen würde. Jedoch hörte ich danach nie wieder etwas von ihm.

Auf Empfehlung meiner Cousine kam ihre Schwägerin Susanne mit ihrem Mann und ihren beiden Kindern bei uns vorbei. Wohl kündigte sie ihren Besuch an, Susanne vergaß aber zu erwähnen, dass die Familie sich vegetarisch ernährte. Da sie um die Mittagszeit bei uns ankamen und es sich bei der Familie um entfernte Verwandte unserer hochgeschätzten Cousine handelte, ließ es sich Dimitris nicht nehmen, liebevoll die Hausspezialität Lamm im Ofen für sie zuzubereiten. Man kann sich die schockierten und angewiderten Gesichter vorstellen, als ich mit von Stolz geschwelter Brust das Festmahl servierte. Nachdem wir schlussendlich über die Essgewohnheiten unserer Gäste informiert wurden, weigerte sich der frustrierte Koch, sich nochmals in die Küche zu stellen und ich zauberte den hungrigen Kindern zuliebe, die nichts für das Fiasko konnten, schnell ein Omlette aus frischen Hühnereiern hin.

Überraschend meldete sich eines Tages Biagio, der Exmann von einer meiner Schwestern bei mir und kündigte seinen Besuch mit seiner neuen Flamme bei uns an. Seit der Scheidung vor fast zwanzig Jahren verzichtete er auf jeglichen Umgang mit meiner Familie und jetzt das! Entgegen den Einwänden von Dimitris, der fand, dass sich ein solcher Besuch nicht schickte, war ich neugierig und sagte zu, nicht wissend, wie meine Schwester auf diesen Kontakt reagieren würde und ob es ihre alten Wunden wieder aufreißen würde, wenn Biagio erneut in unser Leben trat. Was sollte diese Visite bezwecken? Ich warf die Bedenken einfach über Bord und erwartete die Turteltauben gespannt. Auf unserer Terrasse erzählten mir die beiden von ihrer eleganten Unterkunft in einem trendigen Agrotourismus-Hotel mit Designerfood und protzten mit ihrer erfolgreichen, geschäftlichen Zusammenarbeit im Eventmanagement. Vergebens wartete ich darauf, dass er sich nach dem Befinden meiner Schwester erkundigte, mit der er doch so viele Jahre lang glücklich zusammenlebte. Auch die Tochter aus einer späteren Beziehung, um welche sich Biagio kaum kümmerte, blieb unerwähnt. Sein Leben schien nur aus seiner neuen Liebe, Glück und Erfolg zu bestehen. Vor ihrem Abschied ließen sich die beiden Frischverliebten noch von uns mit Olivenöl beschenken und versicherten vollmundig, sich bald bei mir zu melden, um noch mehr Öl zu kaufen. Das stellte sich als leeres Versprechen heraus. Dafür hatte ich später Ärger mit meiner Schwester, die gar nicht begeistert war und sich von mir verraten fühlte, als sie durch mich von diesem Treffen erfuhr.

Da diese Erfahrungen nur das Gefühl von Leere und Ausnutzung hinterließen, bat ich meine Bekannten in der Schweiz, mir keine verwöhnten, wählerischen und respektlosen Leute mehr vorbeizuschicken, die nichts Gemeinsames mit uns hatten, als dass sie auf der gleichen Insel Urlaub machten, auf der wir lebten. Das war zwar lieb gemeint, aber es brachte uns nur Frust. Mit der Zeit nahmen diese Besuche ab und ich konnte meine Energie wieder für unsere ehrlich interessierten Gäste verwenden, die sich bei uns einquartieren, um über kurz oder lang an unserem Leben teilzuhaben und für meine Olivenölkunden, die gerne den Herkunftsort ihres geschätzten Öls besichtigen und von uns mehr über die Kultivierung der Bäume und die Produktion des flüssigen Golds erfahren möchten.

# 8. Schwere Tage

Dimitris klagte manchmal über heftige Rückenschmerzen, welche ihm bereits über einen längeren Zeitraum zu schaffen machten. Obwohl er sich grundsätzlich nicht gerne ärztlich untersuchen ließ, sondern Krankheiten lieber aussaß oder mit Hausmitteln bekämpfte, suchte er seinen Cousin Haris auf, der als Allgemeinmediziner im Dorf Agia Varvara tätig war. Die Diagnose sorgte für Beruhigung. Es handelte sich laut dem geschätzten Doktor bei Dimitris' Leiden um eine altersbedingte Arthritis. Dagegen konnte man nicht viel tun, außer den Rücken mit Schmerzgel einreiben. Die Krankheit war zwar leidvoll aber ungefährlich.

Eines Abends half das Gel jedoch nicht und die Schmerzen wurden so unerträglich, dass mein Schwager Kostas mit Dimitris zur ärztlichen Notfallstation in Mires fahren musste. Dort wurde eine Gefäßverengung festgestellt, die zu einem Herzinfarkt geführt hatte.

Dimitris lag gerade unter höllischen Schmerzen verkabelt auf dem Krankenbett, als eine ungeschickte Krankenschwester in der Aufregung die Sauerstoffflasche umwarf, welche ungesichert in einer Ecke stand. Das Ventil löste sich nach dem Aufprall der Flasche auf dem Boden und der leicht entzündbare Sauerstoff entwich zischend in den Untersuchungsraum, worauf das gesamte Personal in Panik aus dem Zimmer flüchtete. Dem armen Patienten blieb nichts Anderes übrig, als die Nadeln und Sensoren an seinem Körper eigenmächtig zu entfernen und gestützt von seinem heroischen Bruder, den Notfallbereich ebenfalls zu verlassen.

Nach der Aufregung wurde dann für Dimitris ein Transport ins Universitätsspital PAGNI nach Heraklion organisiert. Der einzige verfügbare Krankenwagen war bereits mit einem anderen Herzpatienten unterwegs und so wurde eilig ein Lieferwagen mit einer sofaähnlichen Pritsche im Ladebereich bereitgestellt. Der Krankentransport wurde von einem Arzt begleitet, der verzweifelt versuchte, Dimitris' Schmerzen, welche sich anfühlten, als würde der Brustbereich mit einer Kreissäge aufgeschnitten, mit Cortison zu lindern. Um Dimitris Mut zu machen, sagte der Arzt immer wieder, dass es nur noch fünf Minuten dauern würde, bis sie das Spital erreichten. In Tat und Wahrheit betrug die Fahrzeit jedoch, trotz Höchstgeschwindigkeit, eine Dreiviertelstunde. Dimitris erzählte später, dass er auf dem Weg ins Spital verzweifelt mit dem Tod gerungen habe. Er dachte dabei an mich und wollte einfach nicht zulassen, dass ich ohne ihn weiterleben musste.

Der besorgte Kostas fuhr inzwischen zu mir nach Hause und überbrachte mir die alarmierenden Neuigkeiten. Nachdem ich einige Kleidungsstücke und Hygieneartikel für meinen armen Mann eingepackt hatte, fuhren wir gemeinsam ins Spital. Wie gelähmt vor Schreck machte ich mir auf der Fahrt viele quälende Gedanken, ob Dimitris dies wohl überleben und wie es jetzt weitergehen würde. Irgendwann brach Kostas das Schweigen und bat mich ganz viel Geld abzuheben, das schon bald nötig sein würde, um die Ärzte und den Spitalaufenthalt zu bezahlen.

Das Krankenhaus PAGNI machte von außen keinen schlechten Eindruck und die Formalitäten am Empfang waren schnell erledigt. Wir erfuhren, dass die gesamten Kosten von Dimitris' Spitalaufenthalt von der Sozialversicherung AMKA gedeckt werden würden und waren positiv überrascht. Der damalige griechische Präsident Tsipras sorgte mit AMKA dafür, dass auch unversicherte Kranke wie Dimitris, optimal versorgt wurden, ohne dass sie sich verschulden mussten.

Man ließ uns vor der Intensivstation auf den Bescheid der Ärzte warten. Es war eine kalte Februarnacht und der Korridor war nicht beheizt. Die vielen Sorgen führten jedoch dazu, dass wir die Kälte kaum spürten und der Kettenraucher Kostas verzichtete sogar auf seine geliebten Glimmstängel und wartete stoisch, bis in den frühen Morgenstunden endlich ein Arzt zu uns kam und uns über den Gesundheitszustand unseres Lieblingsmenschen informierte. Ich verstand nur wenig, aber Kostas erklärte mir später, dass die Diagnose vom Notfallzentrum in Mires korrekt gewesen war. Als

Folge des Herzinfarkts hatte sich bei meinem Dimitris außerdem ein Lungenödem gebildet. Der Blutzufluss zum Herz wurde mittels eines Ballonkatheters wiederhergestellt. Das Lungenödem musste in den nächsten Tagen im Spital medikamentös behandelt werden. Dem Patienten ging es den Umständen entsprechend gut, er schlief und erholte sich langsam von der Teilnarkose und wir verzichteten auf Anraten des Arztes darauf, ihn zu stören.

Nach einigen Stunden erholsamen Schlafs standen wir am nächsten Morgen pünktlich zur Besuchszeit wieder vor der Intensivstation. Gemeinsam mit Angehörigen von anderen Patienten wurden wir hineingelassen, mit Schutzkleidung ausgerüstet und angewiesen, die Hände zu desinfizieren. Dann endlich durften wir zum Patienten treten. Noch nie habe ich meinen Mann so schwach, verletzlich und hilflos gesehen. Mein Fels in der Brandung war nur noch ein Häufchen Elend; es war niederschmetternd. Leichenblass und erschöpft bat Dimitris mich, ihm eine Flasche Wasser zu bringen. Dieser Wunsch kam mir so merkwürdig vor, dass ich mir Sorgen um seinen Geisteszustand machte. War es möglich, dass die Patienten vom Spital nicht mit Getränken versorgt würden? Das konnte ich mir nicht vorstellen. Gerne hätte ich ihm trotzdem den Wunsch erfüllt, doch ich würde es niemals schaffen, in der verbleibenden Besuchszeit von zehn Minuten, bis in die Kantine im untersten Stock zu eilen, Wasser zu kaufen, zurückzukehren und nochmals die ganze Prozedur mit dem Schutzanzug vor der Intensivstation zu durchlaufen. Es blieb mir also nichts Anderes übrig, als Dimitris unter dem zweifelnden Blick von Kostas zu beruhigen, das Krankenhauspersonal würde ganz bestimmt dafür sorgen, dass er etwas zu trinken bekäme. Mit einem unguten Gefühl und mit dem Versprechen, morgen wiederzukommen, verließen Kostas und ich das Krankenhaus.

Wir beschlossen spontan, uns etwas Gutes zu tun und bei Kostas' kommunistischem Freund Kagiabis einzukehren, der im Zentrum von Heraklion eine kleine, familiäre Taverne betrieb. Auf der Fahrt eröffnete mir Kostas, dass es wohl nötig sei, während des Krankenhausaufenthaltes von Dimitris bei ihm im Spital zu bleiben und mich um seine Pflege zu kümmern. Ich kannte es von Italien, dass Familienangehörige die Patienten betreuen, weil im Spital zu wenig Pflegepersonal vorhanden war, aber dass es einmal mich treffen würde, hätte ich mir in den schlimmsten Albträumen nicht vorstellen können. Als kerngesunder Mensch ist mir alles, was Medizin betrifft, ein Gräuel. Die Spitalinfrastruktur musste ich nur anlässlich meiner Geburten in Anspruch nehmen, Kontakte mit Ärzten reduziere ich aufs Minimum und auf Medikamente verzichte ich ganz. Wenn meine eigenen Kinder früher krank waren, musste meine Mutter einspringen, denn ich bin die unfähigste Krankenschwester der Welt. Deshalb reagierte ich auf Kostas' Worte mit einem stillen Stoßgebet zum Himmel: *Bitte lasse diesen Kelch an mir vorbeigehen.*

Bei Kagiabis stärkten wir uns erst einmal kulinarisch. Wir aßen Hähnchen mit kretischen Nudeln, gesundes Wildgemüse - *Chórta* - und einen himmlischen gemischten Salat. Dazu gab es einen kräftigen Rotwein. Der fürsorgliche Wirt kümmerte sich aber auch um unser Seelenwohl, als wir ihm von Dimitris' Unglück erzählten und wir erhielten viel Mitgefühl und Zuspruch von ihm und den anderen Gästen aus seinem kommunistischen Umfeld. Alle kannten Dimitris und nahmen Anteil an seinem Schicksal. Irgendwann griff Petros, ein «Heimwehkreter», der in Amerika aufgewachsen war, zur Laute und spielte und sang einige traurige Lieder, die direkt ins Herz gingen und unseren Schmerz auf eine Weise linderten, wie es Worte niemals vermocht hätten. Das tat uns ausgesprochen gut.

Zurück in Vagionia begann ich mich mit dem Gedanken abzufinden, die nächsten Wochen in Heraklion zu verbringen, um meinen Liebsten zu unterstützen. Alles Hadern nützte nichts. Ich hatte diesen Mann und diesen Ort für mein Leben gewählt und musste nun auch die Konsequenzen tragen. Tief in meinem Herzen wollte ich ja für Dimitris da sein. Das war ich ihm auch schuldig, denn er hatte mit seiner mütterlichen Art gleichwohl immer für mich gesorgt, wenn es mir schlecht ging. Gleichzeitig war mir bewusst, dass ich dieser Aufgabe nicht gewachsen war. Angehörige eines Spitalpatienten wachen hier auf Kreta Tag und Nacht auf einem Stuhl neben dem Krankenbett. Das konnte ich mir nicht vorstellen. Ich würde eine Übernachtungsmöglichkeit brauchen und einen Ort, wo ich mich einmal pro Tag mit einer Dusche reinigen und erfrischen konnte. Deshalb fragte ich Dimitris' Tochter Eleftheria, ob ich bei ihr einziehen dürfe, solange Dimitris im Spital war und freute mich sehr, als sie, ohne zu zögern, zusagte. Kostas würde sich in der Zwischenzeit um die Tiere kümmern und die Olivenernte zu Ende bringen. Wir beherbergten damals noch Rahel, eine Erntehelferin aus der Schweiz, bei uns. Die Rückreise der jungen Frau sollte jedoch schon in wenigen Tagen stattfinden. Bei meinem Auszug versprach sie mir, Kostas so gut wie möglich zu unterstützen.

Die folgenden Tage verbrachte ich neben dem Krankenbett meines Mannes. Dimitris war bereits am zweiten Tag seines Spitalaufenthalts von der Intensivstation auf die Abteilung für herzkranke Patienten verlegt worden, wo er mit sieben weiteren Leidensgenossen unterschiedlichen Geschlechts in einem Zimmer eingepfercht war. Jeder Patient hatte einen Verwandten an seiner Seite, dessen Aufgabe es war, dem Kranken die Zeit zu vertreiben, ihn sauber zu halten und ihn, je nach Bedarf, beim Toilettengang und bei der Essensaufnahme zu unterstützen. Gesundes und einigermaßen schmackhaftes Essen wurde zwar dreimal täglich geliefert, es wurde dem Patienten aber einfach hingestellt und wenn jemand nicht selber das Besteck halten konnte und keine Hilfe von einem Besucher bekam, wurde das Mahl nach der Essenszeit einfach unangetastet wieder abgeräumt. Ein alter Mann, der nie Besuch bekam, weil seine Kinder auf dem Festland arbeiteten, wurde von den Frauen anderer Patienten geduldig und liebevoll beim Essen unterstützt. Dimitris' Bitte um Wasser auf der Intensivstation war gerechtfertigt gewesen, denn Getränke mussten von den Patienten, von den Besuchern oder von den Helfern aus dem familiären Umfeld organisiert werden. Einmal pro Tag wurde das Zimmer mit einem Besen durchgewischt und die Abfalleimer geleert. Die hygienischen Zustände auf der Toilette waren prekär.

Dimitris war ein tapferer Patient und er war in der Lage, mir klar mitzuteilen, wie ich ihn unterstützen konnte. In der ersten Nacht auf der Normalstation fror er fürchterlich und er bat mich deshalb, ihm eine Decke zu organisieren. Als ich die Krankenschwester danach fragte, wies sie mich schroff ab und informierte mich, dass es im Moment keine ungenutzten Decken im Spital gebe und mir blieb nichts Anderes übrig, als in der Stadt eine zu besorgen. Mit dem unguten Gefühl, damit Bakterien von außen einzuschleppen, deckte ich meinen Liebsten zu. Wenigsten brachte der knallgrüne Überwurf etwas Farbe in den grauweißen Krankenhausalltag.

Später musste Dimitris innerhalb seines Zimmers umziehen, und sein Bett wurde direkt neben einen Heizungskörper geschoben. Unter Hitzewallungen leidend bat mich Dimitris, das Bett einige Zentimeter zu verschieben, wodurch sich der ohnehin schon knappe Abstand zwischen ihm und dem Nachbarpatienten noch zusätzlich verringerte. Die Krankenschwester, welche deshalb bei der Pflege noch mehr eingeengt war, raunzte mich an, die Liegestätte gefälligst wieder an den Rand zu stellen. Dimitris' Einwände, dass er sich wie ein Kotelett auf dem Grill fühle, wischte sie mit folgendem Satz weg: «Sei doch froh, dass du in einem beheizten Raum liegen darfst. Andere Menschen haben diesen Luxus nicht und müssen frieren.» *Wow!* Es war zwar offensichtlich, dass das Pflegepersonal völlig überlastet war, aber etwas Freundlichkeit und Mitgefühl kostet nichts und würde vieles erleichtern.

Es gibt keinen Alarmknopf an den Krankenbetten. Deshalb hat die Hilfsperson aus der Verwandtschaft bei einem Notfall die lebenswichtige Aufgabe, die diensthabende Krankenschwester, welche für insgesamt zirka sechs weitere Krankenzimmer verantwortlich ist, oder einen Arzt zu finden und um Hilfe zu bitten. Einmal hatte Dimitris während der Nacht Schwierigkeiten mit der Atmung. Da ich nicht zugegen war, holte die Frau eines anderen Patienten Hilfe. Am nächsten Morgen wurde ich vorwurfsvoll über die Begebenheit informiert. Ich hatte große Schuldgefühle, dass ich nicht wie die anderen, vierundzwanzig Stunden lang am Krankenbett meines Mannes ausharren konnte. Wie sehr mussten die Zimmergenossen

Dimitris bemitleiden, dass er von einer so unfähigen Ausländerin betreut wurde.

Jeweils am Morgen und am Nachmittag kam das Ärzteteam überfallsmäßig in die Krankenzimmer und wir Besucher mussten den Raum verlassen, um den Patienten wenigstens ein bisschen Privatsphäre zu ermöglichen. Bei den Untersuchungen wurden die Vorhänge um die Krankenbetten geschlossen, um die Kranken vor Blicken zu schützen. Auf so engem Raum ist es jedoch kaum möglich etwas geheim zu halten.

Sobald die Visite beendet war, versuchten sich die Verwandten einen Arzt zu schnappen, um etwas mehr über den Gesundheitszustand ihres Patienten zu erfahren. Man musste aber ziemlich forsch vorgehen, um kurz die kostbare Zeit der Götter in Weiß zu ergattern. Wegen meiner Schüchternheit und der Unfähigkeit, die medizinischen Ausdrücke auf Griechisch zu verstehen, bat ich Kostas und Eleftheria, die hin und wieder zu Besuch kamen, mit den Ärzten zu sprechen. Leider waren die beiden aber ausgerechnet dann nicht zugegen, wenn eine Arztvisite stattfand und so tappten wir lange im Dunkeln, was den Gesundheitszustand von Dimitris anging.

Man kann den Ärzten keine Vorwürfe machen, im Gegenteil. Sie arbeiten für einen geringen Lohn in einem dreckigen Krankenhaus mit so zahlreichen, gefährlichen Erregern und müssen sehr viele Kranke betreuen. Meistens kamen junge Ärzte zur Visite, die erst vor kurzer Zeit ihre Ausbildung abgeschlossen hatten; trotzdem schienen sie sehr engagiert und kompetent zu sein. Wenn ein Problem auftrat, holten die frisch ausgebildeten Mediziner Rat bei einem erfahrenen Oberarzt. Alle Patienten erholten sich mit der Zeit zusehends und konnten nach zehn Tagen bis zwei Wochen nach Hause entlassen werden.

Es wurde mir gesagt, dass die Ärzte in Griechenland korrupt seien. Ich habe jedoch im PAGNI gegenteilige Erfahrungen gemacht. Nie mussten wir dem Krankenhauspersonal auch nur einen Euro zahlen. Einmal wollte ein dankbarer, genesener Patient seinem Arzt fünfzig Euro schenken, was dieser jedoch energisch ablehnte. Wenn man bedenkt, dass diese Mediziner im Ausland das Zehnfache verdienen könnten, muss man zu dem Schluss kommen, dass wir es hier mit echten Helden zu tun haben, die aus reiner Nächstenliebe und mit einer gehörigen Portion Patriotismus alles Menschenmögliche für die Gesundheit ihrer Mitbürger tun.

Wie schwer muss es für die freiheitsgewohnten Kreter sein, wenn sie sich plötzlich in einem so beengten Raum und jeglicher Würde beraubt wiederfinden. Glücklicherweise gab es nur wenige Frauen auf der Herzstation. Meistens sind Männer in Dimitris' Alter betroffen, wohl deshalb, weil es für die Männer dieser Generation, im Gegensatz zu den Frauen, üblich ist, dass sie rauchen. Einige ließen sich von der Krankheit nicht abschrecken und zogen, alle ärztlichen Warnungen ignorierend, auf dem Balkon frischfröhlich weiter am Glimmstängel. Dimitris ließ das Rauchen bleiben, wenigstens für die Zeit während seines Spitalaufenthalts.

Meistens war die Konstellation im Krankenzimmer also ein älterer Herr, der in einem Krankenbett lag, und seine treue Frau, welche daneben tagein, tagaus auf einem Stuhl campierte. Die zähen kretischen Ehefrauen erinnerten mich manchmal an Hühner, die wochenlang stillsaßen, um ihre Eier auszubrüten und ihren Platz nur manchmal kurz verließen, um sich etwas zu essen zu beschaffen und um auf die Toilette zu gehen. Wie lang mussten ihnen die schlaflosen Nächte neben den seufzenden Kranken und den kontinuierlich piependen Apparaten vorkommen! Die einzige Zerstreuung während des Tages boten der ununterbrochen laufende Fernseher und die Krankenbesucher, welche sich in die keimgeschwängerte Welt der Bettlägerigen wagten, um ihre Angehörigen aufzumuntern. Während des gesamten Spitalaufenthalts von Dimitris kam kein einziges Kind zu Besuch, denn man fürchtete zu sehr, dass es in der Klinik eine Krankheit einfangen könnte. Wenn die Patienten nach tagelanger Betreuung endlich entlassen wurden, waren die Herren der Schöpfung oft frisch und erholt wie nach einem Kuraufenthalt, während ihre zombiehaften Angetrauten zerrupft und erschöpft aus dem Spitalzimmer schlurften und niedergekämpft ihren Heimweg antraten.

Trotzdem beschwerte sich niemand über sein Schicksal oder die rückständigen Zustände im Spital. Die Kreter sind einfach nur froh, dass ihnen geholfen wird. Ich fühlte mich oft minderwertig und unfähig, angesichts ihrer Leidensfähigkeit, lernte aber auch viel über Solidarität, Demut und Hingabe während Dimitris' Genesungszeit im PAGNI.

An einem Nachmittag erlebte ich, wie eine Patientin die Nerven verlor und ihrer Schwiegertochter bittere Vorwürfe machte, weil diese sie ins Spital gebracht hatte. Der Nervenzusammenbruch mündete in einem Fluchtversuch, welcher von ihren Verwandten vorerst wortreich vereitelt wurde. Als aber alles Reden nichts nützte, wurde die aufgebrachte Patientin von zwei Krankenschwestern festgehalten und ein Arzt spritzte ihr ein Beruhigungsmittel, worauf sie resignierend aufs Bett sank und einschlief. Solche schockierenden Szenen lösten tiefe Bestürzung in mir aus. Ich spürte die Verzweiflung der Frau in der deprimierenden Krankenhausatmosphäre, aber auch die Scham, welche die öffentlich auf übelste Weise diffamierte Schwiegertochter empfinden musste und mein Herz wurde zentnerschwer. Es ist sehr befremdlich, dass den Patienten und Angehörigen in diesen Situationen keine psychologische Hilfe angeboten wird. In ebendieser Gefühlslage rief mich glücklicherweise meine Mutter aus der Schweiz an, und ich konnte meinen Kummer loswerden. Ein anderer renitenter Patient stellte sich geschickter an bei seiner Flucht. Er packte heimlich seine Sachen und verschwand in der Nacht über den Balkon und die Außentreppe des Spitals auf Nimmerwiedersehen.

Dimitris hingegen war durch den großen Schreck, den die Krankheit bei ihm ausgelöst hatte, sehr kooperativ und hielt sich im Großen und Ganzen an die Regeln. Hin und wieder bat er mich um ein paar Süßigkeiten und nahrhaftere Esswaren, um die Krankenhausdiät aufzupeppen, die ich ihm gerne in der Spitalkantine oder in der Stadt beschaffte. Ein gut gewähltes Mitbringsel seiner Besucher waren Früchte, über die er sich sehr freute. Einmal brachte ich ihm die kretische Spezialität *Apáki* mit, denn ich vermutete, dass ihm das geräucherte Fleisch viel Energie schenken würde. Wie falsch ich lag merkte ich erst, als Dimitris laut und entsetzt fragte: «Willst du mich etwa umbringen?» Der hohe Fettgehalt von *Apáki* ist Gift für das Herz, wie ich erfahren musste. Wieder einmal wurde ich von den Zimmergenossen mit kritischen Blicken taxiert und Dimitris bemitleidet.

Wie froh ich war, als ich am Abend wieder zu Eleftheria, in die Normalität, flüchten durfte. Die Wohnung war zwar klein, und ich musste das Wohnzimmer der Familie in Beschlag nehmen, aber ich konnte auf dem bequemen Sofa sehr gut schlafen. Dimitris' Enkel Manolis war damals einjährig und blieb abends jeweils lange auf, um uns mit seiner Lebensfreude und Energie auf Trab zu halten. Ich liebte es, mit ihm zu spielen, denn das brachte mich auf andere Gedanken, weit weg von Tod und Krankheit und zurück ins blühende Leben. Von Eleftheria und ihrem Mann Vasilis bekam ich beim Abendessen immer Verständnis für meine Sorgen und gute Ratschläge. Als Vasilis erfuhr, dass einige Bekannte von Dimitris mir vorwarfen, nicht genug für seine Gesundheit getan zu haben, weil ich ihn zum Beispiel nicht bereits vor seiner Krankheit dazu gebracht hatte, mit dem Rauchen aufzuhören, verwarf er die Hände und sagte: «Jeder ist für seine Lebensweise selbst verantwortlich. Lass dir ja keine Schuldgefühle einreden. Dimitris ist ein erwachsener Mann mit eigenem Willen und er wusste selbst, welche Risiken er mit dem Rauchen auf sich nahm.» Diese befreienden Worte eines Familienmitglieds nahmen eine schwere Last von meinen Schultern. Eleftheria wusch meine Sachen und sorgte dafür, dass ich mich bei ihr wie zuhause fühlte. Niemals hatte ich das Gefühl, die Familie zu stören, obwohl es bestimmt nicht einfach war, plötzlich mit der Stiefmutter unter einem Dach zu leben. Anlässlich des Geburtstags von Vasilis luden mich die beiden sogar zum Essen in ein gediegenes Restaurant am Hafen von Heraklion ein.

Jeden Morgen kam Eleftherias Mutter Vula vorbei, um den kleinen Manolis zu betreuen, während seine Eltern arbeiteten. Ich schob meine Ressentiments beiseite, welche ich seit der Geldgeschichte ihr gegenüber hegte und unterhielt mich freundlich mit ihr. Sie schien ehrlich am Gesundheitszustand ihres Exmannes interessiert zu sein, nahm Anteil an unserem Schicksal und versprach sogar, etwas Gesundes für Dimitris zu kochen.

Am späten Vormittag ging ich manchmal, je nach Bedarf, für Dimitris oder für die Familie einkaufen. Einmal verpasste Eleftheria meinen Haaren einen schicken Schnitt und eine neue Farbe, vor meinem Treffen mit meinem Liebsten im Krankenhaus. Vasilis' Cafeteria lag idealerweise direkt neben der Busstation, und so konnte ich mich bei ihm vor der Fahrt ins PAGNI noch mit einem italienischen Espresso stärken.

Dimitris' Krankheit hatte trotz aller Schwere den positiven Effekt, dass die Familie zusammenrückte und ich meine Beziehung zu Eleftheria und ihrer Familie vertiefen durfte. Später versicherte mir Eleftheria öfters, dass sie sich sosehr an mich gewöhnt hatten, dass es ihnen schwerfiel und sie mich vermissten, als ich plötzlich nicht mehr bei ihnen war.

Der öffentliche Verkehr in Heraklion funktionierte ziemlich gut, und es war spannend für mich, das geschäftige Treiben der Stadt durch die Busscheiben zu beobachten. Für eine fröhliche Stimmung sorgte auch die treuherzige Streunergruppe, welche mich jeweils vor dem Eingang des Krankenhauses erwartete und auf ein Leckerli hoffte. Das Innere des Krankenhauses, dessen Bau in den achtziger Jahren der Stolz der sozialistischen Regierung war, machte inzwischen einen ziemlich maroden Eindruck. Der Putz blätterte bereits von den Wänden und einige Fenster ließen sich nicht öffnen, während bei anderen der Verschluss blockiert war, sodass ständig kalte Luft von draußen auf die Korridore strömte. Einige bunte Kinderzeichnungen schmückten die Wände beim Eingang und lenkten vom reizlosen Einerlei des Mobiliars ab. Die Aussicht jedoch, der Blick aus den Fenstern, machte alle Tristesse wieder wett. Die gesamte Stadt Heraklion lag zu Füssen des PAGNI und dahinter leuchtete die blaue See mit der Insel Dia. Links von der Betonwüste der Hauptstadt waren die Ausläufer des Psiloritis zu sehen mit ihren schneebedeckten Gipfeln und Abhängen. Die beste Therapie für Patienten sowie Besucher war jeweils aus dem Fenster zu schauen. Alles Schwere verschwand beim Anblick der erhabenen Natur Kretas und des prallen Lebens, welches sich außerhalb des Spitals manifestierte.

Voller Vorfreude und Dankbarkeit, wie ein kleines Kind, wartete auch Dimitris auf meine Ankunft. Zu den Besuchszeiten waren die Türen zu seiner Station meistens geöffnet. Normalerweise kam ich jedoch schon früher im Krankenhaus an und musste deshalb die Außenstiegen erklimmen und mich über den Balkon in sein Zimmer schleichen. Wenn wir Krankenbetreuer außerhalb der Besuchszeiten nach draußen mussten, konnten wir auch den direkten Weg innerhalb des Spitals nehmen. Wir mussten einfach warten, bis die Türe von unserer Station durch einen Krankenpfleger geöffnet wurde, wenn zum Beispiel ein Patient verlegt oder zu einer Untersuchung gebracht wurde und uns unauffällig nach draußen oder wieder zurück hineinstehlen. Die Krankenpfleger ignorierten unsere Bemühungen, die Station zu verlassen oder zurückzukommen meistens, doch kurz vor Ende von Dimitris' Aufenthalt bat mich ein eifriger Sanitäter, ihm meinen Krankenbetreuer-Ausweis zu zeigen. Ich erklärte ihm, dass ich bis anhin noch nie von einem solchen Papier gehört habe, geschweige denn ein solches vorweisen könne und er ließ mich ziehen.

Gestärkt von der nächtlichen Auszeit bei Eleftherias Familie, schaffte ich es, tagsüber im deprimierenden Krankenhausalltag mental stark zu bleiben und für meinen sich langsam erholenden Mann da zu sein. Es gelang ihm immer besser, für sich selber zu sorgen und ich musste immer seltener Hand reichen. Wieder etwas mehr bei Kräften, begann er Kontakte zu seinen Zimmergenossen zu knüpfen und er unternahm kleine Spaziergänge in Begleitung seines Infusionsstativs. Das bestärkte mich darin, mir etwas mehr Freiheiten herauszunehmen.

Meine Freundin Sylvie war mir eine tolle Unterstützung in dieser traumatischen Zeit. Immer wieder schrieb sie aufmunternde Nachrichten oder rief an, um zu fragen, wie es uns ging. Sie war sogar bereit, sich um die Rückreise der Erntehelferin Rahel in die Schweiz zu kümmern und fuhr dazu extra von ihrem Bergdorf in die Messara, um die Reisende abzuholen. Wir trafen uns am Flughafen Heraklion, um uns gebührend von der Volontärin zu verabschieden. Rahel hatte einiges eingekauft und viel Öl von den eigenhändig geernteten Oliven eingepackt. Dank Sylvies gutem Kontakt zum Flughafenpersonal wurde das Gepäck-Übergewicht von zirka zehn Kilo ohne Zusatzkosten eingecheckt und wir entschieden uns, vor dem Flug noch gemeinsam essen zu gehen. In Sylvies Lieblingsrestaurant bestellten wir eine köstliche Kichererbsensuppe, die nicht nur Rahels vegetarisches Herz höherschlagen ließ.

Nach der Verabschiedung von Rahel unternahmen wir zwei Freundinnen noch einen langen Spaziergang am Hafen von Heraklion, vorbei an den uralten Mauern der stolzen venezianischen Festung bis ans Ende des Schiffdocks, wo die malerischen Fischerboote vor sich hinschaukelten. Die Sonne schien uns ins Gesicht, und die Möwen kreisten über dem stillen Wasser, während wir schöne Geschichten aus unserer Vergangenheit austauschten und ich Sylvies fesselnden Schilderungen von ihren abenteuerlichen Schiffsausflügen zu einsamen Buchten lauschte. Alle Probleme waren für kurze Zeit wie weggeblasen.

Auf dem Heimweg machte Sylvie noch einen Zwischenstopp im PAGNI, um Dimitris zu besuchen. Ihr professionelles Urteil über die Betreuung von Dimitris war ermutigend. Die frühere Krankenschwester sah meinen Liebsten in besten Händen. Ich war besorgt, weil es keine Physiotherapie für Dimitris gab. Doch Sylvie wischte meine Bedenken mit den Worten weg: «Was denkst du denn, was für eine Therapie ihm in der Schweiz geboten werden würde? Ein Therapeut würde zu einem Ansatz von zweihundert Franken mit Dimitris eine Stunde lang spazieren gehen, das ist alles. Das kann er auch alleine machen und noch dazu ganz kostenlos.» *Jetzt war alles wieder im Lot, wir brauchten den Luxus der Schweiz nicht und würden es auch so schaffen.*

Nach über einer Woche in Heraklion vermisste ich das Dorfleben schmerzlich. Es kam mir sehr gelegen, dass wir Gäste in der «Villa Eleftheria» erwarteten und ich nahm den Bus nach Vagionia, um alles für sie vorzubereiten. Das Wetter in Heraklion war kühl und regnerisch, wie so oft im Februar, doch nachdem der Bus das Bergdorf Agia Varvara passiert hatte, lichteten sich die Wolken und ich sah die Häuser von Vagionia ganz unten im Tal, mitten in den Olivenhainen, im Sonnenschein glänzen. Wie gesegnet ist doch die Messara mit ihren milden Wintern! Was für ein Glück, dass ich hier wohnen darf statt an der rauen Nordküste oder noch schlimmer, in der eiskalten Schweiz.

Der Bus hielt in Agii Deka und ich stieg aus. Von hier aus waren es noch sechs Kilometer bis nach Vagionia. Da Kostas mit der Olivenernte beschäftigt war und mich deshalb nicht abholen konnte, wollte ich zu Fuß gehen. Nach den ersten Schritten hielt jedoch ruckartig ein zerbeulter, weißer Peugeot neben mir und Manolis, der Mechaniker unseres Dorfes, bot mir eine Mitfahrgelegenheit an. Auch ohne Autostopp ist es auf Kreta üblich, Fußgänger mitzunehmen, vor allem, wenn man sie kennt. Viele ältere Menschen, die kein eigenes Fahrzeug besitzen, machen sich oft zu Fuß auf den Weg in die Stadt, wenn sie etwas zu erledigen haben, in der Hoffnung, dass unterwegs jemand anhält und sie mitnimmt.

Endlich im Dorf angekommen, verabschiedete ich mich dankbar von Manolis und wurde gleich von den Pensionären in Beschlag genommen, die vor den Kaffeehäusern saßen. Alle wollten wissen, wie es Dimitris ging und wünschten *Siderénios* – gute Besserung.

Nachdem die Neugierde der «Vagioniter» befriedigt war, besuchte ich unsere Tiere und war überrascht, wie gut sich Kostas um sie gekümmert hatte. Die Ziegen und Schafe waren zufrieden und hatten volle Bäuche. Vor dem Stall türmten sich frisch geschnittenes Gras und Olivenzweige für die nächsten Fütterungen. Im Geflügelgehege entdeckte ich sechs herzige gelb-schwarze Entenküken, die sich unter dem wachsamen Blick ihrer Mutter spielerisch im Wasserpool erfrischten. Vor Dimitris' Spitaleinweisung hatte sich Kostas nie um die Versorgung der Tiere kümmern müssen, das war immer unsere

Aufgabe. In dieser Ausnahmesituation zeigte sich jedoch, dass er ein verstecktes Talent besaß und er mindestens genauso fähig war, wie der Rest der Tierpfleger in der Familie, unserem Zoo die nötige Aufmerksamkeit zukommen zu lassen.

Natürlich machte ich Kostas entsprechend viele Komplimente, als wir beim Abendessen im Schein des Kaminfeuers zusammensaßen. Mein Schwager hatte zu unserer Stärkung eine schmackhafte Linsensuppe mit viel Zwiebeln und Karotten gekocht. Lange konnten wir uns allerdings nicht unterhalten, denn wir beide benötigten dringend unseren Schlaf. Die Belastung der vergangenen Tage im Spital und die Olivenernte, welche Kostas nun fast im Alleingang beenden musste, forderten ihren Tribut.

Mit bleiernen Knochen schleppte ich mich in mein Zimmer im ersten Stock und stellte fest, dass der Raum eiskalt war. Um den Ofen anzufeuern, fehlte mir jedoch die Energie. Die Decken mussten reichen, um mich in der Nacht warm zu halten. Ich vermisste den warmen Körper meines absenten Gatten schmerzlich.

Mitten in der Nacht schreckte ich auf, als die Wände zitterten und die Decklampen hin und her schaukelten. Ich realisierte, dass die Erde bebte und mein erster Gedanke war: *Bitte lieber Gott, lass mich nicht hier in diesem kalten Raum, ganz einsam und alleine sterben.* Noch nie habe ich mich so leer gefühlt. Das war ein Tiefpunkt. Aber kaum war der Gedanke zu Ende gedacht, war das Erdbeben auch schon vorbei. Kostas hatte nichts davon gespürt. Er lebt im alten Teil des Hauses, wo die dicken Wände aus Stein und Mörtel die Vibrationen ausgleichen.

Nachdem ich am nächsten Morgen das Gästezimmer geputzt, für die Ankömmlinge eingekauft und noch ein paar frische Eier und Orangen für Eleftherias Familie eingepackt hatte, fuhr mich Kostas zurück ins Spital. Er würde die Touristen aus Frankreich später in Empfang nehmen und betreuen. Trotz der Aufregung in der Nacht, empfand ich die kurze Auszeit in Vagionia als sehr erholsam. Ich freute mich wie ein kleines Kind auf den Tag, an welchem ich gemeinsam mit Dimitris das Spital definitiv verlassen und wieder in unser Dorf zurückkehren konnte.

Der Gesundheitszustand von Dimitris war nach fast zwei Wochen Spitalaufenthalt so gut, dass die Ärzte vorsichtig erste Signale aussandten, dass man schon bald mit seiner Entlassung rechnen könne. Er solle sich aber noch etwas schonen, damit sich sein Zustand weiter stabilisieren könne, bevor er die Klinik verlassen durfte.

Als Dimitris erfuhr, dass Irini, die Tochter der *Giátrina*, hochschwanger und dehydriert wegen einer Grippe im PAGNI hospitalisiert war, ließ er es sich nicht nehmen, die Patientin zu besuchen. Gemeinsam pilgerten wir durch das Labyrinth der Gänge, bis wir das Krankenzimmer von Irini fanden. Wegen ihrer Schwangerschaft und der Ansteckungsgefahr, genoss sie das Privileg eines Einzelzimmers. Ihr Mann und ihre Mutter leisteten Irini Gesellschaft und das Aufeinandertreffen glich einem Familienfest. Wir brachten Fruchtsäfte aus der Spitalkantine mit und wurden im Gegenzug mit Süßigkeiten eingedeckt. Nachdem die Krankengeschichten ausgetauscht waren und man sich gegenseitig gute Besserung gewünscht hatte, gingen wir zurück zur Herzstation.

Wir waren froh, dass es Irini den Umständen entsprechend gut ging und das ungeborene Kind keinen Schaden erlitten hatte. Schon bald wurde unsere Freude jedoch gedämpft, als sich herausstellte, dass sich Dimitris bei diesem Besuch eine Magen-Darm-Grippe eingefangen hatte. Damit wurden wir wieder auf Feld eins zurückgeworfen und eine Entlassung rückte wieder in weite Ferne. Der Frust war bei uns beiden riesengroß.

Dieses Mal schritt der Genesungsprozess glücklicherweise zügiger voran und schon bald fühlte sich Dimitris fit genug, um gemeinsam mit anderen Patienten und der Putzfrau die «Revolutionsgemeinschaft» *Pola Roupa* zu gründen. Pola Roupa war eine griechische Linksterroristin, welche zusammen mit ihrer Organisation in den vorhergehenden Jahren mehrere Anschläge in Athen verübt hatte. Die Proteste von Dimitris' Revolutionären richtete sich hauptsächlich gegen die mürrischen Krankenschwestern und die «Fernbedienungsdiebe» aus anderen Zimmern, die das begehrte Fernseh-Steuerungsgerät, von dem es anscheinend nur eines auf der gesamten Station gab, regelmäßig entwendeten ohne an eine Rückgabe zu denken. Um die unruhestiftende Gemeinschaft zu zerschlagen, sah es die Ärzteschaft nun als nötig an, den Kopf der Terroristen zu stürzen und die Unterzeichnung von Dimitris' Entlassungspapieren wurde eilig in die Wege geleitet.

Triumphal war die Rückkehr in unser Dorf, als die Kamillenblüten auf den Wegen sprossen und mit ihrem heilenden Duft das Tal betörten. Langsam und mit blassem Gesicht erklomm mein Mann die Stufen zu unserem Studio, aber im Herzen fühlte er sich so stark, wie sich nur jemand fühlen kann, der dem Teufel von der Schippe gesprungen ist.

# 9. Freunde auf vier Pfoten

## 9.1. Lara

Einen eigenen Hund zu haben, kam für mich nie in Frage. Ich zog die charakteristische Freiheitsliebe der Katzen der Unterwürfigkeit von Hunden vor. Außerdem fand ich es anstrengend, den Vierbeiner ständig erziehen zu müssen, um einigermaßen entspannt mit ihm zusammenleben zu können. Der Geruch von Hunden war mir zuwider und ich tolerierte keinesfalls ein solch stinkendes Geschöpf im Haus. Für mich waren Hunde schon immer ein rotes Tuch, denn als Kind auf dem Bauernhof in der Schweiz, erlebte ich die vorbeiziehenden Kläffer als Störenfriede, welche mit ihrem Kot das Gras unserer Kühe verunreinigten, die ins Gänsegehege eindrangen, um die hilflosen Tiere zu reißen und uns Rad fahrende Kinder auf dem Schulweg zu Tode erschreckten, wenn sie uns bellend nachrannten. Die Hundesprache blieb immer ein Rätsel für mich und wenn mir auf meinen Spaziergängen ein freilaufender Kläffer entgegenkam, wusste ich nie, ob er mir als Freund oder Feind begegnete, was mich regelmäßig in Angst und Schrecken versetzte. Nicht förderlich für eine Sympathie zu Hunden war auch jener Artgenosse, welcher mich vor Jahren auf Kreta aus heiterem Himmel ins Bein gebissen hatte. Hunde waren für mich vom Menschen deformierte Wölfe und ich hielt, wenn möglich, Distanz zu diesen Tieren.

Als er noch ein Kind war, wünschte sich Dimitris zwar einen Hund als Gefährten und hin und wieder brachte er einen süßen Fellnasenfreund von der Straße mit nach Hause, seine Mutter entsorgte den in ihren Augen lästigen und krankheitsübertragenden Vierbeiner aber jeweils in einem unbeobachteten Moment am Fluss. Später, als Tavernenwirt, unternahm Dimitris nochmals einige halbherzige Versuche, einen Hund zu halten, welche kläglich daran scheiterten, dass sie Opfer eines Verkehrsunfalls wurden oder an einem spitzen Knochen erstickten. Wie viele andere Kreter hatte er die Angst vor Krankheitsübertragungen durch die Vierbeiner so verinnerlicht, dass

Dimitris immer zwischen der Sehnsucht nach einem treuen Freund und der Sorge um die mangelnde Hygiene hin und her schwankte. Wir entschieden uns deshalb für ein glückliches, hundefreies Leben, bis eines Tages die kleinwüchsige, quirlige Lara unsere Wege kreuzte.

Lara war der neunmonatige Mischling der kränklichen und einsamen Witwe Maria *Giátrina*, die den Hund von ihrem ältesten Sohn geschenkt bekommen hatte, damit er ihr Gesellschaft leisten sollte. Nach einer Woche gegenseitigen Beschnupperns fanden jedoch beide, dass sie nicht warm miteinander werden konnten. Lara war es zu langweilig, den ganzen Tag im Hof angebunden zu sein. Sie wollte die Welt entdecken. Und Maria hatte Angst über Laras Leine zu stolpern, wenn das Energiebündel um ihre Beine tanzte und sie befürchtete, sich bei einem allfälligen Sturz alle Knochen zu brechen. Deshalb kam bald schon die Anfrage an Dimitris, ob er die Kleine übernehmen wolle. Dimitris hatte gute Laune und willigte ein, im Wissen, dass ich nicht begeistert sein würde. Und um mich umzustimmen, bediente sich mein Göttergatte eines wohldurchdachten Plans.

Ich erfuhr von ihm, dass Maria zur Kur ins Krankenhaus fahren musste und Dimitris während ca. zehn Tagen auf ihren Hund aufpassen wollte. Der geschätzten Nachbarin diesen Gefallen zu tun, war ganz selbstverständlich für mich, aber gegen Laras zugewiesenes neues Zuhause in unserem Stall protestierte ich entschieden. Ich kannte Lara bereits von den Besuchen bei Maria und wusste, dass sie ein liebes, spitznasiges Hündchen war und ich war davon überzeugt, dass es mich während eines kurzen Zeitraums keineswegs stören würde, wenn wir sie in unserem Haushof einquartierten. Im Stall wäre sie viel zu einsam gewesen, das hätte mir leidgetan. Ein Platz unter der Treppe, wo sie windgeschützt liegen konnte, war schnell gefunden und so zog die trotz ihres unproportionierten Körperbaus recht hübsche Lara, schwanzwedelnd und bereit für alle Schandtaten, bei uns ein.

Hocherfreut machte sie sich mit ihrer neuen Familie bekannt, beschnupperte und beäugte uns aufmerksam mit ihren Knopfaugen.

Unsere Spaziergänge rund ums Dorf und zum Stall waren der Höhepunkt für sie und ich genoss es, eine dankbare Begleitung für meine Fußmärsche gefunden zu haben. Außerdem war sie bereits ziemlich gut erzogen. Sie war stubenrein und roch dank ihres kurzen Felles nicht unangenehm. Lara kam (meistens), wenn man sie bei ihrem Namen rief und stieg nicht auf die Betten, Sofas und Möbel. Kirchen und Badezimmer mied sie aus mir unbekannten Gründen, wie der Teufel das Weihwasser. Kleine Unarten wie das Zerfetzen von Kleidern und Schuhen, konnten ihr schnell abgewöhnt werden.

Sie war ziemlich intelligent und wollte ein gehorsamer Hund sein. Bald kannte und mochte Lara ihr neues zuhause so sehr, dass wir sie nicht mehr anbinden mussten und sie die neue Freiheit nutzen konnte, um von einem Familienmitglied zum anderen zu laufen, um sicherzustellen, dass alles in Ordnung war. Dimitris schätzte ihre Qualitäten als Wachhund sehr. Lara warnte uns durch ihr Bellen, wenn ein ihr unbekannter, suspekter Mensch unseren Hof betrat. Dabei erwies sie sich als äußerst instinktsicher, denn niemals verschreckte die schlaue Hündin ankommende Gäste der «Villa Eleftheria». Im Gegenteil, unsere Besucher wurden ausnahmslos mit einem freundlichen Schwanzwedeln begrüßt. Vor allem dunkelhäutige Passanten waren ihr ein Dorn im Auge und sie verjagte auf Dimitris' Befehl (fast) alle Katzen. Bloß manchmal, wenn die Katzen aggressiv oder sehr klein waren, drückte sie sich duckmäuserisch vor ihren Pflichten. Sie erwies sich als Gefährtin, die man einfach gerne haben musste und die auch von unseren Gästen sofort ins Herz geschlossen wurde, egal ob sie Hundefreunde waren oder nicht.

Nach ein paar Tagen wurden Lara und ich die besten Freundinnen und ich erwähnte Dimitris gegenüber, dass ich es schade fand, dass wir Lara bald ihrer Besitzerin zurückgeben mussten. Es tat mir leid, dass sie bald wieder den ganzen Tag in Marias Hof angebunden ausharren musste. Da erst klärte mich mein Mann auf, dass er Lara eigentlich von Anfang an für immer von Maria übernommen hatte und dass sie ihr Hündchen gar nicht mehr zurückhaben wollte. Ich konnte ihm nicht einmal böse sein, dass er mich ausgetrickst hatte.

Von da an waren Lara und ich unzertrennlich. Mit meiner neuen Freundin unternahm ich lange Spaziergänge, Fahrradtouren und abenteuerliche Schluchtenwanderungen. Trotz ihrer kurzen Beine hielt sie sechsstündige Wanderungen mit riesigen Höhenunterschieden problemlos durch. Da sie dabei unentwegt von der vordersten Person der Gruppe zum Schlusslicht und wieder zurück rannte, sowie auch rechts und links den Weg absicherte, legte sie mindestens das Vierfache der Wanderstrecke zurück. Mit Blick auf Lara wagte sich kein Kind zu beklagen, dass die Tour zu anstrengend sei, denn, was dieser Hund mit seinen kurzen Beinen schaffte, war rekordverdächtig.

Als uns meine Schwester Anita mit ihrer Familie auf Kreta besuchte, unternahmen wir gemeinsam eine Wanderung in einer abgelegenen Schlucht, um die Abenteuerlust ihres Mannes Tamas und dem kleinen Sohn Elio zu befriedigen. Auf halbem Weg stießen wir auf ein eineinhalb Meter großes Hindernis in Form eines riesigen Felsens, der im Flussbett thronte. Das Klettern war nicht einfach, da der Stein feucht vom Flusswasser war, aber mit gemeinsamer Anstrengung schafften wir es, uns gegenseitig hochzuziehen. Obwohl Lara es gar nicht mochte, hochgehoben zu werden, versuchte ich sie in meine Arme zu locken, um sie auf den Gipfel des Felsens zu hieven. Das lehnte sie energisch ab. Stattdessen holte sie Anlauf, sprang bis zur Hälfte des Brockens, federte mit ihren kurzen Beinen ab, ließ ihren kleinen Körper nochmals in die Höhe schnellen, krallte sich mit ihren weißen Pfoten oben fest und zog sich mit einer ungeheuren Energie hoch. Unseren Beifall hatte sie mehr als verdient, und die Wandergruppe konnte weiterziehen.

Etwa ein Jahr lang lehrte mich Lara die Hundesprache, Loyalität und bedingungslose Liebe. Dann verschwand sie eines Tages und das brach mein Herz. Ich kann es noch immer nicht akzeptieren, dass sie weg ist, hoffe so sehr, dass sie noch lebt und dass es ihr gut geht und dass sie eines Tages, wie durch ein Wunder, wieder bei uns auftaucht.

## 9.2. Liza

Vor Laras Verschwinden schlich sich ein weiterer Vierbeiner in unser Herz. Der Lebenszweck unserer Nachbarshündin Liza war es, mit ihrer Präsenz die Wiesel von den Hühnern fernzuhalten und das Haus ihrer Halter zu bewachen. Und sie erfüllte ihre Aufgabe lautstark, indem sie jedes Mal aufgeregt und ununterbrochen bellte, wenn sie einen Menschen zu Gesicht bekam, der nicht zu ihrer Familie gehörte. Merkwürdigerweise krümmte sie jedoch den grasenden Enten, welche sich gerne in ihrer Umgebung aufhielten, kein Haar. Sie schien den Entennachwuchs sogar vor seinen natürlichen Feinden beschützen zu wollen.

Anfangs fürchtete ich mich vor dem lauten Schäferhund-Mischling, bis ich merkte, dass Liza mit ihrem ohrenbetäubenden Gehabe nur meine Aufmerksamkeit zu erregen versuchte. Irgendwann traute ich mich, sie über den Zaun vorsichtig zu berühren und als sie dann meine Streicheleinheiten genießend verstummte, wurden die Zärtlichkeiten zu unserem täglichen Ritual.

Liza war sowohl bei unseren Gästen wie auch bei den Volontären, die uns im Winter bei der Olivenernte halfen, zunehmend beliebt und erregte auch viel Mitleid. «Wie kann es sein, dass eine so liebe und kontaktfreudige Hündin, die keiner Ente etwas zuleide tut, ihr Leben an einer kurzen Kette fristen muss?», fragten mich meine Begleiter oft. Lizas Besitzer sind mit Dimitris verwandt und eigentlich sehr freundliche, einfache Bauersleute. Nie schienen sie jedoch einen Gedanken daran zu verschwenden, dass Liza angesichts ihres einsamen Lebens todunglücklich sein könnte. Irgendwann hielt Stella, eine junge Erntehelferin aus Holland, Lizas Situation nicht mehr aus und schlug mir vor, die Erlaubnis von Frauchen Anna einzuholen, um mit ihr spazieren zu gehen. Da ich nicht mit dem Verständnis von Anna rechnete, war meine Überraschung riesengroß, als sie uns ohne Zögern und mit einem belustigten Lächeln im Gesicht, mit Liza davonziehen ließ.

Lizas Glück ließ sich kaum beschreiben, als sie zum ersten Mal die Umgebung unseres Dorfes auskundschaftete, ihr Geschäft ausgiebig in der freien Natur verrichtete, aufgeregt an jedem Grashalm schnupperte und lief, so schnell sie mit ihren durch ihren früher so eingeschränkten Bewegungsradius geschwächten Beinen laufen konnte. Auch die ein wenig eifersüchtige Lara akzeptierte unsere neue Begleiterin zähneknirschend, nach anfänglichen «Zickereien». Lizas Begeisterung über das bisschen neugewonnene Freiheit war so ansteckend, dass wir es uns gerne zur Aufgabe machten, sie fast ausnahmslos jeden Abend spazieren zu führen, auch wenn wir noch so müde von der anstrengenden Ernte waren. Im Frühjahr begleitete sie uns, wenn wir im Tal Kräuter oder Kapern sammelten; Liza wurde uns eine verspielte, treu ergebene und liebevolle Freundin. Die Straßenhunde aus unserer Nachbarschaft nahmen schon sehr bald ebenfalls enthusiastisch an diesen Ausflügen teil. Ich konnte Liza aber leider nicht von der Leine und mit den anderen Hunden frei herumrennen lassen, denn sie war darauf konditioniert ihr Haus zu bewachen und wäre auf direktem Weg wieder nach Hause zurückgelaufen.

Obwohl mich Lizas Besitzerin immer darin bestärkte, sie auf Spaziergänge mitzunehmen, ließ sie sich nie erweichen, Liza von der Kette zu nehmen und frei im Hof herumrennen zu lassen. Zu groß war ihre Angst vor Krankheiten, die Hunde auf Menschen übertragen könnten. Einige andere Dorfbewohner aber ließen sich durchaus vom amüsanten Anblick unserer glücklichen, schwanzwedelnden Vierbeiner-Truppe inspirieren und gewährten ihren eigenen Tieren etwas mehr Aufmerksamkeit und Freiheit. Ich erfuhr von echten Tierfreunden in unserem Dorf, die dutzende Streuner aufsammelten und ihnen auf großen, eingezäunten Ländereien ein Zuhause und gutes Futter boten. Einige ältere und einsame Nachbarn lernten Hunde als treuherzige Gesellschafter schätzen und halten sie seitdem wie Familienmitglieder auf ihren Vorplätzen; mancher Kettenhund wurde befreit und darf sich jetzt ungebunden, in einem umfriedeten Bereich, um die Ställe herumbewegen.

In Griechenland existiert auch ein Tierschutzgesetz, das die Besitzer verpflichtet, bei den Hunden für regelmäßigen Auslauf zu sorgen und das wird im Fernsehen immer wieder eindringlich kommuniziert. Bis allerdings in allen Köpfen ankommt, dass eine Fellnase kein kontagiöses, gefährliches Nutztier ist, sondern des Menschen bester Freund, der viel Aufmerksamkeit und Bewegung braucht, wird es wohl noch einige Jahre dauern. Man könnte Hundebesitzer, welche sich nicht ans Tierschutzgesetz halten zwar bei der Polizei anzeigen, aber als Ausländerin, die sich gerne im Dorf integrieren möchte, gehe ich lieber mit gutem Beispiel voran und rede mit den Leuten, die sich offen für eine bessere Tierhaltung zeigen.

# 10. Reputation ist alles

Eine gute Integrität und der gesellschaftliche Status sind beinahe überlebenswichtig im ländlichen Kreta. Es gab einige «Vagioniter», die im zweiten Weltkrieg mit der deutschen Wehrmacht zusammenarbeiteten, um wirtschaftlich zu profitieren. Nach dem Kriegsende wurden diese Verräter an einen Esel gebunden und zu ihrer Schmach und Demütigung vor den Augen aller im Dorf vorgeführt. Noch heute ist bekannt, wer damals mit den Deutschen kooperierte und die Schandtaten eines «Judas» haben noch immer negative Auswirkungen auf den Ruf seiner Nachfahren.

## 10.1. Der Möchtegern-Held

Die Geschichte von Fotis ist ein Beispiel aus der neueren Zeit, wie eine ganze Familie im Dorf in Ungnade fallen kann. Nachdem Fotis als Treibhaus-Bauer und Restaurantbesitzer in Heraklion gescheitert war, hatte er sich von der Familie einer vor vielen Jahren auf mysteriöse Weise verschwundenen jungen Frau überzeugen lassen, den mutmaßlichen Entführer gegen Entgelt zu einem Geständnis zu zwingen. Dazu entführte Fotis den verdächtigten ehemaligen Lehrer der Vermissten mit Waffengewalt von einem Strand in Südkreta und sperrte ihn in eine fensterlose Blockhütte außerhalb von Vagionia ein.

Nach mehrtägiger, erfolgloser Folterung an der angeblich auch seine Mutter sowie Fotis' Schwester Eleni beteiligt waren, schnitt sich der Lehrer mit einer Konservendose die Pulsadern auf und schrieb mit seinem Blut das Wort *unschuldig* auf die Wand seines Verlieses. Um dem widerspenstigen Entführten das Leben zu retten, brachte ihn Fotis, in einem Anflug von Vernunft, zum Doktor seines Vertrauens und ließ den Verletzten, unter dem Siegel der Verschwiegenheit, verarzten. Nachdem Opfer und Entführer die Praxis verlassen hatten, verständigte der konsternierte Arzt die Polizei und der Lehrer wurde nach tagelangem Martyrium befreit.

Man kann sich vorstellen, dass das ganze Dorf kopfstand, als die Geschichte bekannt wurde. Fotis' Mutter und Schwester mussten zwar, im Gegensatz zu ihm, nicht ins Gefängnis, sie verloren jedoch alle ihre Freunde und wurden fortan in Vagionia gemieden. Ab sofort gab es für die Mutter von Fotis keine Treffen mehr beim *Koutsoúri* mit den anderen Witwen des Dorfes. Der ehemals so stolze, schwarzgelockte Fotis verschwand für einige Monate hinter Gittern und seine Frau Irini, welche auf der Insel Kalimnos aufgewachsen war und in Vagionia als Einzelgängerin galt, mühte sich in den Treibhäusern ab, um ihre Familie über die Runden zu bringen. Die vermisste junge Frau ist bis heute nicht wiederaufgetaucht.

## 10.2. Sozialer Aufstieg

Dimitris' Ansehen im Dorf war anfangs ziemlich verbesserungswürdig. Er verließ Vagionia bereits in der Jugendzeit und lebte viele Jahre lang als Tavernenwirt in Heraklion und in der Touristenhochburg Chersonissos. Als er nach langer Abwesenheit sein Leben änderte und wieder zum Ort seiner Kindheit zurückkehrte, war es anfangs nicht leicht für ihn, sich zu integrieren und Freunde zu finden. Der Ruf seiner armen aber rechtschaffenen Vorfahren war zwar ziemlich gut, aber gewisse Berichte über Dimitris' Lebenswandel als junger Mann sickerten bis nach Vagionia durch und stimmten die Leute skeptisch, ob ihm zu trauen war. Die Episode als er, in einem Anfall von Verrücktheit, sein eigenes Restaurant in Heraklion in Brand steckte und die Tatsache, dass er von seiner Frau geschieden war, sorgten für viel Unverständnis bei den bodenständigen und religiösen Bauern. Um ihr am Ende schlecht laufendes Restaurant in Chersonissos zu finanzieren und die Schulden zu begleichen, mussten die Brüder einige Ländereien ihres Vaters verkaufen. Darüber hinaus bereitete Dimitris seinen Eltern einigen Kummer, weil er gerne mal etwas über seinen Durst trank und auch sonst in seinem Lotterleben nichts anbrennen ließ.

In den ersten Monaten in Vagionia gaben sich nur die anderen Außenseiter des Dorfes mit ihm ab. Mit der Zeit aber, als unsere kleine Pension erfolgreich wurde und die Geschäfte unseres Dorfes vom Konsum unserer Gäste profitierten, steigerte sich Dimitris' Ansehen merklich. Auch die Vermarktung unseres biologischen Olivenöls in der Schweiz sorgte für Bewunderung und sogar für ein wenig Neid bei einigen «Vagionitern». Inzwischen, ist Dimitris ein respektiertes Mitglied der Dorfgemeinschaft und das erfüllt ihn mit Stolz.

## 10.3. Der König von Vagionia

Der bullige Aris ist der menschliche Hahn im Korb von Vagionia und die absolute Respektsperson unseres Dorfes. Er ist in seinen besten Jahren, hat eine wunderschöne und fleißige Frau, zwei gesunde und starke Söhne, ein eigenes *Kafenío* im Dorfzentrum, eine Menge Land mit Olivenbäumen und eigene Grundwasserbrunnen, um die Grundstücke zu bewässern, einen glänzend roten Pickup, genügend Geld, ein faszinierendes, leicht gefährliches Aussehen, eine eigene Pistole und das Image, dass mit ihm nicht zu spaßen sei. Mit anderen Worten besitzt Aris all das, was einen erfolgreichen Mann in einem kretischen Dorf ausmacht und er wird deshalb von allen geachtet und hofiert. Hin und wieder zementiert er seinen Status, indem er dem Dorf eine aufregende Geschichte liefert, die dann während Wochen das Hauptgesprächsthema der Pensionäre im *Kafenío* und der Witwen auf der Sitzbank vor unserem Haus ist.

Die jüngste Begebenheit trug sich an einem Ostersamstag in der Kirche von Vagionia zu. Ein auswärtiger Kirchenbesucher, der schlecht über den gesellschaftlichen Status von Aris informiert war, wies den Sohn des charismatischen Bauern zurecht, er solle sich doch während der Liturgie etwas ruhiger verhalten, denn es seien hier in der Kirche Leute, welche etwas von der Rede der *Papádes*

– den orthodoxen Pfarrern – mitbekommen wollten. Das Kind war kaum fertig ausgescholten, da traf den braven Kirchenbesucher Aris' scharfer Kinnhaken und ein Tumult brach im hinteren Teil der Kirche aus. Mehrere Männer mussten den aufgebrachten Landwirt und *Kafenío*-Besitzer festhalten, sodass der erschreckte und gedemütigte Ostergast die Kirche von Vagionia fluchtartig verlassen konnte. Er wurde seither nie mehr im Dorf gesehen.

Der Zufall will es, dass wir einen Olivenhain gleich neben dem Land von Aris besitzen und er wäre auch bereit, uns Wasser aus seinem Brunnen für die Bewässerung unserer Bäume zu liefern, zum ortsüblichen Tarif von zehn Euro pro Stunde. Aber da der «König von Vagionia» ein vielbeschäftigter Mann ist, hat er selten Zeit, um die Schleusen seines Brunnens zu öffnen und wenn er sich einmal bereit erklärt, ist es ganz bestimmt um die Mittagszeit herum und somit zur unvorteilhaftesten Tageszeit, weil das Wasser in der Hitze der sommerlichen Sonne verdunstet, bevor es die Wurzeln der durstigen Olivenbäume beglücken kann.

Unlängst entzündete ein Landarbeiter von Aris beim Aufräumen Äste an einem ungünstigen Ort und aufgrund des starken Windes züngelten die Flammen bis hinüber in unseren Hain. Dabei verbrannte ein ganzer Baum aus unserem Besitz bis zu den Wurzeln. Unter üblichen Umständen wäre Dimitris außer sich vor Wut gewesen, dass einer seiner liebevoll gepflegten Bäume einer solch tragischen Zerstörung zum Opfer fallen musste und hätte lautstark Schadenersatz gefordert. Ich nahm jedoch mit Erstaunen zur Kenntnis, dass es Dimitris bei einer leichten Kritik an Aris beließ, dass er den Verlust stillschweigend wegsteckte und dass der Vorfall sehr schnell vergessen war. Das Leittier unseres Dorfes genießt eine gewisse Narrenfreiheit, aber die Vorreiterrolle hat natürlich ihren Preis. Es ist bestimmt auch anstrengend, sich ständig gegenüber allen anderen Platzhirschen im Dorf behaupten zu müssen.

## 10.4. Ein hoffnungsloser Fall

Misshandlungen von Frauen und Kindern werden auf Kreta aufs Schärfste verurteilt und gesellschaftlich geahndet. Dies musste auch unser Nachbar Petros erfahren, welcher öfters lautstark mit seiner Frau stritt. Warum die füllige Gattin von Petros in Vagionia den satirischen Spitznamen *Antilópi* trug erschloss sich mir nie, denn weder der Körperbau noch der Charakter der Nachbarin glich den Eigenschaften der scheuen und grazilen Antilope. Die sich häufenden Konflikte, welche oft in Anwesenheit ihres jugendlichen Nachwuchses stattfanden, führten in der gesamten Nachbarschaft zu Anspannung und Besorgnis. Der hagere und stotternde Petros erfuhr bereits wegen seiner Faulheit einige Geringschätzung. Seine Unfähigkeit, eine harmonische Ehe zu führen, ließ seinen Ruf aber gegen null sinken. Da half ihm auch nicht, dass sein großes und beleibtes Weib keinesfalls eine zarte Blume war und ihm nicht selten «mit behaarten Zähnen» Paroli bot.

Eines regnerischen Abends artete ein Ehestreit soweit aus, dass *Antilópi* blutüberströmt zu uns nach Hause flüchtete. Eskortiert von unseren beiden erschütterten Erntehelfern aus Frankreich, erklomm sie mit letzter Kraft die Stufen zum Studio, um sich von meinem Mann, dem selbsternannten Kapitän und Retter der Nachbarschaft, helfen zu lassen. Während ich der armen Frau das Blut von der Kopfhaut und den strähnigen, dunklen Locken tupfte, ließ sich Dimitris hochinteressiert die Tragödie im Detail erzählen. Petros hatte die Nerven verloren und die Frau gegen den Kühlschrank gestoßen, wo ihr Kopf so hart aufschlug, dass eine klaffende Wunde entstand. Mit Kopfverletzungen war nicht zu spaßen, deshalb entschied Dimitris, die Frau zur medizinischen Untersuchung ins Notfallzentrum nach Mires zu fahren. Unser Ranger streikte jedoch wieder zum ungünstigsten Zeitpunkt. Der Motor wollte einfach nicht anspringen. Es musste eine andere Lösung gefunden werden, um *Antilópi* zu retten.

Wie bei jedem Problem fand Dimitris schnell eine neue Möglichkeit, wie der misshandelten Nachbarin geholfen werden konnte. Er stapfte aufgebracht zu Petros' Haus, um den Mann zur Vernunft zu bringen, damit er sich selbst um seine verletzte Frau kümmere. Seit ihrer Kindheit empfanden die beiden Männer wenig Sympathie füreinander. Petros fürchtete Dimitris' hitziges Temperament fast noch mehr als die Hysterie seiner Frau. Hinter verschlossener Tür antwortete er auf Dimitris' Geschrei lediglich: «Soll sie doch zum Teufel fahren!» Schließlich traute sich der Sohn von Petros und *Antilópi* aus dem krisengeschüttelten Haus zu schleichen und seine Mutter nach Mires zu fahren. Der Hobbypsychologe Dimitris gab *Antilópi* noch den Rat mit auf dem Weg, dass sie ihren Mann nun definitiv verlassen solle, weil die unheilvolle Beziehung sonst tödlich enden könnte, was die Frau beherzigte und später in die Tat umsetzte. Zusammen mit ihren Kindern ließ sie sich in Mires nieder und bestreitet ihren Lebensunterhalt seitdem als Putzfrau. Petros erhielt am Folgetag der Tragödie einen für ihn sehr unangenehmen Besuch von *Antilópis* Bruder aus dem Nachbardorf Vasilika Anogia. Damit war die Gerechtigkeit wieder einigermaßen hergestellt und es kehrte wieder Frieden ein in Vagionia.

Nur einmal noch war Petros in aller Munde, als er in den Garten des auswärtigen Arztes Haris einbrach, um Mandarinen und Orangen zu stehlen. Leider wurde die Tat von der Überwachungskamera gefilmt, worauf ihn der Arzt zur Rede stellte und ihm mit einer Anzeige drohte. «Du willst mich anzeigen?», brüllte Petros. «Dann werde ich dir den Hals durchschneiden!» Es folgte eine handgreifliche Auseinandersetzung, bei welcher Haris den Kürzeren zog. Bei dieser Geschichte wurde Petros' Verhalten von den «Vagionitern» milder beurteilt. Viele hatten Verständnis dafür, dass sich der mittellose Petros im Obstgarten des reichen Doktors bediente, wo die Zitrusfrüchte am Boden verfaulten, weil nicht alle Früchte verwertet werden konnten und fanden Haris' Reaktion auf den Diebstahl übertrieben.

# 11. Liebeskummer im Geflügelstall

Das Zusammenleben der verschiedenen Persönlichkeiten in Vagionia erinnert mich gelegentlich an das Treiben in unserem Geflügelstall. Es gibt Hierarchien und die Stärksten verdienen den höchsten Respekt. Unter dem Fußvolk gilt die Devise, entweder man findet sich mit der Situation ab und macht das Beste daraus oder widmet sich der zermürbenden Aufgabe, dem Hahn seine Rolle streitig zu machen und selber zum Chef aufzusteigen.

Unser weißer Gockel hatte eindeutig eine Weile lang die Herrschaft über die gesamte Geflügelschar unseres Stalls. Selbst der Truthahn, welcher ihn an Größe und Lautstärke, nicht aber an Intelligenz übertraf, überließ dem Hahn den Vortritt an der Futterschale. Ganz zu schweigen vom noch jugendlichen Gänsepaar, welches sich förmlich ängstigte, die Vormachtstellung im Geflügelstall zu übernehmen, obwohl die Führungsqualitäten bei den beiden grauen Langhälsen durchaus gegeben waren. Mit ihrem lauten und furchterregenden Gefauche, ihrer charakteristischen Angriffslust und ihren spitzen Zähnen, wären sie von Natur aus prädestiniert gewesen, unerwünschte Eindringlinge in die Flucht zu schlagen, das Geflügel zu beschützen und deshalb die Chefposition einzunehmen. Das scheue Gänsepaar interessierte sich jedoch bis anhin nur fürs Fressen und setzte seine Schnäbel höchstens ein, um eine vorwitzige Ente vom Gefäß mit den Maiskernen zu vertreiben. Viel zutraulicher gab sich der ständig schwatzende, schwanzwedelnde Enterich *Posidónas* – Poseidon. Er ließ sich gerne am Hals kraulen und gab keine Ruhe, bis sein Bottich endlich mit frischem Wasser gefüllt war und er ein Bad nehmen konnte. Erst nach ihm durften die anderen Enten den Pool benutzen. Dafür ließ er ihnen ganz gentlemanlike beim Essen den Vortritt.

Das wilde Treiben im Hühnerstall interessierte das Schaf Chrisoula nur am Rande, denn sie war damit beschäftigt, ihre eigene gesellschaftliche Stellung bei ihresgleichen zu festigen.

Ich bekam Chrisoula als kleines, schwaches Lämmchen von einem Schäfer geschenkt, als wir im Frühjahr die Bäume schnitten und er seine Schafherde durch unser Tal trieb. Gerne ließen wir seine herrlichen Tiere in unserem Olivenhain weiden und freuten uns, dass sie artig waren und sich mehrheitlich mit dem in Fülle wachsenden Gras und den Blättern der abgeschnittenen Äste begnügten. Einige an den Olivenbäumen herunterhängende Zweige fielen den unersättlichen Vierbeinern zwar ebenfalls zum Opfer, dafür entschädigten sie uns mit Dünger für unsere Erde. Dimitris hielt es jedoch für angebracht, dass sich der Schäfer noch etwas mehr für die Nutzung unseres Landes erkenntlich zeigen sollte und nach einem entsprechenden Wink mit dem Zaunpfahl drückte ihm der Schäfer, statt dem erwarteten Käse, ein wolkengemustertes Schafskind in die Arme.

Mein Herz schmolz dahin, als ich mit dem vor Angst zitternden Schäflein in den Armen nach Hause fuhr. Leise und beruhigend sprach ich auf Chrisoula ein und versprach ihr, dass wir sie niemals metzgen würden. Nach diesen Worten beruhigte sich das Tier wie durch Magie und wir brachten es in sein neues Heim zu den Ziegen.

Die Zicken freuten sich wenig über den merkwürdigen Neuankömmling, der ihnen ihr Fressen am Trog streitig machte. Etwas verwirrt über die abweisende Art der Geißen, versuchte Chrisoula dennoch weiterhin hartnäckig, sich in ihre neue Familie zu integrieren. Sie fand jedoch erst eine echte Freundin, als das Ziegenbaby Afro zur Welt kam.

Chrisoula hatte es als Waisenkind und als Außenseiterin nicht einfach im Leben und als wir ihr den Schafbock Minos zur Seite stellten, verbesserte sich ihr Schicksal kaum. Das Zusammenleben des Paares war von Gewalt geprägt. Immer wieder wurde Chrisoula von ihrem groben Partner mit Kopfstößen malträtiert. Sie bedachte Dimitris oft mit einem Blick, der sagen wollte: *Warum bloß hast du einen solchen Idioten für mich ausgesucht?* Irgendwann konnte Dimitris die Misshandlungen nicht mehr mit ansehen. An die erhoffte Fortpflanzung der beiden war nicht zu denken. Das ungleiche Gespann konnte beim besten Willen nicht zusammenfinden. Deshalb landete Minos im Kochtopf und Chrisoulas Lebensqualität verbesserte sich maßgeblich.

Vier Monate nach Minos' unrühmlichem Ende entdeckte Dimitris ein kleines weißes Lämmchen neben Chrisoula im Stall und fragte sich entzückt, woher das Tierchen wohl komme. Dann schlussfolgerte er blitzartig, dass die Beziehung zwischen Chrisoula und Minos wohl doch nicht so unfruchtbar gewesen sein mochte, wie ursprünglich angenommen. Chrisoula gebar ihren unerwarteten Sohn Miki ganz alleine und wusste instinktiv, was zu tun war. Als Dimitris das Lämmchen fand, hatte Chrisoula es bereits sauber geleckt und die Nachgeburt verspeist. Sie war eine hingebungsvolle Mutter und Miki wurde, im Gegensatz zu seinem Vater, ein echter Gentleman. Auch dafür sorgte die liebevolle Chrisoula mit ihrer sanften Erziehung.

Unser weißer Hahn, der später ein tragisches Schicksal erleiden sollte, ließ sich weder von Chrisoulas leidgeplagter Lebensgeschichte mit Happyend noch vom imposanten, aufgeplusterten Truthahn und schon gar nicht von den gedrungenen, «pickelgesichtigen», ewig schnatternden Enterichen beeindrucken. Auch der schwarzweiß gesprenkelte Hahn, welcher vorübergehend bei uns zur Kur einquartiert wurde, weil er von seinem Artgenossen im Hühnerstall unseres Neffen Ilias angegriffen und am Bein verletzt worden war, konnte ihm nicht das Wasser reichen. Ilias' Hahn wurde ein einsamer Gockel, weil wir ihn separat einsperren mussten, da unser weißer Teufelshahn keine Gelegenheit ausließ, den «Kurgast» anzufallen und zu peinigen. Die Hühner zeigten wenig Mitgefühl mit dem verletzten und ausgestoßenen Tier. Für sie war ihr weißer Hahn der einzige und wahre Held im Geflügelstall und sie folgten ihm bereitwillig und gerne überall hin, was einigen von ihnen zum Verhängnis werden sollte.

Ganz nach der Hippie-Philosophie, welcher wir teilweise nacheifern, hatten wir das Gefühl, dass auch unser Geflügel die volle Freiheit genießen sollte. Wir ließen die Stalltüre anfangs deshalb, entgegen allen Warnungen, Tag und Nacht offen und erfreuten uns daran, wie die Hühner den Weg, welcher von der Straße zu unserem Stall führte, von Gras und Ungeziefer säuberten und wie die Enten einen Ausflug zu den schattigen Bäumen des Nachbarn unternahmen. Oftmals lief uns ein Umzug von aufgeregten Truthähnen, Gänsen, Hühnern und Enten entgegen, wenn wir ihnen das Futter brachten. Voller Vorfreude auf das bevorstehende Mahl eskortierte uns das laut gackernde Geflügel jeweils zurück zum Stall, wo es sich auf die reichhaltigen Köstlichkeiten aus unserer Küche und aus dem Kornsack stürzte. Der Anführer dieser fröhlichen Parade war natürlich jeweils der weiße Gockel, der uneingeschränkte «Herrscher» der Geflügelschar.

Mit der Zeit reichte dem vorwitzigen Hahn das Geflügelgehege und der Weg vor dem Stall nicht mehr aus, denn er wollte die Welt entdecken und wir trafen ihn öfters in Begleitung einiger seiner Damen auf der Straße an. Anfangs amüsierten wir uns über seine Entdeckungslust und seinen hippiehaften Freiheitsdrang. Eines Morgens aber trieb es der Hahn zu weit und er weckte bei einem ausgedehnten Spaziergang die Aufmerksamkeit von zwei streunenden, hungrigen Straßenhunden. Er selbst kam mit dem Schrecken davon, aber sieben füllige Hühner aus seiner Entourage, von uns hochgeschätzte, fleißige Eierlieferantinnen, wurden grausam massakriert und teilweise aufgegessen. Die anderen Tiere konnten sich, zu Tode erschreckt, fliegend auf die Bäume retten.

Dimitris war in Begleitung unserer kleinen Nichte Elisa aus der Schweiz, als er den Spuren der Gewalt auf dem mit Federn und Blut gesäumten Weg zu unserem Stall folgte. Wie das erschreckte Kind hatten auch wir noch lange an der Verarbeitung der Gewaltorgie zu nagen und mit Albträumen zu kämpfen.

Ich weiß nicht, ob die Tiere ein gutes und langes Gedächtnis haben und kann nur hoffen, dass sie das schreckliche Ereignis, als sie von den triefenden Lefzen der Straßenköter gejagt wurden, inzwischen vergessen haben. Der unglückselige Hahn hatte den Angriff der Hunde zwar überlebt, er wurde aber gleichentags durch Dimitris geschlachtet, denn er war wegen seiner Unternehmungslust nicht mehr tragbar. Seine Hippie-Attitüden hatten das Hühnervolk direkt ins Unglück geführt.

In Zukunft blieben die Stalltüren fest verschlossen und der sich vorsichtig zurückhaltende weiß-schwarz gesprenkelte Gockel wurde zum Leithahn erkoren. Die treuen Hennen trauerten dem weißen Schönling aber noch lange nach und sie weigerten sich über eine Woche lang, sich vom ehemaligen Kurgast begatten zu lassen.

# 12. Kretas überbordende Feiern

## 12.1. Sommerfeste

Die Kreter sind für ihre unbändige Festfreude bekannt. Jeweils im Sommer finden die traditionellen Dorffeste, die *Panigíria* oder *Glén-tia,* statt, bei welchen bis zum Sonnenaufgang getanzt, gefuttert und getrunken wird. Jede Gemeinde, die etwas auf sich hält, veranstaltet jährlich ein Fest anlässlich des Namenstags des lokalen Schutzheiligen und für die Organisation ist jeweils der *Síllogos* – der kulturelle Verein eines Dorfes – zuständig. Das Engagement und die Kompetenz der Vereinsmitglieder unterscheiden sich von Ort zu Ort und entsprechend mannigfaltig fallen deshalb auch die Festivitäten aus.

Vagionia hatte früher einen sehr aktiven *Síllogos*, der manchmal als Laientheatergruppe in der Region unterwegs war und der, auf dem Höhepunkt seines Wirkens, sogar zu einer Aufführung nach Athen und Zakynthos eingeladen wurde. Die jungen Mitglieder des Vereins werteten Vagionia zusätzlich durch die Gründung einer Bibliothek und eines Fitnesscenters auf. Die Dorffeste von Vagionia fanden auf dem Außenareal der Grundschule statt und waren gigantisch, als das Dorf noch über einen tatkräftigen und vereinten *Síllogos* verfügte. Leider zerstritten sich die exzentrischen Schauspieler und der Kulturverein löste sich auf, worauf die Organisation des örtlichen *Glénti* dem Cafébesitzer Sotiris übertragen wurde.

Sotiris' Lokal, welches vor allem bei den Jugendlichen von Vagionia äußerst beliebt ist, weil es sich etwas außerhalb des Dorfes bei einer Tankstelle befindet und deshalb von den Lästermäulern des Dorfes geschützt ist, hat ein für dörfliche Verhältnisse unglaubliches Angebot an Drinks und Gebäck zu bieten. Es eignet sich wegen seines limitierten Platzes jedoch nur bedingt für ein ganzes Dorffest. Die beiden Musikanten und der Sänger aus Vagionia geben mit ihren Instrumenten, Leier, Bouzouki und Laute, auf einer mickrigen Bühne jeweils alles, um die Gäste zum Tanzen zu motivieren. Die kleine Tanzfläche bietet jedoch nur einer beschränkten Anzahl Tänzern genügend Bewegungsfreiheit. Bei solchen Platzverhältnissen fällt es den Anführern des sich an den Händen haltenden Reigens jeweils nicht leicht, sich mit Sprüngen und Drehungen in Szene zu setzen und die richtige Stimmung kann nur schwer aufkommen. Dafür wird umso mehr getrunken, was bei zwei Jugendlichen im letzten Jahr dazu führte, dass ihre Fahrzeuge beim Kuss mit einem Olivenbaum einen Totalschaden erlitten. Wie durch ein Wunder blieben die beiden Burschen unverletzt. Seitdem der wählerische Dimitris bei einem *Glénti* in Vagionia verkohlte *Soufláki*-Spiesse und tiefgefrorene Tintenfische zu einem Rekordpreis vorgesetzt bekommen hat, verzichtet er auf eine Teilnahme an den jährlichen Dorffesten von Vagionia.

Inzwischen kennen wir die Orte in der Messara, wo die feierlichsten *Gléntia* stattfinden. In Begleitung unserer Gäste gehen wir gerne nach Plora, wo ein herzlicher und kompetenter *Síllogos* für eine gute Stimmung sorgt oder nach Mitropoli, wo die gastfreundlichen Dorfbewohner jedes Jahr eine Lotterie mit vielen tollen Preisen organisieren, welche von den regionalen Geschäften gesponsert werden. Wenn die durch seine Raucherlunge beeinträchtigte Kondition es zulässt, wagt auch mein Dimitris bei solchen Gelegenheiten immer wieder gerne mal ein leidenschaftliches Tänzchen. Die Tänze beginnen meist nicht vor zweiundzwanzig Uhr und dauern bis in die frühen Morgenstunden, wobei sich die Kreter immer mehr in Ekstase steigern. Alle Kreter scheinen das Tanzen mit der Muttermilch aufgesogen zu haben und zeigen schrittsicher viele Emotionen bei ihren Darbietungen.

Ein deutsches Pärchen, das bei uns zu Gast war, wollte sich bei einem anstehenden *Glénti* nicht aufs Zuschauen beschränken und deshalb fragte ich unseren Nachbarn und professionellen Tänzer Antonis, ob er uns in die Geheimnisse des kretischen Tanzes einweihen würde. Trotz Höchsteinsatz unseres Tanzlehrers waren wir nach zwei Stunden lediglich in der Lage, die Grundschritte des einfachsten Reigens, des *Siganós,* auszuführen. Resignierend und etwas mitleidig taxierte Antonis unsere ungelenken Versuche und seufzte: «Ihr tanzt halt auf die nordische Weise. Einen kretischen Tanz muss man mit Leib und Seele fühlen. Wenn man nicht mit dem Herzen dabei ist, dann lässt man es lieber bleiben.»

Bei den *Gléntia* lassen sich, neben den sich zur Schau stellenden Heiratswilligen, auch Kinder und ältere Tänzer bis spät in die Nacht von der Musik mitreißen. Wer als Zuschauer bis zirka drei Uhr morgens durchhält, erlebt den erotikgeladenen Höhepunkt der Festlichkeiten, wenn sich die Jünglinge in ihren Pumphosen und Stiefeln mit ihren Sprüngen in rekordverdächtige Höhen schrauben.

Das Dorf Ambelouzos organisiert im Sommer ein Festival der Süßigkeiten, welche von den Hausfrauen des Dorfes jeweils liebevoll hergestellt und angeboten werden. Die Fahrt nach Ambelouzos lohnt sich nur schon, um die vielen von der örtlichen Landwirtschaftsschule gepflanzten Bäume zu bewundern, welche das Dorf umgeben. Die milden und würzigen roten Körner, die von den feinblättrigen Pfefferbäumen hängen, welche die Straße nach Gortyna säumen, dürfen von den Vorbeifahrenden ganz legal geerntet werden. Der Dorfplatz im Zentrum von Ambelouzos, wo auch das Festival stattfindet, ist von riesigen Platanen umgeben. Nachdem sich der Besucher durch die kretischen Süßigkeiten und die verschiedenen hausgemachten Liköre durchprobiert hat, kann er die Kalorien bei einem Tanz zu Livemusik wieder abtrainieren.

## 12.2. Religiöse Feiern

### 12.2.1. Das orthodoxe Osterfest

Ostern ist die bedeutendste religiöse Feier in Griechenland und stellt das Weihnachtsfest weit in den Schatten. Ich warne unsere Erntehelfer jeweils, dass sie allenfalls enttäuscht sein würden, wenn sie Weihnachten bei uns verbringen und ein großes Fest erwarten. Die Griechen begnügen sich mit einem Gang in die Kirche und einem Festessen, um der Geburt Christi zu gedenken. Auf eine Bescherung wird komplett verzichtet und die Weihnachtsdekorationen fallen spärlich aus. Als ich einmal vorschlug, einen Weihnachtsbaum in unser Haus zu stellen, winkte Dimitris ab: «Wir schauen doch bei der Olivenernte ohnehin schon den ganzen Tag in Bäume. Da müssen wir nicht auch noch in unserem Zuhause ein solches Gewächs hinstellen.» Zu meiner Überraschung empfinden unsere oft alternativ gesinnten Volontäre den fehlenden weihnachtlichen Kommerz meistens als sehr angenehm. In der Osterwoche jedoch befindet sich ganz Griechenland im Ausnahmezustand. Die Kreuzigung und Auferstehung Christi wird förmlich zelebriert und beinahe physisch nachempfunden.

Der Karfreitag ist für mich der schönste Tag im Jahr, denn dann ist der Zusammenhalt in unserem Dorf am meisten spürbar. Nach der Messe begeben sich die Pfarrer und die singenden Kirchenbesucher mit dem blumengeschmückten Sarg Christi, dem *Epitáphios*, auf eine Prozession durch ganz Vagionia, mit Halt vor jedem einzelnen Gebäude. Vor den Häusern werden mitten auf der Straße Feuer entfacht und die Umzugsteilnehmer erhalten eine Stärkung von den Hausbewohnern, während die Pfarrer die Gebäude segnen. Die Gläubigen erhalten ihren Segen, indem sie unter dem *Epitáphios* durchgehen. In unserer Familie ist es üblich, den während der Prozedur wartenden Gläubigen spanische Nüsse anzubieten. Wer es mit den Fastenregeln nicht so genau nimmt, darf sich an den von mir aus der Schweiz importierten Schokoladeneiern erfreuen. Wenn die Prozession weiterzieht, schließe ich mich jeweils, zusammen mit unseren Gästen, dem Umzug durchs Dorf an, während Dimitris das Abendessen vorbereitet. Jede Nachbarschaft versucht die Andere zu überbieten und auf unserer Tour durchs Dorf probieren wir uns durch Limoncello, *Rakí*, Bonbons, Walnüsse, Mandeln und gekochte Schnecken durch, bis unsere Mägen gefüllt und es in unseren Köpfen schwindlig wird. Den großzügigen Spendern wünschen wir ein langes Leben: *Chrónia pollá!* Die Prozession endet auf dem Friedhof, wo die Pfarrer zum Gedenken an die Toten die Namen der Verstorbenen lesen, welche auf Zetteln stehen, die ihnen von den Gläubigen eilig zugesteckt werden.

Am Ostersamstag nehme ich jeweils am Mitternachtsgottesdienst teil, bei welchem die Auferstehung gefeiert wird. Am Ende der Messe wird das heilige Licht, das vorgängig aufwändig aus Jerusalem importiert wurde, an die Gläubigen verteilt und wenn ich es schaffe meine Kerze soweit vor dem Wind zu schützen, dass sie immer noch brennt, wenn ich zuhause ankomme, dann freuen sich sogar meine beiden angeblich atheistischen Männer. Ich darf dann das Haus segnen, indem ich mit der Kerze ein rußiges Kreuz an den oberen Türrahmen zeichne. Danach tischt Dimitris die traditionelle *Magirítsa-Suppe* aus Innereien des Osterlamms auf, womit die vierzigtägige Fastenzeit offiziell beendet wird.

Bereits frühmorgens wird am Sonntag ein Feuer entfacht, auf welchem später das Osterlamm gebraten wird. Nachbarn, Freunde und Familienmitglieder treffen nacheinander ein, um den Spieß zu drehen und den Fortschritt des Bratvorgangs zu beobachten. Man begrüßt sich mit den Worten *Christós anésti!* – Gott ist auferstanden – und geantwortet wird mit *Alithós anésti!* – wahrhaftig ist er auferstanden. Dabei wird reichlich Wein und *Rakí* gebechert und der erste Hunger mit kleinen Vorspeisen getilgt. Schließlich wird die beim Grillen an den Tag gelegte Geduld belohnt und das fertiggebratene Lamm kommt auf den Tisch, begleitet von gerösteten Kartoffeln mit *Tsatsíki*, Salat, Teigtaschen und Oliven. Zur Auflockerung dürfen die Gäste rotgefärbte Eier, welche das Blut von Jesus symbolisieren, gegeneinanderschlagen. Dasjenige Ei, welches die Prozedur unbeschädigt übersteht, gewinnt.

### 12.2.2. Chrysas schönster Tag

Wenn sich junge Paare aus Vagionia vermählen, wird meistens das gesamte Dorf zur Feier eingeladen. Normalerweise nehmen mehr als tausend Personen teil, wenn das Brautpaar den Bund fürs Leben schließt. Die imposanten Feste werden durch die Gastgeschenke finanziert. Es ist deshalb für die Hochzeitsteilnehmer üblich, nach der Kirche ein Couvert mit einem Geldbetrag in eine Urne zu stecken oder die monetäre Gabe den Brauteltern während der Hochzeitsfeier persönlich zu übergeben. Zu Krisenzeiten wurde so wenig Geld gespendet, dass manchmal nicht einmal die Unkosten gedeckt werden konnten, was einige Familien in tiefe Schulden stürzte. In der Regel bleibt aber sogar etwas Geld übrig, um dem Brautpaar einen guten Start ins Eheleben zu ermöglichen. Wir nehmen jeden Sommer an zwei bis drei Hochzeitsfesten teil. Meistens ist Dimitris lediglich mit den Eltern bekannt und wir beide sehen das Brautpaar am Hochzeitstag zum ersten Mal in unserem Leben.

Chrysa, die Tochter unseres *Sínteknos Georgios*, dem Tankwart, kennen wir gut und als sie heiratete, wählte die Familie zu meiner Freude das Festareal «Petrini Politia» aus, um die Vermählung zu feiern. Im Gegensatz zu den riesigen, fensterlosen Hochzeitshallen in unserem Tal, bietet die «Petrini Politia», welche dem *Kafenío*-Besitzer Nikos gehört und von seinen Söhnen betrieben wird, einen großen Außenbereich mit Pool, einen wunderschönen Ausblick von einem Hügel hinunter in die Messara und viel Romantik unter dem Sternenhimmel.

Wir beherbergten zum Hochzeitstermin gerade drei kulturell interessierte Gäste aus Frankreich bei uns und erkundigten uns beim *Sínteknos*, ob wir sie ebenfalls zur Feier mitnehmen dürften. Unser Freund stimmte freudig zu, denn Platz und Essen waren ausreichend vorhanden und jeder zusätzliche Gast spülte noch etwas mehr Geld in die «Kriegskasse».

Die Vermählung fand in der Kirche von Vagionia statt. Es nahmen so viele Menschen teil, dass das Gotteshaus aus allen Nähten platzte. Wir blieben deshalb zwangsläufig, zusammen mit unzähligen anderen Gästen, auf dem Vorplatz der Kirche, wo Blumenkinder bereits Limonade und Wasser sowie verschiedene Gebäcke und *Loukoumi* – eine Süßigkeit aus gelierter Stärke und Zucker – an die Gäste reichten. Manchmal erhaschten wir einen kurzen Blick vom Kircheneingang aus auf das Brautpaar, das vom Pfarrer gekrönt wurde. Die ganze Feier wurde durch dröhnende Lautsprecher auf den Vorplatz übertragen. Als die Brautleute endlich vor die Kirche traten, wurden sie unter Jubel mit Reis, dem Symbol der Fruchtbarkeit, beworfen.

Jetzt bekamen wir Chrysas Angetrauten Ioannis, einen Pfarrersohn aus den Bergen, zum ersten Mal in voller Größe zu Gesicht. Er war ein schöner, stattlicher Mann, der gut zu seiner Gattin passte. Jeder einzelne Gast durfte nun das Brautpaar und die Eltern küssen und beglückwünschen. Menschentrauben bildeten sich vor den Jubilaren und nach einer Viertelstunde hatten auch wir uns zu den strahlenden Neuvermählten vorgearbeitet, um ihnen zu gratulieren. Wir erhielten eine kunstvoll verpackte Seife als Gastgeschenk und kehrten nach Hause zurück, um uns vor den Festlichkeiten in der «Petrini Politia» frisch zu machen.

Die Franzosen befürchteten, dass ihre legere Urlaubskleidung für Spott sorgen könnte, aber ich beruhigte sie. Die Mehrzahl der Gäste erscheint zwar jeweils extrem aufgetakelt zu den Festlichkeiten, es gibt jedoch auch viele Teilnehmer, welche schlichte, aber gepflegte Kleidung bevorzugen. Im Gegensatz zu Spanien, wo sich die Frauen zu jeder Hochzeit ein neues Kleid anschaffen müssen, ist es in Griechenland kein Problem, das gleiche Outfit mehrere Male zu tragen. Wir folgten der hupenden Autokarawane bis nach Petrokefali und parkten unseren Geländewagen, zusammen mit hunderten weiteren zum Teil geschmückten Fahrzeugen, auf dem Abhang des Hügels der «Petrini Politia». Nur der hünenhafte Bulgare Emilios musste im Dorf zurückbleiben, um im Haus der Braut das viele geschenkte Geld zu bewachen.

Es war ein milder Sommerabend und der Vorplatz des Festlokals war bereits zum Bersten voll. Dimitris steuerte auf einen Tisch neben der Bühne zu, welcher wie durch ein Wunder noch frei war und einen tollen Blick auf die Tanzfläche bot. Später, als laute Musik durch die Lautsprecher direkt über uns schallte, begriffen wir, weshalb niemand anderes an diesem Ort sitzen wollte. Der Service klappte perfekt, kaum saßen wir auf unseren Plätzen, wurden die *Mezédes*-Vorspeisen und der Wein aufgetragen. Musikanten in traditioneller Tracht machten sich bereit und schon bald erklangen die ersten kretischen Weisen. Unter Applaus traf das strahlende Brautpaar ein und setzte sich an einen besonders schön geschmückten Tisch vor der Tanzfläche.

Oftmals werden in den Hochzeitshallen Videos von der Liebesgeschichte der Frischvermählten gezeigt, unter dem Sternenhimmel der «Petrini Politia» war jedoch kein solches Unterhaltungsprogramm von Nöten. Der aufgehende Mond und die anderen Himmelskörper sorgten bereits für die perfekte Stimmung.

Nach einer kleinen Stärkung eröffneten die Gastgeber den Tanz, wobei sich der Pfarrerssohn und sein Vater in seiner langen, dunkelblauen Robe als besonders leidenschaftliche Tänzer erwiesen. Während das traditionelle *Piláfi* – gekochtes Fleisch und Reis – serviert wurde, exponierten sich weitere Gäste auf der Tanzfläche. Wie gerne hätten unsere französischen Gäste mitgetanzt. Sie mussten jedoch einsehen, dass die Schrittfolgen der kretischen Tänze so kompliziert sind, dass es für Außenstehende schwer ist, auf dem Parkett eine gute Figur abzugeben. Während Dimitris es sich nicht nehmen ließ, seiner Freude über den stimmungsvollen Anlass Ausdruck zu verleihen und sein Tanzbein zu schwingen, beschränkten wir uns aufs Betrachten, Bewundern und Fotografieren. Die Franzosen waren glücklich und begeistert, diesen einmaligen Einblick in die kretische Kultur genießen zu dürfen.

Die stolzen Eltern des Brautpaares klapperten die Tische ab, stießen mit jedem einzelnen Gast an und ließen sich beglückwünschen – *na sísoun!* Als das *Psitó* – geröstetes Lammfleisch – mit den Kartoffeln und der Salat serviert wurden, spürten wir bereits die Auswirkungen der Dauerbeschallung unter den Lautsprechern und unternahmen zur Entspannung unseres Gehörsinns kleine Spaziergänge im weitläufigen Festareal. Mit etwas Distanz zum Zentrum der Festlichkeiten waren jetzt auch wieder kurze Gespräche möglich. Vom Gipfel des nahen Hügels peitschten Gewehrschüsse in den Nachthimmel, abgefeuert von angeheiterten Hochzeitsgästen, als Ausdruck ihrer Freude.

Zum Abschluss des Festmahls gab es saftige Früchte und wir wurden langsam müde von den vielen Eindrücken. Deshalb entschieden wir, das Anschneiden der Hochzeitstorte nicht mehr abzuwarten und nach Hause zurückzukehren. Das ist überhaupt kein Problem, denn es gibt auf Kreta keinen festen Zeitplan. Jeder kann nach eigenem Gutdünken zu einer Feier erscheinen und das Fest wieder verlassen, sobald er genug hat.

Der harte Kern der Gäste feierte zusammen mit dem Brautpaar bis in die frühen Morgenstunden. Am nächsten Tag sahen wir die zähe Chrysa wieder an der Tankstelle arbeiten.

### 12.2.3. Familienzusammenkunft

Meine Stieftochter Eleftheria verzichtete auf ein großes Hochzeitsfest und heiratete ihren Vasilis zivil und in ganz kleinem Rahmen. Umso grösser sollte dafür das Fest anlässlich der Taufe ihres Sohnes Manolis ausfallen. Ich hoffte, dass sich die zerstrittene Familie an diesem Freudentag zusammenraufen würde. Eleftheria hatte in ihrem Leben schon einiges durchgemacht. Das Eheleben und die Scheidung ihrer Eltern waren mit vielen, hässlichen Streitereien verbunden und oft wurden auch die Kinder in die Probleme von Dimitris und Vula verwickelt. Aktuell läuft es sehr gut in Eleftherias Leben. Sie hat einen fürsorglichen Mann, einen süßen und gesunden Sohn sowie ein erfolgreiches Geschäft. Der Verlust ihres Bruders Georgios, zu dem sie, wie viele Scheidungskinder, ein ganz enges Vertrauensverhältnis hatte, hängt jedoch wie eine dunkle Wolke über ihrem ganzen Wesen.

An Manolis' Ehrentag fuhren Dimitris und ich in unseren schönsten Festtagskleidern zuerst zu Eleftherias Wohnung, wo wir die Familie bei den letzten Vorbereitungen antrafen. Wir luden unsere essbaren Mitbringsel aus dem Dorf in der Küche ab und übergaben unser Geldgeschenk. Manolis war ein Jahr alt und verstand bereits, dass etwas Spezielles passieren würde. Der stramme Junge mit seinen dunklen Locken strahlte in seinem Anzug mit Fliege und Gilet. Stolz setzte Dimitris seinen Enkel auf den Schoss und ich ließ begeistert die Kamera klicken. Danach machten wir uns gemeinsam auf den Weg zur Kirche Agios Ioannis auf den Hügeln von Heraklion.

Vor der geräumigen und modernen Kirche warteten bereits einige

Gäste, darunter Eleftherias Mutter Vula, ihr Stiefvater Stelios und Stella, die jüngere Schwester von Eleftheria, welche in ihrem himmelblauen Kleid, das sich hauchzart wie eine Zwiebelhaut an ihren zartgliedrigen Körper schmiegte, eine besondere Augenweide war. Höflich begrüßten wir die Familie. Dimitris wollte an diesem Freudentag alle Aversionen gegen seine Exfrau beiseitelassen. Bald traf auch Dimitris' Bruder Kostas ein, der ausnahmsweise frei nehmen durfte von seinem Job als Kellner in einem Touristen-Restaurant. Überglücklich nahm er Manolis auf seine Arme. Da Kostas keine eigene Familie hat, konzentrieren sich all seine väterlichen Gefühle auf Dimitris' Nachkommen. Schön wie die griechische Göttin Aphrodite trat Manolis' Patin Irini aus der Kirche. Sie arbeitete schon seit ihrer Ausbildung als Friseurin in Eleftherias Salon und in den vielen Jahren der Zusammenarbeit entstand eine tiefe Freundschaft zwischen den beiden Frauen. Niemand war besser geeignet, die Patin von Manolis zu sein, als die liebevolle und großzügige Irini. Die verantwortungsvolle Rolle des Paten übernahm traditionsgemäß Vangelis, der Bruder von Manolis' Vater Vasilis. Vangelis holte vor dem Gottesdienst seine Mutter Martha ab, welche zwar nicht weit entfernt von der Kirche wohnte, jedoch nicht mehr so gut zu Fuß war. Um unseren besonderen Respekt gegenüber der Matriarchin zu zeigen, nennen Dimitris und ich Eleftherias Schwiegermutter *Kíria* Martha - Frau Martha. Beide Großmütter von Manolis waren schwarz gekleidet: Vula wegen dem Tod ihres Sohnes und Martha, weil sie Witwe war. Eine professionelle Fotografin gruppierte eifrig die Neuankömmlinge, um möglichst viele glückliche Momente bildlich einfangen zu können.

Die Zeremonie begann mit einer Predigt des Pfarrers, Sprechgesang und Gebeten der Paten. Die feierlich geschmückte Kirche bot genug Platz für alle Gäste. Es herrschte ein reges Kommen und Gehen von Neueintreffenden und Männern, die unbedingt zwischendurch kurz nach draußen mussten, um zu rauchen. Manolis fühlte sich wohl in den Armen seiner Patin. Er beobachtete das seltsame Treiben um ihn herum erstaunt, war aber weiterhin positiv eingestellt.

Als der Pate ihn entkleidete und der Pfarrer den Jungen mit geweihtem Olivenöl einsalbte und komplett ins Taufbecken eintauchte, änderte sich Manolis' Laune schlagartig und er protestierte mit lautem Gebrüll. Das hielt den Pfarrer jedoch nicht davon ab, den Schreihals noch zwei weitere Male ins Wasser abzutauchen. Jetzt hielt es Kostas, der als Kommunist bereits seit längerem eine eher kritische Haltung der Kirche gegenüber hegte, nicht mehr aus. Er schrie den Pfarrer an, dass er endlich aufhören solle, das Kind zu quälen. Endlich durfte der schluchzende Manolis in die schützenden Arme seiner Patin zurückkehren und wurde mit einem Handtuch abgetrocknet und wieder angekleidet.

Feierlich wurde dem inzwischen wieder einigermaßen beruhigten Jungen eine goldene Kette mit einem Kreuz um den Hals gelegt, bevor er mit seinen Paten und der Taufkerze noch drei Runden um das Taufbecken drehen durfte, während der Pfarrer Weihrauch schwenkte. Die einzige Aufgabe der Eltern während der rund halbstündigen Zeremonie bestand darin, stolz dabei zuzusehen, wie ihr Sohn in die Kirche aufgenommen wurde. Erst jetzt durfte Manolis seinen Namen, den er traditionsgemäß vom Großvater väterlicherseits übernommen hatte, offiziell tragen. Manolis' Welt war erst wieder vollkommen in Ordnung, als er mit seiner Mutter die Kirche wieder verlassen durfte. Irini verteilte beim Hinausgehen schön geschmückte Säckchen mit Taufmandeln an die Gäste.

Über eine Serpentinenstraße erreichten wir das Dorf Rodia, wo das Festmahl stattfand. Gleich am Eingang des Festlokals stand ein Tisch mit bunten Marshmallows für die Kinder und daneben ein sich unter seinem Gewicht biegender Gabentisch. Die schön verpackten Geschenke mit den leuchtenden Bändern machten einen kindgerechten Eindruck. In der Messara ist es üblich, dem Täufling ein nagelneues, funktionstüchtiges Gewehr als Startgeschenk ins Leben mitzubringen und außer mir schien dies niemanden zu verwundern oder gar zu erschüttern. Manolis' Gäste aber sind mehrheitlich kultivierte Städter, welche bereits mit solchen zweifelhaften Traditionen gebrochen haben.

Eleftheria winkte uns zum blumengeschmückten Ehrentisch der Gastgeberfamilie in der Mitte des Lokals. Durch die hohen Fenster des Restaurants erspähte ich entzückt, tief unten an der Küste, die Häusersilhouette von Heraklion und das Meer. Der Ehrentisch war U-förmig. Am Kopf saßen die Eltern und die Paten des Täuflings. Dimitris und ich durften gemeinsam mit *Kíria* Martha und der Familie des Paten auf einer Seite des Tisches Platz nehmen, während sich Vula und ihre Familie mit den Angehörigen von Irini uns gegenüber hinsetzten. Im Restaurant waren die Gäste noch viel zahlreicher als in der Kirche. Es waren insgesamt rund dreihundert Personen eingeladen.

Vier Musikanten begannen traditionelle, kretische Lieder zu spielen und die ersten Kinder begaben sich auf die Tanzfläche direkt vor unserem Tisch und drehten sich im Takt der Musik. Jetzt wurden die Vorspeisen gebracht. Die Gastgeberfamilie musste warten, bis alle anderen Gäste bedient waren. Wir nutzten die Zeit, um uns mit *Kíria* Martha zu unterhalten, welche ein großer Fan von Dimitris ist. Gegenüber Eleftheria und Vula äußerte sie sich häufig kritisch, aber anlässlich Manolis' Taufe war sie außerordentlich versöhnlich eingestellt. Ja, sie präsentierte sich sogar während des gesamten Anlasses mit einem milden Dauerlächeln im Gesicht, während sie mit den anderen Gästen plauderte.

Manolis wurde zu seinem immensen Vergnügen abwechselnd von seinen Großeltern und den Paten herumgetragen und bespielt. Nachdem genügend Wein geflossen war, begaben sich die ersten erwachsenen Tänzer aufs Parkett. Allen voran Eleftheria mit ihren hochhackigen Stelzen. Sie war ein toller Blickfang mit ihrem cremefarbenen Kleid. Die Art, wie sie beim Tanz ihrer Freude und ihrem Glück Ausdruck verlieh, war faszinierend. Während des Hauptgangs lernten wir Vasilis' Bruder Vangelis und seine Frau etwas besser kennen und wir fanden, dass sich Eleftheria glücklich schätzen konnte mit ihrer angeheiraten Familie. Es waren rechtschaffene Leute und der Zusammenhalt sowie der wohlwollende Umgang untereinander waren deutlich spürbar.

Als Manolis quengelig wurde, verfrachtete man ihn kurzerhand in seinen Kinderwagen. Die viele Aufmerksamkeit hatte ihn ermüdet. Als Einzelkind war er es zwar gewohnt, im Mittelpunkt zu stehen, aber alles hat wohl seine Grenzen. Kostas wagte sich aufs Tanzparkett und zeigte mit Schneid und Eleganz, dass er es immer noch mit den jungen Tänzern aufnehmen konnte.

Auch mit Vula und ihrem Mann entstanden einige höfliche Gespräche. Kleine Sticheleien wurden gleich im Keim erstickt, denn Vasilis strahlte ziemlich viel Autorität aus und mischte sich mit drohendem Ton in die Gespräche ein, sobald sie eine negative Wendung nahmen und der Respekt nur ansatzweise nicht gewahrt wurde.

Die Kinder begaben sich auf den restauranteigenen Spielplatz, um sich auszutoben und um in ihren Mägen Platz zu schaffen für die dreistöckige Torte, welche durch Manolis, unter fachmännischer Anleitung von Eleftheria, angeschnitten wurde. Irini verteilte als kleine Aufmerksamkeit bunte Armbänder mit Kreuzen an die Gäste.

Dimitris fühlte sich etwas müde und wollte schon bald nach dem Dessert aufbrechen. *Kíria* Martha ermunterte ihn, einige Pflanzen von der Tischdekoration mit nach Hause zu nehmen, worauf Dimitris kräftig abräumte und ich mich ein bisschen schämte.

Eleftheria hingegen tanzte noch bis in die frühen Morgenstunden und als ihr die Schuhe zu unbequem wurden, machte sie einfach barfuß weiter.

In meinen Augen war es ein gelungenes Fest, bei welchem sich die Familie zu Manolis' Ehren zusammengerauft hatte. Früher hatte Georgios für den Zusammenhalt in Dimitris' Familie gesorgt, aber mit seinem Tod war eine immense Lücke entstanden. Ich hoffe inständig, dass Manolis das neue Bindeglied zwischen den verschiedenen Familienmitgliedern sein wird, dass ihm zuliebe der Friede gewahrt werden kann und es vielleicht in Zukunft sogar möglich sein wird, noch etwas näher zueinanderzufinden.

### 12.2.4. Abschied von Onkel Panagiotis

Dimitris' Onkel Panagiotis war der jüngste Bruder meiner Schwiegermutter Eleftheria und Dimitris mochte ihn gerne, vor allem wegen seiner Abenteuerlust und seiner Geselligkeit. Er wohnte in seinem Geburtsort Apesokari, man sah den über 80-jährigen Mann aber auch oft in Vagionia vor dem Kaffeehaus sitzen und manchmal unternahm er einen Ausflug in die Stadt Mires und zwar am liebsten jeweils am Samstag, wenn Markt war. Dann pflegte er bei einem Gläschen *Rakí* die vielen Leute zu beobachten und mit den attraktiven Kellnerinnen zu flirten.

Ich lernte ihn und seine Frau Aristoula kennen, als wir auf dem Weg zum Küstenort Lendas einen Zwischenhalt bei ihnen machten. Am Tor vor Panagiotis' Haus wurden wir von einem riesigen Schäferhund namens Gina auf etwas unfreundliche Art empfangen. Der Onkel brachte den wütend bellenden Hund mit ein paar beschwichtigenden Worten zum Schweigen, Dimitris stellte mich vor und wir setzten uns in den Hof. Das Blockhaus verfügte über mehrere Zimmer, die alle über den Hof zugänglich waren. Die Liegenschaft war wunderbar gepflegt. Wir hatten unseren Besuch nicht angekündigt, trotzdem war alles auf Hochglanz poliert, als hätten sie uns erwartet. Aristoula tischte Käse und süße Getränke auf und erkundigte sich nach dem Befinden der Familie. Wir plauderten ein wenig im schattigen Hof mit den vielen duftenden Blumenkästen. Gina hatte sich inzwischen neben mich gelegt und ließ sich andächtig am Kopf kraulen.

Als ich eine Treppe entdeckte, die zum Dach des Gebäudes führte, entschuldigte ich mich kurz, denn ich wollte feststellen, ob die Aussicht in Apesokari genauso schön war wie in Vagionia. Ich wurde nicht enttäuscht. Westlich hinter dem Dorf war der Eingang der Agia-Marina-Schlucht zu sehen und auf der anderen Seite entdeckte ich den Hausberg von Vasilika Anogia mit der Christos-Kirche. Direkt hinter dem Garten von Panagiotis befand sich der Friedhof von Apesokari mit seinen Grabstätten aus Marmor und dahinter mehrere tausend Olivenbäume. Am Horizont erhob sich das Ida-Gebirge, und ich bestaunte den gut sichtbaren, gigantischen Schlund der Kamares-Höhle.

Enthusiastisch erzählte ich Dimitris von meinen Beobachtungen und der Onkel lud uns ein, seinen Garten zu besichtigen. Trotz seines fortgeschrittenen Alters schien der Mann keine Mühen zu scheuen, denn auf seinem gepflegten Land wuchs alles, was das Herz begehrte. Außerdem besaß er eine beachtliche Kaninchenzucht und in einem Außengehege tummelten sich feiße Hühner im Schatten der Orangenbäume. Wir waren beeindruckt und fühlten uns sehr wohl bei Panagiotis und Aristoula. Allzu lange wollten wir die beiden jedoch nicht stören. Schließlich hatten wir noch einen weiten Weg vor uns bis nach Lendas.

Als Panagiotis vernahm, wohin wir fahren wollten, bat er uns, ihn mitzunehmen. Wie gerne wäre er ein wenig aus dem gewohnten Trott im Dorf herausgekommen. Die energische Aristoula wusste das jedoch zu verhindern. Eine Fahrt nach Lendas sei viel zu gefährlich, meinte sie. Man denke nur an die steile, kurvige Straße und an die vielen Schlaglöcher! Wie leicht konnte da etwas passieren! Panagiotis fügte sich schicksalsergeben. Er tat mir ein wenig Leid.

An einem Mittwoch rief uns frühmorgens Dimitris' Cousin Thodoros an und teilte uns mit, dass Onkel Panagiotis in der Nacht verstorben sei.

Die Nachricht von Panagiotis' Tod kam nicht überraschend, denn der Onkel litt schon seit vielen Monaten an einem unheilbaren Krebs und sein Gesundheitszustand verschlechterte sich rapide. In seinen letzten Tagen konnte der Onkel nicht einmal mehr sein Bett verlassen, so geschwächt war er. Panagiotis erfuhr jedoch die Gnade, würdevoll in seinem zuhause im Kreise seiner Familie zu versterben, so wie er sich das gewünscht hatte.

Das Begräbnis sollte noch am gleichen Tag um sechzehn Uhr in Apesokari stattfinden. Auf Kreta gibt es keine Kühlhäuser, deshalb müssen die Toten innerhalb weniger Stunden beerdigt werden.

Kurz nach dem Anruf von Thodoros befestigte das örtliche Beerdigungsinstitut die Nachricht von Panagiotis' Ableben in Vagionia am Telefonmast beim *Koutsoúri,* während die kirchliche Totenglocke den Bewohnern von Apesokari den Verlust ihres Gemeindemitglieds kundtat.

Dimitris verzichtet normalerweise auf eine Teilnahme an Trauerfeiern und zwar aus gutem Grund. Er wird bei diesen Ereignissen jeweils schmerzlich an den viel zu frühen Tod seines eigenen Sohnes erinnert und die ganzen schrecklichen Bilder und die Trauer tauchen unbarmherzig aus der Verdrängung auf. Bei Panagiotis wollte er jedoch eine Ausnahme machen und tapfer sein. Dem geschätzten Onkel wollte er die letzte Ehre erweisen.

Wir trafen bereits zwei Stunden vor der Beerdigung zur Mahnwache in Panagiotis' Haus ein und wurden von den beiden tieftraurigen Söhnen, Dimitris' Cousins Manolis und Kostas, begrüßt. Außer der engsten Familie war noch niemand da. Dimitris ging in ein Nebenzimmer, wo Aristoula neben dem offenen Sarg wachte, um den blumengeschmückten Toten mit den Worten *kaló Parádiso* – ich wünsche dir ein schönes Paradies – ein letztes Mal zu küssen und der Ehefrau sein Beileid mit den tröstenden Worten *na sisis na ton thimase* – du sollst leben, um dich an ihn zu erinnern – auszusprechen. Ich wartete lieber im Hof, denn ich wollte den Onkel so in Erinnerung behalten, wie er zu Lebzeiten gewesen war.

Die Frau von Cousin Kostas fragte uns, ob wir einen Kaffee wollten, aber wir lehnten ab. Es schien mir nicht richtig, dass die Trauerfamilie uns bediente. Immer mehr dunkel gekleidete Trauergäste trafen ein und brachten Blumen mit, die sie beim Sargdeckel vor der Tür platzierten. Einige überreichten der Trauerfamilie Plastiksäcke gefüllt mit Whiskey, Kaffee und Gebäck. Es fanden leise Gespräche statt über das Leben und die letzten Tage des Onkels und über das Befinden der Familie. Manchmal schweiften die Gedanken der Gäste ab und sie besprachen ganz andere Themen, die nichts mit dem Onkel zu tun hatten. Panagiotis' Schwiegertöchter tischten *Rakí*, Mandeln, Erdnüsse und Käse auf. Die Gäste aßen und tranken bedächtig. Panagiotis' Söhne jedoch, brachten keinen Bissen herunter. Ich konnte ihren Schmerz nachfühlen und es bildete sich ein Kloß im Hals, der mir fast den Atem nahm.

Um mich abzulenken, ging ich im Garten von Panagiotis spazieren und entdeckte Gina, die unter einem Nussbaum angebunden, ausgestreckt am Boden lag und trauerte. Ich streichelte sie ein wenig und tröstete sie: «Aristoula wird sich ganz bestimmt gut um dich kümmern.»

Auch Dimitris hielt die bedrückte Stimmung im Hof nach einer Weile nicht mehr aus und wir unternahmen zusammen einen Spaziergang zum Friedhof, wo wir Panagiotis' Grab entdeckten. Der Onkel hatte seine Begräbnisstätte bereits während seiner Krankheit vorbereitet und mit Marmorplatten ausgestattet. Es war ein schöner Ort unter den Pinien, wo er seine letzte Ruhe finden würde.

In Panagiotis' Hof hatten sich inzwischen weitere Gäste eingefunden. Teilweise saßen die Menschen sogar auf der Gasse, welche zum Haus führte, auf vom Beerdigungsinstitut zur Verfügung gestellten Plastikstühlen. Die Frauen eilten hin und her, um Kaffee zu servieren.

Um uns etwas Gutes zu tun, setzten wir uns ins einzige Kaffeehaus von Apesokari gegenüber der alten Kirche aus Stein und rosarotem Mörtel. Vor uns auf dem Dorfplatz zeigte das Kanonenrohr eines aus dem zweiten Weltkrieg übrig gebliebenen Panzers mahnend in den azurblauen Himmel. Wir bestellten einen *Metaxá*-Cognac zur Stärkung und freuten uns, als uns der Kellner zusätzlich zum Getränk *Mizíthra*-Weichkäse, mit Meersalz gewürzte Tomaten und Gurken, grüne Oliven und *Paximádia*-Brötchen brachte. Zu meiner Überraschung informierte uns der junge bärtige Mann, dass uns alles von der Trauerfamilie offeriert wurde. Jetzt begriff ich endlich, was es mit dem Trauermahl auf sich hatte. Es ist kein lästiger Brauch, bei welchem sich die engsten Angehörigen eines Verstorbenen zusätzlich zu ihrem Leid noch ums leibliche Wohl der Gäste kümmern müssen, sondern es geht darum, den Menschen, die teilweise einen weiten Weg auf sich genommen haben, um dem Toten die letzte Ehre zu erweisen, danke zu sagen.

Als sich der Trauerzug, begleitet von melancholischem Glockengeläut, langsam von Panagiotis' Haus in Richtung Kirche bewegte, begaben auch wir uns vor das Gotteshaus. Hunderte Menschen hatten sich dort bereits versammelt und ich wunderte mich, wie schnell sich die Nachricht von Panagiotis' Tod verbreiten konnte und wie viele Leute sich mitten unter der Woche spontan die Zeit nahmen, um an der Beerdigung teilzunehmen. Der Trauerzug wurde von einem dunklen Kombifahrzeug mit dem immer noch offenen Sarg angeführt. Ich drehte schnell den Kopf weg, als der Verstorbene in die Kirche getragen wurde.

Nur eine geringe Anzahl Trauergäste fand Platz in der kleinen Kirche. Wir blieben deshalb vor dem Gebäude stehen und hörten den Gottesdienst über die Lautsprecher. Zwischendurch drang ein verzweifelter Schluchzer der Witwe nach draußen. Die restliche Trauergemeinde verharrte stumm und in Gedanken versunken. Das Beerdigungsinstitut baute ein Zelt vor der Kirche auf und lud Körbe mit süßen Weizenbroten auf die Tische, die nach dem Gottesdienst an die Trauernden verteilt werden würden. Dimitris fand, es sei nun genug und wir kehrten nach Hause zurück.

Die verbleibenden Gäste nahmen nach dem Gottesdienst noch an der Beerdigung teil. Aus religiösen Gründen werden die Toten auf Kreta in der Regel erdbestattet. Auf Kreta gibt es bis heute noch kein Krematorium. Nach der Beerdigung finden sich die Gäste zum Trauermahl ein, welches wahlweise von der Familie des Toten oder von einem Cateringservice bereitgestellt wird. Es folgen jeweils weitere Gedenkfeiern und zwar vierzig Tage nach dem Tod sowie nach drei, sechs und neun Monaten. Danach wird dem Verstorbenen jeweils einmal jährlich gedacht.

## 13. Rocket Stove – ein waghalsiges Projekt

Die «Villa Eleftheria» ist vor allem bei Natur- und Tierfreunden, Sportlern, Abenteurern und Feinschmeckern sehr beliebt. Unser alternativer Lebensstil zieht Gäste aus aller Welt an, welche ebenfalls an ein glücklicheres Leben, ohne unnötigen Konsum und leblosen Statussymbolen, glauben. Die geschätzten Besucher zeigen sich oft nicht nur mit finanziellen Mitteln für unsere Gastfreundschaft erkenntlich, sondern geben uns Tipps über den biologischen Anbau oder inspirieren uns beim gemütlichen Zusammensein mit ihren Lebensphilosophien.

Schokolade aus Belgien, Wein aus Italien, Popcorn aus Chicago - Immer wieder werden wir von unseren wohlwollenden Gästen mit köstlichen Spezialitäten aus ihrer Heimat beschenkt. Oft überbringt uns Nikos vom *Kafenío*, der die Post für alle Dorfbewohner entgegennimmt und verteilt, Pakete und Postkarten von ehemaligen Besuchern. Einige Gäste brachten uns besonders schöne und farbenfrohe Steine von ihren Ausflügen mit und formten sie zu Kunstwerken, andere schnitzten aus Treibholz Skulpturen zur Dekoration unseres Hauses. Die künstlerisch begabten Erntehelfer bemalten in ihrer Freizeit Steine, Postkarten und Holzscheite. Manche verewigten sich sogar bei uns, indem sie verschiedene kretische Motive an die Wände der «Villa Eleftheria» malten.

Einige wohlwollende Unterstützer beschenkten uns mit Secondhandkleidern und ausgedienten Schuhen, welche ich begeistert und Dimitris etwas verschämt entgegennahmen. Dimitris genierte sich, weil er sich dabei wie ein bedürftiger Bettler fühlte, der Almosen bekam, obwohl wir sie doch gar nicht nötig hatten. Ich jedoch freute mich über solche Geschenke, weil ich es liebte, ausgetragene Klamotten von netten Personen anzuziehen. Die vielen verschiedenen Kleidungsstile geben mir die Möglichkeit, mich meiner Laune entsprechend anzuziehen und die Kleidungsstücke erinnerten mich jeweils beim Tragen an die geschätzten früheren Besitzer. Außerdem tue ich damit etwas im Sinne der Nachhaltigkeit, indem ich die Kleider amortisiere, bis sie unrettbar zerschlissen sind. Bei der rauen Arbeit im Stall und auf dem Land ist es ohnehin nicht möglich, zu den Kleidern Sorge zu tragen und der Verschleiß ist immens.

Beata, unseren ersten Feriengast, lernte ich am Weihnachtsmarkt in Zürich kennen, als sie mein Olivenöl kaufte. Sie war schnell begeistert von meinem Vorschlag, uns auf Kreta zu besuchen, denn sie wollte die mystische Seite der Insel kennenlernen. Am Ende ihres Aufenthalts stellte sich jedoch heraus, dass ich am meisten von unserer Bekanntschaft profitierte, denn Beata war bereit, ihren umfangreichen esoterischen Wissensschatz mit mir zu teilen. Sie lehrte mich, meine Auswanderung und die Insel Kreta mittels Numerologie, Astrologie und Spiritualität zu deuten und sie bestärkte mich in dem Glauben, dass das Universum einem dabei hilft, die Träume zu verwirklichen. Beata blieb mir auch nach ihrer Rückkehr in die Schweiz als gute Freundin und Ratgeberin erhalten.

An einem glutheißen Sommernachmittag erhielt ich ein besonders schönes Geschenk von Bettina aus der Schweiz, welche mich mit einer tibetischen Massage verwöhnte. Nach der einstündigen Behandlung, bei welcher anstelle von Druck, positive Energie angewendet wird, fühlten sich meine Knochen so entspannt an, als seien sie aus Gummi.

Am Abend musste ich noch Büroarbeiten erledigen und als es endlich Zeit war ins Bett zu gehen, stolperte ich über eine herumliegende Wassermelone. Um den Laptop zu schützen, hob ich die Hände und fiel flach wie ein Kartoffelsack auf den Boden. Dank der vorgängigen Behandlung von Bettina und der neu gewonnenen Elastizität in meinem Körper, verlief der Sturz für mich glimpflich, ohne Schrammen, Beulen und Schmerzen.

Etwas naiv und durch die tollen Erfahrungen mit unseren großzügigen Besuchern verwöhnt, freute ich mich auf neue Bekanntschaften, die uns die Zukunft noch bringen würde. Dimitris war vorsichtiger, denn sein jahrelanges Engagement im Tourismus hat ihn gelehrt, dass die Absichten der Menschen nicht immer wohlwollend sind und dass allzu großspurige Behauptungen und Versprechungen mit Vorsicht zu genießen sind. Mit etwas mehr Skepsis und besserer Menschenkenntnis meinerseits hätte das *Rocket Stove*-Debakel wohl verhindert werden können.

Auf den Besuch von Marc und Marinette aus der Schweiz waren wir besonders gespannt. Was mochte sich wohl hinter dem Kuhkopf, welchen Marc auf der Buchungsplattform als Profilbild gewählt hatte, für ein Mensch verbergen? Unsere Vermutung, dass wir es mit zwei ganz speziellen Zeitgenossen zu tun hatten, bestätigte sich unmittelbar beim Eintreffen der Gäste. Marc, ein hagerer, älterer Herr mit Cowboy-Hut und Ledergillet, stammte ursprünglich aus Frankreich und bezeichnete sich als Lebenskünstler und die hübsche Marinette im Hippielook mit Dreadlocks arbeitete als Uhrmacherin im schweizerischen Jura. Die beiden sehr kontaktfreudigen Menschen konnten bereits auf einen großen Lebenserfahrungsschatz zurückgreifen, als sie einander begegneten und genossen jetzt ihre neue Beziehung und die gemeinsame Freizeit, indem sie ferne Länder bereisten.

Wortreich teilte Marc beim Abendessen seinen großen Sachverstand über Permakultur mit uns. Dabei erwähnte er auch den Bau eines *Rocket Stove* - Raketenofens -, den er gemeinsam mit seinem Sohn und Freunden in seiner Alphütte realisiert hatte. Das hocheffiziente Wunderwerk war, laut Marc, ursprünglich von der indigenen Bevölkerung Amerikas erfunden worden und in der Lage, riesige Räume mit nur einem Fünftel der Menge Holz zu beheizen, welche für einen normalen Ofen gebraucht werden. Das Material für den Bau eines solchen Objekts würde nicht mehr kosten, als ein handelsüblicher Ofen und durch den geringeren Holzverbrauch, könnten beim Betrieb enorme Kosten gespart werden. Ich wurde hellhörig, denn wir hatten noch keinen vernünftigen Heizkörper im unteren Bereich des Hauses. Marc zeigte mir Bilder der verschiedenen, kunstvollen Modelle und das Video von seinem eigenen, etwas verrückten Projekt im Zeitraffer. Dann kam sein Angebot, uns gemeinsam mit seinem Sohn Zacharie einen *Rocket Stove* in die Küche zu bauen, gegen Kost und Logie. Ich war hingerissen, denn ein solcher Ofen konnte nicht nur für uns, sondern für viele Kreter, die Heizkosten sparen wollten und mussten, von allerhöchstem Nutzen sein. Dem Himmel sei Dank, dass er uns Marc geschickt hatte! Dimitris war nicht ganz so überzeugt vom Gelingen unseres Vorhabens, aber mir zuliebe stimmte er ebenfalls zu und das Drama nahm seinen Lauf.

Im Frühling wollte Marc gemeinsam mit Zacharie erneut zu uns reisen, um das Projekt zu realisieren. Ich sollte für die schwereren Arbeiten noch einen weiteren Helfer organisieren und fragte meinen früheren Arbeitskollegen Walter, einen begeisterten Heimwerker, ob er mitmachen wolle. Walter wollte uns gerne besuchen und interessierte sich als Ingenieur sehr für das geplante Unterfangen. Pünktlich zum Startschuss der Arbeiten traf er zusammen mit seiner Frau Esther bei uns ein, die uns mit ihrem Zigeunertemperament und ihrer indianischen Aufmachung alsbald sehr sympathisch war.

Marc war bestens vorbereitet mit Projektplan und Materiallisten und Zacharie war so motiviert, dass er gleich am ersten Abend die Backsteine, welche wir schon vor der Ankunft der Projektmitarbeiter gekauft hatten, professionell zu einem Kamin aufschichtete. Am nächsten Tag sollte weiteres Material gekauft werden und Marc fragte mich, ob ich dazu mit ihm in die Stadt fahren würde. Da ich die verschiedenen Baumärkte noch nicht kannte und ich mich auch sprachlich nicht dazu in der Lage fühlte, bei der Beratung über die verschiedenen Werkstoffe genug verstehen zu können, schlug ich vor, dass Dimitris ihn begleitete. Dimitris war ja durch unseren Hausbau bereits mit vielen Geschäften in Mires und deren Angeboten vertraut. Als Laie im Baugewerbe wollte ich mich soweit wie möglich aus dem Raketenofenprojekt heraushalten. Es war viel qualifizierteres Fachpersonal in unserem Team vorhanden, da konnte ich mich beruhigt zurücklehnen.

Viel lieber wollte ich Dimitris bei der leiblichen Versorgung der Helfer unterstützen und die bunte Esther besser kennenlernen. Sie zeigte sich als fantastische Kameradin, die Lara und mich begeistert auf unseren Spaziergängen begleitete. Auf unserem ersten Ausflug zur Bergkirche Christos stoppte sie immer wieder, wenn sie ein speziell geformtes Abfallstück entdeckte, das sie aufsammeln wollte, um daraus ein Kunstwerk zu basteln. Fast wie die Griechen, welche jeden wertlosen Schrott wieder zum Leben erwecken und einem sinnvollen Zweck zuführen können, stellte Esther aus manchen, auf den ersten Blick unbedeutenden Gegenständen, phantasievolle Skulpturen her. Ich war inspiriert. Wo andere Besucher sich beim Anblick der Müllberge in unserem Tal angewidert abwandten, löste der Unrat bei Esther wahre Begeisterungsstürme aus.

In Vagionia war die Stimmung unter dem Raketenteam weniger harmonisch, wie wir bei unserer Rückkehr feststellen mussten. Die beiden Leithammel Marc und Dimitris hatten Probleme beim Einkauf. Für beide war Englisch eine Fremdsprache und die Fachbegriffe waren schwierig zu kommunizieren und zu verstehen. Zacharie und Marc waren sich uneinig über die Bauweise des *Rocket Stove*, was zu endlosen Diskussionen zwischen den beiden führte. Die Nerven lagen blank.

Der weise Walter, der sich bei den Kontroversen zurückhielt, verzagte bereits nach wenigen Stunden im Dunstkreis der drei Streithähne und begann am Gelingen des Projekts zu zweifeln, wie er uns vorsichtig mitteilte. Um ihn auf andere Gedanken zu bringen, nahmen wir Frauen ihn mit auf einen Spaziergang ins Nachbarsdorf Koumasa, wo gerade die Granatapfelbäume blühten.

Auf dem Weg legten wir einen Zwischenhalt bei der Kirche Agios Ioannis ein, welche die Großeltern von Aris mitten in die Natur gebaut hatten. Fichten und Pinien umranden den heiligen Ort, wo das gottesfürchtige Ehepaar begraben liegt. Beim Betreten des malerischen Bauwerks läuteten wir noch kurz die Glocke, bevor wir die außergewöhnliche Akustik der Kirche austesteten. Zwitschernd und flatternd unterhielten uns die balzenden Vögel in den Bäumen, während wir uns auf den Bänken vor der Kirche kurz ausruhten, bevor wir, an blühenden Margeritenfeldern und Olivenhainen vorbei, in Richtung Koumasa marschierten.

Unser Ausflugsziel war klein und übersichtlich und hatte nicht einmal ein *Kafenío* zu bieten, wo wir unseren Durst mit einem kühlen Bier stillen konnten. Bei der Kirche von Koumasa fanden wir jedoch frisches Quellwasser und gaben uns gerne damit zufrieden.

Auf dem Rückweg spazierten wir an der uralten, minoischen Ausgrabungsstätte und an bunten, summenden Bienenkisten vorbei bis wir, als die Schatten länger wurden, wieder zuhause ankamen. Unser kleiner Ausflug erreichte sein Ziel und ein gestärkter Walter begann am folgenden Tag mit seiner zugewiesenen Arbeit, eisenhaltige Erde von unseren Olivenhainen mit Zement und Wasser zu mischen.

Immer wieder wurden die Bautätigkeiten von Besuchern aus dem Dorf unterbrochen, welche sich für unseren Wunderofen interessierten. Marc ließ durchblicken, dass er sich vorstellen konnte, in Vagionia ein Geschäft zu eröffnen, um weitere Häuser mit einem *Rocket Stove* auszurüsten. Georgios, der Besitzer der Olivenpresse, stellte uns bereitwillig sein Schweißgerät zur Verfügung und sein Schwiegervater, der Tankwart Georgios, spendierte ein Eisenfass, um den Kamin einzufassen. Die Aufmerksamkeit, welche unser Projekt im Dorf erzeugte, erfreute schließlich auch Dimitris und er erklärte jedem der es hören wollte mit stolzgeschwellter Brust von unserem Vorhaben. Plötzlich galten wir als innovative Unternehmer, welche mithelfen konnten, das Dorf weiterzuentwickeln.

Marc machte sich mit seiner offenen Art schnell Freunde in Vagionia und warf, zu meiner Besorgnis, ein besonderes Auge auf die attraktive Ehefrau des Tankwarts. Während mir Esther die Kunst des Töpferns beibrachte, installierten die Männer Rohre, schichteten Steine und mischten Mörtel. Je mehr der neue Ofen Form annahm, desto weniger wurden die Vater-Sohn-Konflikte und der harmoniebedürftige Walter fühlte sich wohler in seinem Arbeitsumfeld.

Kurz vor Abschluss der Bauarbeiten luden wir die Gruppe noch zu einem Strandausflug nach Tripiti ein. Da nicht genügend Platz für alle in unserem Auto war, begaben Esther, Lara und ich uns auf die Ladefläche des Pickups. Dimitris war in Angeberlaune und drückte kräftig aufs Gas, sodass die Kissen unter unseren Hintern nicht viel auszurichten vermochten und wir auf der Schotterstraße, welche in die Asterousia-Berge führte, heftig hin und her geworfen wurden.

Auf der Passhöhe, vor der atemberaubenden Bergwand mit den Felsritzen, die Gesichtsfratzen gleichen und in welcher zahlreiche Vögel nisteten, hielt Dimitris kurz an. Er stieg aus und fragte uns nach dem Befinden und ich teilte ihm mit, dass mir die Fahrt zu rasant gewesen sei und dass ich den Rest des Weges durch die Tripiti-Schlucht mit der verängstigten Lara lieber zu Fuß gehen wolle. Da schrie Dimitris, dass ich mich gefälligst wieder hinsetzen solle und fuhr, bevor ich ein weiteres Wort sagen konnte, mit durchdrehenden Reifen los. Die wilde Esther, welche die Achterbahnfahrt im Gebirge sehr genoss, lachte aus vollem Hals: «Jetzt verstehe ich euer Spiel! Du provozierst und Dimitris flippt aus!» Durchschaut und ebenfalls ein wenig ertappt, brach auch ich in Gelächter aus und drückte mein Hündchen fest an meinen Leib.

In der Luft vermischten sich die Düfte von Thymian und Salbei, als wir an den unzähligen wilden Olivenbäumen, an rosarotem Oleander und violett blühenden Disteln vorbei, durch die enge Felsspalte von Tripiti, zum Strand fuhren. Den Älteren waren die Wassertemperaturen noch zu niedrig. Deshalb setzten sie sich zu Georgia und Christos in die Taverne, während Zacharie und ich zur Höhle schwammen, von welcher man so schön ins glasklare Wasser springen konnte. Lara lief, angesichts des ihr fremden Elements Wasser, besorgt am Strand hin und her und überlegte, ob es wohl angebracht sei, einen Rettungsversuch für uns zu unternehmen.

Zurück im Dorf grillte Dimitris Doraden und ich servierte zum Nachtisch einen feuchten Zitronenkuchen, welcher den charmanten Zacharie zum schmeichelhaften Kompliment veranlasste, ich sei die perfekte Frau, die sich jeder Mann nur wünschen könne.

Schon nach zehn Tagen, pünktlich zur Ankunft von Marinette, war der Raketenofen fertiggestellt und die Tankwartfrau glücklicherweise vergessen. Die Anfeuerung und Einweihung sollte anlässlich Marinettes Geburtstags stattfinden. Ich war mit dem Kochen des Festmahls beschäftigt, als Dimitris und Marc Holzscheite in die Ofenöffnung schichteten und sah aus den Augenwinkeln, dass das Anfeuern mit einigen Schwierigkeiten verbunden war. Die beiden

Männer diskutierten heftig, welches Brennmaterial nötig wäre, um die Flammen zu entfachen, während Zacharie mit Marinette draußen saß und so tat, als würde ihn der Ofen nichts angehen und Esther eine farbenfrohe Kappe strickte.

Als beim Einsatz von Brennsprit aus dem Innern des Ungetüms eine Explosion ertönte, überlegte ich kurz, ob ich wohl besser aus Sicherheitsgründen die Küche verlassen sollte. Schließlich gelang es den beiden Zänkern jedoch, das Holz in Brand zu setzen, aber gleichzeitig strömte dunkler Rauch aus der Ofenöffnung in unsere Küche. Anscheinend funktionierte der Abzug nicht, was Marc damit zu erklären versuchte, dass das Holz zu frisch und der Ofen zu neu sei und erst noch trocknen müsse. Dimitris ließ sich aber nicht hinters Licht führen und schimpfte lautstark, weil er an die sinnlos hohen Materialkosten und an die Aufwände für die Verpflegung des Teams dachte. Inzwischen hatte sich die ganze Küche mit Rauch gefüllt und ich schaute mit tränenden Augen hilfesuchend zu Marinette, welche ebenfalls sehr besorgt zu sein schien.

Nachdem das Feuer wieder gelöscht war, untersuchte der Experte Zacharie die Ursache der Fehlfunktion. Er konnte aber auch nichts Weiteres sagen, als dass wir abwarten mussten, bis der Lehm trocken war. Zur Beruhigung versprach er uns jedoch, dass er in einem halben Jahr wiederkommen würde, um sich den Ofen nochmals anzuschauen, während Marc draußen vor lauter Frust Stühle umher schmiss.

Walter verkniff sich klugerweise die Aussage, dass er es ja von Anfang gewusst habe, dass dieses Projekt scheitern würde und ich versuchte die aufgebrachten Männer zu beruhigen. So schlimm sei das nicht. Erst die Zukunft würde zeigen, ob der Ofen seinen Zweck erfüllte. Wir würden es später mit trockenem Holz versuchen. Das Projektteam baute uns mit dem restlichen Material in den verbleibenden Tagen zur Wiedergutmachung noch eine rustikale Bar in den Hof und Dimitris musste einigen Spott von seinen Kollegen aus dem Dorf über sich ergehen lassen.

Mit der Zeit realisierte auch ich, dass das Projekt *Rocket Stove* wohl kläglich gescheitert war. Pünktlich zum nächsten Winteranfang bauten wir den Kamin zurück, verschlossen die Öffnung mit Zement und stellten einen gewöhnlichen Schwedenofen auf die Ofenbank, der zwar weniger effizient ist, jedoch ausreicht, um drei Räume rauchfrei mit Wärme zu versorgen.

Ich verbuchte das fehlgeschlagene Unternehmen unter Lebenserfahrung. Spektakuläre Innovationen waren doch in der Vergangenheit schon so oft mit Misserfolgen verbunden gewesen. Wichtig ist, dass wir eine schöne Zeit zusammen hatten und mit Esther habe ich eine liebe Freundin dazugewonnen. Bei künftigen Bauprojekten in unserem Haus wurde ich seither jedoch nie mehr zu Rate gezogen und wenn ich trotzdem meine Meinung mitzuteilen versuchte, wurde ich von Dimitris jeweils wirksam mit der Rocket-Keule zum Schweigen gebracht.

# 14. Katzenterror

Lange Zeit war Rosa die uneingeschränkte Herrin der «Villa Eleftheria». Als Dimitris beschloss, seinen Lebensabschnitt in der Touristen-Hochburg zu beenden und in sein Elternhaus zog, musste er zuerst einer Horde Mäusen, die sich im uralten Gebäude mit den soliden Steinmauern häuslich niedergelassen hatten, klarmachen, dass sie nun nicht mehr willkommen waren.

Die Lösung des Problems kam auf vier Pfoten daher. Geschmeidig, elegant und äußerst manierlich schlich sich Rosa, die Straßenkatze, ins Herz des neuen Hausherrn. Damals hatte sie noch keinen Namen aber ihre rötlichen Flecken im getigerten Fell, im Antlitz und auf der Seite, machten sie zu einer besonderen Schönheit unter den Streunern und inspirierten Dimitris, den Haustiger nach der herrlichsten aller Blumen zu benennen. Das allein hätte Rosa nicht besonders beeindruckt. Außer einem passenden Namen hatte sie jedoch neuerdings auch regelmäßig das Vergnügen, mit den leckersten Fleischresten gefüttert zu werden, was sie veranlasste, sich häufiger im Dunstkreis der «Villa Eleftheria» aufzuhalten. Man wusste ja nie, wann wieder einmal ein Festessen anfallen würde. Dimitris war bekannt für seine Kochkünste und er befand sich deshalb täglich in Gesellschaft von zwei bis fünf Junggesellen aus dem Dorf, die ebenso wie Rosa hofften, in den Genuss einer von Dimitris oft in Rekordzeit gezauberten Köstlichkeit zu gelangen. Ihr aller Glück war es, dass Dimitris es hasste, alleine zu essen und nichts mehr genoss, als seine Kunst zu teilen und Freunde um sich zu haben.

Die Mäuse fanden es bald nicht mehr gemütlich in der «Villa Eleftheria», denn Rosa war nicht nur eine charmante Schmeichlerin, sondern auch eine ausgezeichnete Jägerin, die jede Gelegenheit nutzte, um einen Zwischensnack zu erhaschen. Sie hatte die beeindruckende Gabe, sich von einer Sekunde zur anderen von einer zierlichen und entzückenden Schmeichelkatze in ein wildes Raubtier zu verwandeln und die Art, wie sie auf die Straßenhunde losging, welche es wagten unseren Hof zu betreten, ließ jeweils auch unser Blut in den Adern gefrieren. Eben noch sich friedlich die weißen Samtpfötchen leckend, machte Rose beim Anblick eines Feindes unvermittelt einen Buckel, klappte die Ohren seitlich herunter und stürzte sich laut fauchend wie ein Dämon auf das leidgeplagte Hündchen, welches auf der Suche nach etwas Nahrung und Zuwendung ihren Weg kreuzte. Sie verpasste den überraschten Streunern jeweils rasch einen heftigen Schlag mit herausgefahrenen Krallen, mitten auf die feuchte Nase, was diese veranlasste, laut jaulend das Weite zu suchen und in Zukunft immer einen weiten Bogen um unser Haus zu machen. Auch andere Katzen versuchten häufig, in den Kreis von Dimitris' Begünstigten zu kommen. Aber auf Dimitris Befehl *dióxe tin!* – verjage sie – wurden sie anfangs alle durch die brave Rosa vertrieben.

Es stellte sich allerdings bald heraus, dass Rosa auch eine soziale Ader hatte und gewisse andere Katzen nur halbherzig verscheuchte. Wenn es nach ihr ginge, sprach nichts dagegen, dass ihre engsten Familienmitglieder und gegenwärtigen Liebhaber ebenfalls am täglichen Festmahl in der «Villa Eleftheria» teilnehmen durften. Es gab ja genug zu essen und sie war ja schließlich kein Hund, der Befehle befolgte, sondern hatte ihren eigenen Kopf. Natürlich musste sie als uneingeschränkte Herrscherin respektiert werden, andernfalls bekamen die Neulinge die harte Pfote von Rosa zu spüren.

So versammelten sich immer mehr Katzen vor unserem Haus. Da war zum Beispiel der rote Biscotto, der, wie sich später herausstellte, eigentlich ein Weibchen war und zu Lebzeiten viele kleine rotgefärbte Tiger produzierte. Biscotto war so höflich, unterwürfig und dankbar für jeden Bissen, der für ihn abfiel, dass man es einfach nicht übers Herz brachte, ihn fortzujagen. Außerdem die zwei Schwestern, welche fast identisch aussahen, grauweiß getigert mit weißen Pfoten und hellem Bauch, von welchen die eine jeweils immer vorsichtshalber furchterregend fauchte, wenn man in ihre Nähe kam. Die beiden lagen immer zusammen in den Schattenplätzen der «Villa Eleftheria» und bettelten im Kanon, sobald es aus Dimitris'

Küche zu riechen begann. Wenn man vom unfreundlichen Fauchen der einen Schwester absah, waren die beiden eigentlich ganz herzige Tierchen, die man oft zusammen schmusend antraf.

Einen Hauch von Wildnis brachte Rosas Liebhaber, der schwarze Panther, in unser Haus. Er war etwa doppelt so groß wie die zierliche Rosa und er floh, sobald ein Mensch seinen Sicherheitsabstand von drei Metern durchbrach. Wir sahen den rabenschwarzen Kater einmal von unserer Terrasse, aus sechs Metern Höhe, auf die Straße springen und in den Büschen verschwinden, weil er sich von Dimitris bedroht fühlte. Keine andere Katze hatte je einen solchen Wahnsinnssprung gewagt.

Rosa allein wusste, weshalb sie, neben der stattlichen Anzahl anderer Katzen, auch einer Exotin erlaubte, sich hin und wieder bei uns satt zu essen. Wegen ihres buschigen Schwanzes erinnerte sie Dimitris an die langhaarigen Rassekatzen in der Schweiz, welche jeweils sein Mitleid erregten, weil sie nicht nach draußen durften und kastriert wurden. Er nannte sie deshalb *Elvetída* – die Schweizerin. Außer ihrem ungewöhnlich langen, weißen Haar, hatte sie ein spitzes, marderähnliches Gesicht. Wir erfuhren nie, weshalb *Elvetída* sich dermaßen von den Katzen unseres Dorfes unterschied und woher sie stammte. Ich identifizierte mich aber sehr stark mit ihr, da auch ich anders war und wir hatten ebenfalls einen scheuen und eher vorsichtigen Charakter gemein. Sie war als Babykätzchen oft bei uns und ließ sich nicht vom Essen abhalten, auch wenn sie von den größeren Katzen oft grausam geschlagen wurde. *Elvetída* war zäh auf ihr Überleben fixiert, ohne Rücksicht auf Verluste.

Die beiden Schwestern schienen über sehr starke Gene zu verfügen, denn plötzlich trieben sich fünf weitere fast identische Kätzchen in Miniaturform um unser Haus herum. Sie alle holten wenige Sympathiepunkte, weil sie wild und frech waren. Außer der kleinen Cat, die schon seit Babytagen im Schuppen der «Villa Eleftheria» wohnte und mit ihren leuchtendgrünen Augen eine richtige Schönheit war, konnte keine der jungen Katzen einen Platz in unseren Herzen erobern. Obwohl sie recht gut genährt waren, ließen sie keine

Gelegenheit aus, Leckereien aus unserer Küche zu stehlen und wir mussten immer alles gut verstauen und konnten Esswaren nie unbeobachtet auf den Tischen lassen.

Langsam aber sicher begannen die Samtpfoten eine echte Plage zu werden. In der Schweiz war ich eine große Katzenliebhaberin gewesen und fand die Tiere immer *süß* und kuschlig. Meine Vorliebe für Katzen begann hier auf Kreta langsam zu bröckeln, als ich sah, zu welchem Terror die Fellnasen fähig waren. Einmal kamen wir nach Hause und trafen auf der Terrasse zirka zwanzig Haustiger an, welche sich auf der Mauer versammelt hatten und uns unschuldig ansahen. Die Atmosphäre war seltsam ruhig und unheimlich wie in einem Alfred Hitchcock-Film und als ich den Blick senkte, sah ich eine Menge Federn auf der ganzen Terrasse verstreut und einen abgetrennten Geflügelfuß in der Ecke liegen. Die Meute hatte doch tatsächlich gemeinsam ein fast ausgewachsenes Huhn von der Nachbarin gestohlen, gekillt und verspeist. Das waren nicht die verschmusten Kätzchen, welche ich aus der Schweiz kannte. Wir hatten es hier vielmehr mit wilden Raubtieren zu tun, analysierte ich die Situation.

Und der Katzenterror ging weiter. Jedes Mal, wenn wir draußen aßen, sprangen sie von überall herbei und verteilten sich laut miauend um uns herum. Es war nahezu unmöglich, in Ruhe zu essen, wenn man dabei von zwanzig bettelnden Augenpaaren beobachtet wurde und jede Unterhaltung wurde von lautem Katzengesang gnadenlos übertönt. So konnte es nicht weitergehen. Unsere Tierliebe hatte uns in eine unhaltbare Situation gebracht und es wurde täglich schlimmer. Plötzlich hatte ich keine Freude mehr daran, die Katzen zu sehen. Sobald ich am Morgen die Türe öffnete, waren sie da, etwa zu fünft, schauten mich an und miauten. Ich gab ihnen Trockenfutter und sie fauchten und prügelten sich. Es eilten weitere zehn Stück herbei, die ebenfalls einen Happen abbekommen wollten und sich ins Gewühl stürzten. Wir brauchten definitiv eine Katze, die bei uns für Ordnung sorgte und die anderen Tiere vom Haus fernhielt.

Der kleine rotgetigerte Leo, der allem Augenschein nach, ein

Nachfahre der gutmütigen Biscotto war, schien für diese Aufgabe prädestiniert zu sein. Schon als Baby kämpfte er wie ein Löwe um jedes Stück Fleisch, das Dimitris bereit war zu spenden. Er schlug und fauchte dabei so haarsträubend, dass sich keine noch so große und kräftige Katze traute, ihm das erbeutete Fressen streitig zu machen. Beeindruckt von seiner Entschlossenheit, machten wir Leo zu unserem Liebling. Er bekam regelmäßig von uns zu essen und wir versuchten ihm beizubringen, sein Revier zu verteidigen und auf den Befehl *dióxe tin!* die anderen Katzen zu vertreiben. Er weigerte sich jedoch, auf die anderen Katzen loszugehen, außer wenn er ein Stück Fleisch ergattert hatte, das er mit niemandem teilen wollte.

Offenbar ticken hier alle Katzen etwas anders als in der Schweiz, wo jede Katze ihr eigenes Revier besitzt. Die kretischen Katzen sind sozialer untereinander und haben offenbar kein Bedürfnis, ihr persönliches Gebiet zu verteidigen. Sogar Leo, in welchen wir so große Hoffnung gesetzt hatten, zeigte uns schon bald seinen wahren, scheußlichen Charakter. Obwohl er sich nicht über mangelndes Essen beklagen konnte, drang er Nacht für Nacht, gemeinsam mit *Elvetída* und den grauweiß-getigerten Katzen, durch die offenen Fenster in unser Haus ein und durchstöberte den Abfall nach Esswaren. Ich begann jeden Tag jeweils damit, den überall verstreuten Müll einzusammeln und Dimitris fluchte. Eines nachts, als die Bande keine verwertbaren Reste fand, rächte sich eine Katze, indem sie mir in die Küche kackte. Dies war der Punkt, wo sich meine Katzenliebe in Groll verwandelte und wir sahen uns gezwungen, unseren Umgang mit den wilden Felltieren zu ändern.

Von nun an vermieden wir es konsequent, die Katzen, welche in unserem Haus ein und aus gingen, zu füttern und Dimitris hatte stets den Gartenschlauch zur Hand und verjagte die ungebetenen Besucher mit einem Wasserstrahl oder mit einem lauten zischenden Geräusch als Vorwarnung von unserem Grundstück. Einmal schlenderte unser Gast Olli nichtsahnend an unserer Küche vorbei und wurde dabei fast von einem Wasserstrahl getroffen. Dimitris hatte ihn für eine aufdringliche Katze gehalten und energisch Wasser aus einem

Kübel in seine Richtung gespritzt. Glücklicherweise gelang es dem sportlichen Olli, blitzschnell rückwärts zu springen und trocken zu bleiben.

Die Fleischreste brachten wir in unseren Geflügelstall und fütterten damit die Katzenfamilie, welche sich in unserem Garten angesiedelt hatte und unser Zuhause unbehelligt ließ. Nur für Rosa machten wir hin und wieder eine Ausnahme. Aber Rosa hatte eigentlich auch ohne uns keine Probleme. Ich sah sie auf meinen Spaziergängen durchs Dorf immer wieder in fremden Hauseingängen sitzen, wo sie sich mit ihrem einzigartigen Charme bei anderen Leuten eingeschmeichelt hatte und mit einem anderen Namen gerufen wurde, immer bereit, die besten Fleischreste zu erwischen.

# 15. Unser Leben mit den Jahreszeiten

Durch unsere zwei Standbeine, der Olivenölproduktion und dem Gasthaus, gibt es ganzjährlich viel zu tun für uns und die Arbeiten sind sehr abwechslungsreich. Die Ernte und die Pflege der Oliven findet vor allem im Winter und im Frühling statt, während sich der Tourismus auf die Sommermonate konzentriert.

## 15.1. Frühling

Während in Mitteleuropa die Natur erwacht, steht Kreta bereits in voller Blüte. Unter den Olivenbäumen wachsen die verschiedensten Blumen, Gräser, Kräuter und sogar die Berge sind mit einem grünen Flaum bedeckt. Die Granatapfelbäume sind mit roten Kelchen geschmückt und an den Mandelbäumen prangen prächtige, rosarote Blüten. Orangenblüten duften mit dem Jasmin um die Wette, während an den Bäumen immer noch reife Orangen prangen, wie Weihnachtskugeln. Der Maulbeerbaum auf unserem Vorplatz produziert Blätter, welche uns später, wenn die Temperaturen ansteigen, Schatten spenden. Außerdem reifen die süßen, violetten und weißen Maulbeeren.

Es regnet nur noch sporadisch. Auf den höchsten Gipfeln der Ida-Berge liegt teilweise immer noch Schnee, wie die Flecken eines Leopardenfells. Wir müssen nur noch selten heizen und können bereits viele Mahlzeiten draußen genießen. Meistens ziehen die Windstärken im Laufe des Tages immer mehr an. Wenn der warme Südwind über das Land zieht, mit Sand aus Afrika in seinem Gepäck, färbt sich der Himmel gelb. Auch der kalte Nordwind ist berüchtigt, wobei das Messara-Tal durch das Ida-Gebirge geschützt ist und diese Stürme deshalb oft einen milden Verlauf nehmen.

Kostas erledigt den Feinschnitt an den Olivenbäumen, bei welchem die kleinen Äste an den Stämmen entfernt werden und sammelt begeistert die essbaren Schnecken ein, die sich während des Winters vollgefressen haben und jetzt für den Sommerschlaf an den Bäumen kleben. Die faszinierenden Tiere können bis im Herbst lebend in luftdurchlässigen Säcken aufbewahrt werden und sind ein wichtiger Proteinlieferant in der kretischen Küche.

Mit dem Traktor ackert Dimitris die Erde unserer Olivenhaine, während Kostas und ich die Wasserleitungen und einzelne große Steine aus dem Weg räumen, begleitet von Falken und Krähen, welche in der gelockerten Erde nach Würmern suchen. Für unsere Schafe und Kaninchen sammeln wir schmackhafte Pflanzen in der Natur und ernten und bündeln das angepflanzte Tierfutter.

Im Tal pflückt Kostas duftende Kamille, roten Pfeffer und Lorbeer. Thymian und Salbei für unsere Teemischung findet er in den Bergen. Dimitris steuert Oregano und Rosmarin aus dem Garten bei. Ich trockne alle Kräuter und fülle sie in Behälter ab.

Kostas kennt die besten Stellen, wo wildes Gemüse, wie z.B. Spargel wächst. Auf Kreta herrscht das ungeschriebene Gesetz, dass wildwachsende Pflanzen allen Menschen zur Verfügung stehen. Deshalb streifen im Frühjahr oft Sammler durch fremde Olivenhaine, die ihre Plastiksäcke mit Schnecken und *Chórta* füllen. Meine Sammelleidenschaft gilt den Kapern, die ich behutsam von den stachligen Sträuchern mit den zarten, kurzlebigen Glasfaserblüten rupfe und in Essig einmache, immer vorsichtig darauf bedacht, die um die nektarreichen Blumen schwirrenden Bienen nicht zu stören. Die gleiche Regelung gilt auch für die am Straßenrand stehenden Obstbäume, deren Früchte den Vorbeigehenden als willkommener kleiner Imbiss dienen dürfen. Lediglich eingehegte Grundstücke sollten von Fremden gemieden werden, denn ein Zaun bedeutet, dass der Landbesitzer seinen Ertrag vollumfänglich für seinen eigenen Bedarf beanspruchen möchte. Das Wildgemüse ist ein wichtiger Bestandteil der berühmten *Kreta-Diät*. Dimitris bereitet aus dem gesunden Grünzeug Salat und Omeletten zu oder er kocht und brät es mit Zwiebeln im Olivenöl.

Der Garten wird neu bepflanzt. Es gibt immer noch viele Zitrusfrüchte und auch die Mispeln und Erdbeeren werden reif. Im Garten können Artischocken, Bohnen, Zwiebeln und Salat geerntet werden.

Die Tiere produzieren eine Menge Junge, welche meine besondere Aufmerksamkeit fordern. Alle Schafe werden geschert und die Wolle legen wir in den Garten unter die Pflanzen. Das Schafhaar spendet wertvolle Nährstoffe und sorgt dafür, dass das Wasser langsam und stetig in den Boden fließt. Da im Lenz weniger körperlich gearbeitet wird, halte ich mich mit Joggen in der Umgebung des Dorfes fit, sehr zur Freude der freilaufenden Hunde, welche mich dabei sehr gerne begleiten.

Meistens gönnen Dimitris und ich uns eine kurze Reise, der Abwechslung zuliebe vorzugsweise in eine geschichtsträchtige Stadt mit schöner Architektur und guter Kulinarik, um uns für unser eigenes Leben inspirieren zu lassen.

Die ersten Gäste treffen ein. Gemeinsam unternehmen wir abenteuerliche Wanderungen in den umliegenden Bergen.

Kostas begibt sich an die Nordküste, wo er bis im Herbst in einem touristischen Restaurant arbeitet. Wir sehen ihn nur noch selten und ausschließlich, wenn wir ihn besuchen, denn er hat keinen einzigen Tag frei und muss jeweils von morgens bis spätabends Gäste bedienen.

## 15.2. Sommer

Es wird so heiß, dass es sich in unserem windgeschützten Tal oft wie in einem Ofen anfühlt. Die Natur schreit nach Wasser und alles vertrocknet. Während in Mitteleuropa die Kälte des Winters die Pflanzen zu einer Pause zwingt, ist hier auf Kreta der Sommer die Zeit, in welcher das Wachstum zum Stillstand kommt. Die Olivenbäume verfügen über einen Wasserspeicher und wenn im Winter genug Regen gefallen ist, können ihre Früchte trotz der Trockenheit reifen. Dennoch ist es manchmal nötig, die Olivenhaine zu bewässern. Den Gartenpflanzen müssen wir täglich Wasser geben.

Dimitris kümmert sich am Morgen um die Tiere, während ich den Gästen ihr Frühstück serviere. Meistens sind in der heißen Jahreszeit alle unsere Besucherzimmer belegt. Nach dem Frühstück kümmere ich mich um den Gästewechsel: Abreisende Gäste verabschieden, Frottier- und Bettwäsche waschen, Räume reinigen und bereitmachen, neue Gäste begrüßen. Wann immer wir am Nachmittag ein paar Stunden frei haben, fahren wir ans Meer, um uns abzukühlen. Nur ganz hartgesottene Gäste möchten in der brütenden Hitze Wanderungen unternehmen. Mit interessierten Besuchern unternehmen wir kleine Führungen zu den Tieren, in den Garten und zu den Olivenhainen. Am Abend bereitet Dimitris das Abendessen für die Gäste vor, während ich mich um die Tiere kümmere. Oft essen wir zusammen mit unseren Besuchern und leisten ihnen bis spätabends Gesellschaft.

Im Garten gibt es jetzt Tomaten, Gurken, Peperoni, Zucchini, Zwiebeln, Salat und Auberginen. Die übrigbleibenden Cherry-Tomaten trockne ich mit Meersalz an der Sonne und lege sie danach in Öl ein für den Winter. An den Bäumen reifen Nektarinen, Aprikosen, Feigen und Birnen. Von den Feigen und den Nektarinen gibt es immer einen Überschuss, aus welchem ich Konfitüren und Joghurt-Eiscremen herstelle. Die heißen Temperaturen ermöglichen es, dass wir die Feigen ebenfalls sonnentrocknen können. Besonders beliebt sind im Sommer die saftigen Wasser- und Honigmelonen. Die süßlichen braunen Früchte des wegen seines hohen Alters geschützten Johannisbrotbaums, der sich in der Nähe unserer Ställe befindet, fallen zu Boden. Wir sammeln sie ein und verfüttern sie an die verzückten Schafe. Die Feigenkaktusse mit ihren ovalen Ohrenblättern tragen orange-rote, schmackhafte Früchte mit harten Kernen, welche wegen ihren unzähligen feinen Stacheln mit Handschuhen geerntet werden müssen. Aus ihnen stellen wir Fruchtsäfte und Marmeladen her.

Ich rekrutiere die freiwilligen Helfer für die Olivenernte im Herbst und Winter und prüfe die zahlreichen Bewerbungen. Dabei achte ich auf eine möglichst gute Mischung aus Alt und Jung, Männlein und Weiblein, Europäern und Exoten.

## 15.3. Herbst

Zwar setzen erste kleine Regenfälle ein, jedoch ist es meistens noch immer sehr warm und trocken. Das Schwimmen im Meer ist weiterhin sehr angenehm, wegen den hohen Wassertemperaturen.

Es kommen wieder vermehrt Sportler zu uns, vor allem Radfahrer, Kletterer und Wanderer.

Die Walnüsse werden reif und werden von Dimitris von den Bäumen geschlagen, von ihren Schalen befreit und getrocknet. Außer dem Sommergemüse können jetzt auch die Kürbisse im Garten geerntet werden. Wir setzen das Wintergemüse in die freien Beete. Die roten Granatapfelkerne können roh gegessen oder zu einem süßen Likör verarbeitet werden. Sie sind die beste Herzmedizin.

Ich informiere meine Olivenöl-Kunden in der Schweiz über die nächste Lieferung und sammle die Bestellungen ein. Danach fülle ich das Olivenöl in verschiedene Behälter ab und wir bringen das Öl zu einer Transportfirma in Heraklion, welche die Ware zu einem Freund nach Deutschland befördert. Während Dimitris und Kostas die letzten Gäste betreuen, reise ich in die Schweiz zu meiner Tochter, um das Öl und andere Produkte aus Kreta zu verkaufen. Sobald ich in der Schweiz ankomme, wird das Öl zu mir nach Hause geliefert und im Keller eingelagert. Im Herbst geht das meiste Öl an Firmen für Kunden-Weihnachtsgeschenke.

Nach meiner Rückkehr treffen die ersten Erntehelfer bei uns auf Kreta ein. Wir beginnen mit der Ernte der grünen Oliven, aus welchen ein besonders geschmackvolles und gesundes Öl gewonnen wird. Das Öl wird in der modernen, örtlichen Presse von Vagionia produziert. Ich kümmere mich um das Picknick für die Helfer und bin für die Ernte zuständig, während Dimitris sich mit dem Garten, den Tieren und der Zubereitung des Abendessens beschäftigt. In unserer Freizeit unternehme ich mit den Volontären Wanderungen. Sobald ein Baum leer geerntet ist, verpasst ihm Kostas einen frischen Schnitt. Das abgeschnittene Holz schneiden wir zurecht und bringen es nach Hause, um im Winter unsere Öfen anzuheizen.

## 15.4. Winter

Die Oliven reifen und wechseln ihre Farbe von grün auf schwarz. Reife Oliven sind anfälliger für Wurmbefall, was zu einer schlechteren Qualität beim Olivenöl führt und sie fallen bei starkem Wind von den Bäumen, was Ernteausfälle zur Folge hat. Deshalb arbeiten wir jetzt unter ziemlichem Zeitdruck.

Es regnet immer häufiger und oftmals fällt der Regen sintflutartig, sodass sich die Straße vor unserem Haus in einen reißenden Bach verwandelt. In den Bergen schneit es sogar. Um Schäden bei den Bäumen zu vermeiden, arbeiten wir nur, wenn kein Niederschlag fällt. Das führt dazu, dass an unseren freien Tagen meistens unfreundliches Wetter herrscht und keine Ausflüge unternommen werden können. Wir beschäftigen uns zuhause, indem wir musizieren, malen, kochen, Filme schauen, erzählen, spielen, lesen und schreiben. Da es in den Räumen frostig kalt ist, müssen wir tagsüber und am Abend die Öfen kräftig anheizen. Am Morgen, wenn die Öfen aus sind, fällt es besonders schwer, unter den warmen Decken herauszukriechen und in die Gänge zu kommen. Wenn es trotzdem einmal wettermäßig passt, fahren wir ans Meer, um zu schwimmen. Der Einstieg ins Wasser ist zwar heftig, man erholt sich jedoch schnell vom Kälteschock, sobald man die ersten Schwimmzüge gemacht hat. Das Schwimmen hilft sehr dabei, die vom Arbeiten verspannten Muskeln zu lockern.

Im Garten wachsen Spinat, Broccoli, Kohl und Salat. Wichtiges Vitamin C liefern Orangen, Mandarinen, Grapefruit, Zitronen und Quitten, aus welchen ich auch Marmeladen herstelle.

Kurz vor Weihnachten ist die Ernte beendet und die meisten Helfer reisen wieder ab. Mit den verbleibenden Volontären beseitigen wir die von Kostas abgeschnittenen Äste in den Olivenhainen. Die großen Holzstücke bringen wir nach Hause, als Brennholz für die Öfen und den Grill, die mittleren Äste werden verbrannt und die kleinen Äste werden mit dem Pflug in die Erde eingearbeitet, wenn Dimitris das erste Mal die Felder ackert. Der Stallmist, welcher sich das ganze Jahr über angesammelt hat, wird in Säcke verpackt und unter den Olivenbäumen als Dünger ausgestreut.

Ich informiere alle Kunden in der Schweiz über die Qualität und die geplante Lieferung des frischen Öls, fülle das Öl in die Behälter ab und organisiere den Transport. Dann reise ich für drei Wochen nach Zürich, um das Olivenöl zu verteilen. Dimitris bringt unterdessen das Haus auf Vordermann, indem er kleine Reparaturarbeiten erledigt und die Wände neu streicht.

## 16. Tierschutz? Fehlanzeige!

Bei einem Besuch in der Schweiz habe ich meiner Bekannten Petra, einer leidenschaftlichen Tierschützerin, von unserer Katzenpopulation erzählt, die mit ihrem ständigen Zuwachs eine echte Last für uns war. Von ihr erfuhr ich später, dass Hilfe unterwegs war. Sie war Gönnerin einer schweizerischen Tierschutzorganisation, deren Mitarbeiter sich für zwei Wochen nach Kreta auf Katzenrettungsmission begeben hatten. Vielleicht konnten diese Tierschützer durch Sterilisierungen das Katzenleid in unserem Dorf lindern. Auf meine wiederholten Nachrichten antwortete jedoch niemand. Petra wollte mir wirklich helfen, blieb am Ball und fragte wieder nach. Sie baute als großzügige Spenderin Druck auf bei der Organisation und nur ihrer Hartnäckigkeit war es zu verdanken, dass nach tagelanger Funkstille endlich eine Tierschützerin mit mir Kontakt aufnahm.

Die Tierärzte waren gerade im teuersten Touristenort Elounda dabei, einige Samtpfoten einzufangen und zu kastrieren. Ausgerechnet dort, wo das Katzenleid am geringsten war, weil die vielen Hotels, Restaurants und Touristen genügend Essensreste bereitstellen konnten, um die Katzenpopulation zu ernähren. Sie erklärten sich netterweise bereit, auch die Vierbeiner unserer Nachbarschaft zu kastrieren, wenn ich sie zum Aufenthaltsort der Tierschützer in Elounda bringen würde. Aber wie sollte ich rund zwanzig wilde Katzen einfangen und wie würden die armen, verängstigten Tiere eine zweistündige Fahrt in den Norden überstehen? Und was würde das bringen, wenn der Rest der Katzen unseres Dorfes sich weiterhin unkontrolliert vermehren konnte? Das gesamte Vorhaben schien mir nicht praktikabel und zielführend und deshalb verwarf ich das Projekt.

Um eine nachhaltige Lösung zu finden, müsste man im gesamten Gebiet, ja idealerweise sogar auf ganz Kreta, eine flächendeckende Sterilisierungsaktion durchführen. Für die Ausführung wären genügend kretische Tierärzte vor Ort verfügbar. Es ist völlig unnötig, ausländische Organisationen auf Kosten ihrer Spender einzufliegen. Hat sich schon jemand Gedanken um den ökologischen Fußabdruck gemacht, oder geht es etwa nur darum, sich auf Kosten der gönnerhaften Mitglieder eine schöne Zeit auf Kreta zu machen? Das Spendengeld könnte viel effizienter eingesetzt werden, wenn alle Vereine und Tierärzte vor Ort zusammenarbeiten würden. Alles andere ist weniger Wert als ein Tropfen auf den heißen Stein. Aber leider sind auf Kreta noch keine Fortschritte für eine flächendeckende Lösung erkennbar.

Auch das Schicksal vieler Hunde auf Kreta erinnert mich an die zum Glück längst vergangene Zeit, als diese Kreaturen in der Schweiz ebenfalls nichts Anderes als Nutztiere waren. Sie werden, genauso wie Liza, als Wachhunde für Haus, Stall, Schafe und Ziegen an Ketten gelegt. Charakterlich geeignete Vierbeiner werden zur Jagd benutzt und einige treue Jagdgefährten werden nach der Wildhasenjagdzeit einfach ausgesetzt, damit sie nicht mehr gefüttert werden müssen. Die Sterilisation oder Kastration ihrer Haustiere leisten sich nur wenige, sehr tierliebe und wohlhabende Kreter.

An einem heißen Sommertag war ich wieder einmal mit meiner feuchtnasigen Weggefährtin Lara unterwegs, als plötzlich drei putzige Welpen unter einer Mülltonne vor unserem Dorf hervorschossen und meine Füße leckten. Die Hundebabys glichen, mit ihrem langen Fell und ihren breiten Pfoten, kleinen Bernhardinerhunden. Neben zwei braunen Exemplaren war auch ein weißes Geschwisterchen dabei. Aber was suchte dieses Dreiergespann ohne die Mutter bei den Mülltonnen? Ob sie dort wohl ausgesetzt worden waren?

Zwar machten sie einen sehr munteren, gut genährten Eindruck, aber ich beschloss, trotz Dimitris Einwänden und Laras Desinteresse an neuen Freunden, am nächsten Tag nochmals bei den Mülltonnen vorbeizugehen, um die Welpen zu sehen und etwas Nahrung und Wasser vorbeizubringen. Wie froh waren die drei Kleinen, als sie mich wiedersahen und sie schienen sehr hungrig und durstig zu sein. Fressen und Wasser waren im nu weggeputzt. Da mir die mutterlosen Welpen leidtaten, ging ich jeden Tag vorbei und sorgte für sie.

Mit der Zeit folgten sie mir bis nach Hause, wo ich jedoch keinen Platz für sie hatte und wo es wegen der Straße auch zu gefährlich war. Deshalb quartierte ich sie in unserem eingezäunten Obstgarten außerhalb des Dorfes ein, wo sie gefahrlos herumtollen und spielen konnten.

Weil das keine Dauerlösung sein konnte, überlegte ich mir, wie ich ein Zuhause für die drei finden konnte. Vielleicht hatte jemand im Ort Interesse daran, einen Welpen zu adoptieren oder ich konnte einen meiner Freunde in der Schweiz dazu bewegen, einen Hund zu übernehmen. Gibt es auf Kreta Tierschutzorganisationen, welche solche unerwünschten Tiere aufnehmen und weitervermittelten?

Bevor ich Schritte zur Sicherung der Zukunft meiner drei Findling unternehmen konnte, wurde vor unserem Haus ein Karton mit sage und schreibe acht verwahrlosten Hundewelpen abgestellt. Ein weiterer junger Hund wurde uns über den Zaun in den Obstgarten geworfen. Ich war somit quasi über Nacht Mama von insgesamt zwölf kleinen Fellnasen geworden. Lara hatte keine Freude und war eifersüchtig. Sie begleitete mich bei den Fütterungen aber dennoch treu, bis mir die Sache über den Kopf wuchs. Weder im Dorf noch im Freundeskreis folgten Adoptionswillige meinem Aufruf. Die Gefahr war groß, dass ich die Kleinen niemals würde losbringen können und dass ich mir den Ruf einer Tierfreundin einhandeln und fortan ständig von den Nachbarn mit ungewolltem Hundenachwuchs eingedeckt werden würde.

Nach einigen Recherchen im Internet fand ich Michaela, eine heldenhafte deutsche Tierschützerin, welche mit viel Herzblut und Eigeninitiative Hunde in unserer Region rettete. Sie war sehr lieb und reagierte verständnisvoll auf meinen Hilferuf, hatte aber bereits sechzig (!) Hunde in ihrer Obhut und keinen Platz für weitere Schützlinge. Andere Organisationen gab es damals noch nicht in unserer Umgebung. Somit war ich mit dem Problem auf mich alleine gestellt.

Ich hatte weder zeitlich noch finanziell die Möglichkeit, den vielen ungeliebten Vierbeinern in unserem Dorf ein Zuhause, Futter,

Aufmerksamkeit und Erziehung zu bieten. Beim Gedanken an die anstehenden Tierarztkosten wurde mir übel. Ein tiefer Hass auf die ignoranten und grausamen Menschen begann mein Herz zu vergiften. Ich erfuhr von tierlieben Auswandererinnen in anderen Regionen der Insel, die beim Versuch, Kretas Tierelend zu lindern, hoffnungslos verzweifelt und verbittert worden sind. Dimitris hatte Recht, dieser Hut war zu groß, als dass ich ihn mir überstülpen konnte.

Mir blieb keine andere Wahl, als mein Hunderettungsprojekt aufzugeben. Für wenige Vierbeiner fand ich am Ende doch noch ein neues Heim in Vagionia, einige Welpen wurden krank und starben und ein armes Hündchen wurde von einem wilden Raubtier gerissen. Wie alle anderen «Vagioniter» musste ich mein Herz versteinern und mir, mit großer Trauer und Schuldgefühlen, angewöhnen, an den vielen ausgesetzten Welpen bei den Mülltonnen vorbeizugehen, die mir jeweils im Frühjahr immer noch begegnen. Ich weiß, dass dieses Verhalten nicht gut ist für mein Karma.

Das Schicksal der Streuner ist an die Gesetze der Natur und ans Glück geknüpft. Nur die Starken überleben Krankheit und Hunger und lediglich die besonders Klugen können es vermeiden, von einem Auto überfahren zu werden. Aggressive Straßenhunde haben keine Chance, toleriert zu werden. Nur mit Demut und Freundlichkeit können sie manchmal die Herzen der Dorfbewohner erweichen und gelangen so an Essensreste. Aber auch der freundlichste und süßeste Herumtreiber erreicht beim harten Leben auf der Straße kein hohes Alter. Irgendwann fallen sie alle einer Krankheit zum Opfer oder hauchen erschöpft ihr Leben bei einer ihrer unzähligen Geburten aus. In seltenen Fällen hat ein Streuner Glück und findet ein liebevolles Zuhause.

Vor unserem Haus tummelten sich eine Zeit lang vier Streuner herum. Man erkannte die Straßenhunde daran, dass sie kein Halsband trugen, im Unterschied zu den vielen anderen frei herumlaufenden Hunden, die jemandem gehörten. Dimitris vermutete, dass die herrenlosen Tiere vor unserem Haus von Städtern aus Heraklion auf dem Weg zu den Stränden Südkretas, ausgesetzt worden waren. Weit weg von zuhause, hatten die Vierbeiner keine Möglichkeit, den Weg zurückzufinden. Bei uns gab es immer genügend Essensreste, da Dimitris jeweils zahlreiche Gäste zu verköstigen hatte und manchmal kaufte ein mitleidiger Gast einen großen Sack Hundefutter, um die hungrigen Mäuler zu stopfen.

Einer dieser Streuner vor unserem Haus wurde wegen seines langen Halses Giraffe genannt. Die beige Jagdhündin war sehr scheu und fasste nur langsam Vertrauen zu ausgewählten Menschen. Ein Nachbar versuchte tagelang erfolglos, sie einzufangen, weil er sie gerne ausbilden und mit auf die Jagd nehmen wollte. Aber Giraffe war klug und ließ sich nicht in die Falle locken.

Wir mochten sie gerne und machten uns große Sorgen, als sie eines Tages, mit gebrochenem Bein und mit offensichtlich starken Schmerzen, an unserem Haus vorbeihumpelte. Ich erinnerte mich an Tamara von der Tierschutzorganisation «Messara Cares», welche ich über die Neuseeländerin Barbara kennengelernt hatte, die zusammen mit ihrem kretischen Mann Fanis, mit viel Herzblut ein Heim für ausgediente Esel betreibt. Tamara war mir einen Gefallen schuldig, denn ich hatte mich einmal als Flugpatin für einen süßen Beagle aus ihrer Obhut zur Verfügung gestellt, der in der Schweiz ein neues Zuhause gefunden hatte. Neben ihrem Job als Übersetzerin und Mutter von zwei schulpflichtigen Söhnen setzte sich die energische Estländerin gemeinsam mit Michalis, einem Kreter mit einem Herz aus Gold, für verstoßene Vierbeiner in der Messara-Ebene ein.

Tamara erinnerte sich sofort an mich, als ich sie um Hilfe für Giraffe bat und schickte mir Scott, einen ihrer Volontäre, vorbei. Der Plan war, Giraffe mit einem Schlafmittel, das wir ihr unter das Futter mischen wollten, zu betäuben. Danach würde Scott sie zu einem Tierarzt fahren, ihr Bein versorgen und sie kastrieren lassen. In Ermangelung an Pflegeplätzen müsste sie nach der ärztlichen Behandlung wieder bei uns auf der Straße leben, aber wenigstens würde ihr Bein heilen und sie müsste keine erschöpfenden Trächtigkeiten und riskanten Geburten mehr durchstehen. Scott kam zweimal bei uns vorbei und jedes Mal war Giraffe wie vom Erdboden verschluckt. Es war als konnte sie es fühlen, dass wir vorhatten, sie einzufangen. Sobald Scott verschwunden war, tauchte sie frischfröhlich wieder auf.

Ich versuchte, ihr das Schlafmittel im Alleingang zu verabreichen, aber ihr Adrenalin schoss jeweils so hoch, als ich der betäubten Hündin ein Halsband umzulegen versuchte, dass sie es immer schaffte, die Flucht zu ergreifen. Nicht einmal die doppelte Ration der empfohlenen Dosis Schlaftabletten reichten aus, den Hund ausreichend zu beruhigen. Scott und ich mussten schweren Herzens aufgeben, aber wie durch ein Wunder verheilte das Bein von Giraffe von selber. Bald sprang sie wieder wie neu geboren mit ihren Streunerkollegen durch die Gegend.

Irgendwann fanden wir die noch junge Hündin leblos unter unserem Auto. Sie starb bei der Geburt ihres zweiten Wurfs. Wie schade um dieses schöne Lebewesen! Hätte sie uns doch nur vertraut.

Wenig später erfuhr ich dann auch vom plötzlichen Tod von Tamara. Das war ein Riesenschock! Wie traurig, dass ausgerechnet dieser herzensgute Mensch, der so viel für die Tiere unseres Tals erreicht hatte, von uns gehen musste. Der Verlust war schrecklich für ihren Mann und die beiden Söhne. Das ganze Tal trauerte um eine starke und hochintelligente Frau, die sich auf vorbildliche Weise in die kretische Gesellschaft integriert und sich mit jeder Faser ihres Seins für Andere eingesetzt hatte. Mit Tamara starben auch das Engagement und die tatkräftige Hilfe für die unzähligen Straßenhunde in unserem Tal. Die Organisation «Messara Cares» beschränkte sich fortan auf die politische Ebene des Tierschutzes und Michalis, der gutherzige Partner von Tamara, der zeitweilig bis zu dreißig Hunde bei sich zuhause einquartiert hatte, resignierte und zog sich aus dem Tierschutz zurück.

# 17. Kretas eigene Regeln

Was passieren kann, wenn man auf Kreta jemandem zu nahetritt, musste ich am eigenen Leib erfahren, als ich mit meiner Hündin Lara einen Fahrradausflug machte und dabei auf einen kleinen, abgelegenen und unwegsamen Pfad gelangte. Plötzlich schlugen Gewehrschüsse rechts und links von mir im hohen Gras ein und Lara und ich drehten um und ergriffen verschreckt die Flucht. Fassungslos wandte ich noch einmal den Kopf, aber es war niemand zu sehen. Der heimtückische Schütze hatte sich wohl im hohen Schilf des ausgetrockneten Flussbetts versteckt.

Zuhause wusch ich mir unter Tränen den Angstschweiß weg. Dimitris meinte, dass ich wohl in die Nähe einer illegalen Drogenplantage gekommen sei und die Schüsse als Warnung dienen würden, damit ich nicht weiterfuhr. Man riecht im Sommer in den Bergen oft den Geruch von Hanf. Dass es auch bei uns im Tal solche Anpflanzungen gab, war überraschend für mich. Fortan benutzte ich vorsichtshalber nur noch die Hauptwege um unser Dorf herum.

Einige Jahre nach diesem schockierenden Erlebnis ertönten erneut Schüsse in unmittelbarer Nähe meines Wanderpfades. Ich vermutete, dass die Jagdsaison auf Hasen und Rebhühner eröffnet wurde und es deshalb in unserem Tal so oft knallte. Irgendwie erschien es mir jedoch seltsam, dass die Tiere mitten an den brütend heißen Sommertagen gejagt wurden. Hasen sind ja dafür bekannt, dass sie sich bei Helligkeit verkriechen und eher nachtaktiv sind. Außerdem sah ich gar keine Jäger herumstreifen. Um das Mysterium aufzulösen, erkundigte ich mich beim Baumeister Georgios, weshalb die Jäger ausgerechnet jetzt so ausgesprochen aktiv seien. Georgios amüsierte sich sichtlich über meine Frage und klärte mich auf, dass es sich um die Schüsse von mit Zeitschaltung ausgerüsteten Kanonen handelte, die zwecks Vogelverscheuchung in den Melonenfeldern standen. Daraufhin fiel mir mein Erlebnis auf der Fahrradtour wieder ein und ich realisierte, dass es sich wohl auch damals eher um eine Melonenkanone gehandelt haben musste, die meine Angst auslöste und nicht, wie von Dimitris vermutet, Schüsse eines besorgten Hanfanbauers.

Unter dem Gipfel des Psiloritis existieren ganze Dörfer, welche ihr Einkommen hauptsächlich durch den Verkauf illegaler Substanzen erwerben und welche kein Polizist zu betreten wagt. Die Bewohner dieser Bergdörfer sind besonders stolz und traditionell.

Zahlreiche Denkmale in den Bergen erinnern daran, dass die Bergbevölkerung auf Kreta im zweiten Weltkrieg besonders unter der deutschen Besatzung litt, die den Freiheitsdrang der Partisanen durch Exekutionen und durch das Abbrennen von gesamten Dörfern bestraften. Da die Erinnerung an die Faschisten im Bergdorf Anogia immer noch lebendig war, stimmte bei den Regierungswahlen im Jahr 2015 kein einziger Bewohner von Anogia für die rechtsextreme Partei *Chrysí Avgí* – goldenen Morgenröte. Im Gegensatz zu Kretas Küstenbewohnern, die oft eher großmäulig und flatterhaft durchs Leben gehen, ist das Wort eines geerdeten Berglers in der Regel Gold wert.

Neben der Schusswaffe zuhause haben viele Kreter auch einen dicken Stock (*Vérga*) griffbereit im Auto. Auf einer Einkaufstour hörten wir Geschrei und fuhren in die Richtung des Tumults. Schon bald sahen wir zwei junge blutüberströmte Burschen in Lederstiefeln, die sich mit ihren Knüppeln verprügelten. Ein kleingewachsener Kreter hatte mit seinem Pickup eine Verkehrssünde begangen, wobei der jüngere Kontrahent mit dem dunklen Bart, angesichts der Gefahr in einen Unfall verwickelt zu werden, in Wut geraten war. Nach einigen gegenseitigen, üblen Beleidigungen sahen die beiden Hitzköpfe keine andere Lösung, als zum Stock zu greifen.

Während ich sicherheitshalber im Auto warten musste, versuchte Dimitris zu schlichten und die beiden zu entwaffnen. Glücklicherweise kamen bald weitere Passanten hinzu, welche die Kontrahenten schließlich gewaltsam trennen konnten. Die Polizei musste nicht gerufen werden.

Man versucht hier, die Probleme grundsätzlich unter sich zu lösen. Bei uns im Dorf habe ich nur dreimal Polizisten gesehen. Einmal wurden die Ordnungshüter gerufen, als einem Nachbar das Gewehr gestohlen wurde, ein anderes Mal halfen sie bei der Suche nach einer vermissten, demenzkranken Frau mit und kürzlich holten sie unseren Nachbarn Petros ab, weil er beim Diebstahl eines Motorrades erwischt worden war. Die Polizisten sind sehr freundlich und hilfsbereit, wenn sie gebraucht werden, halten sich sonst aber vornehm zurück. Der freiheitsliebende Kreter würde wohl schnell empfindlich aufbegehren, wenn seine Flügel von einem Polizeistaat gestutzt werden würde.

Auf den Straßen Südkretas ist nicht viel Polizeipräsenz zu erkennen, was dazu führt, dass jeder nach seinen eigenen Regeln fährt und besonders gut aufgepasst werden muss. Im Normalfall geht das gut, denn es gibt nur eine geringe Verkehrsdichte und die Verkehrsteilnehmer nehmen im Allgemeinen Rücksicht aufeinander. Die vielen kleinen Kapellen am Straßenrand zeugen jedoch auch von unzähligen tödlichen Unfällen. Es sind meist junge, betrunkene Männer, welche ihr Leben nachts nach dem Ausgang verlieren, wenn ihr Fahrzeug nach einer rasanten Fahrt in eine Mauer oder einen Olivenbaum prallt. Ein sehr hoher Preis für die Freiheit. Wenn man doch einmal von der Polizei bei einer Verkehrsübertretung erwischt wird, dann gibt es immer Spielraum und Diskussionsmöglichkeiten, um einer Buße zu entgehen.

Dimitris und ich besuchten an einem regnerischen Tag den Markt von Asimi, konnten aber keinen Parkplatz im Zentrum finden. Da ließ Dimitris sein Fahrzeug einfach mitten auf der Kreuzung stehen, überhörte meine Einwände und zog mich in ein Kaffeehaus. Grundsätzlich muss beim Parkieren auf Kreta lediglich beachtet werden, dass noch genügend Platz für die anderen Fahrzeuge vorhanden ist, um vorbeifahren zu können. Die unglückliche Position unseres parkierten Wagens verursachte jedoch ein beträchtliches Verkehrschaos im Dorf, das an jenem Markttag sehr gut besucht war, da er eine Verkehrsspur komplett blockierte.

Nach unserer Rückkehr mussten wir feststellen, dass sich vor und hinter unserem Auto ein beachtlicher Rückstau gebildet hatte. Polizisten und Marktbesucher standen um unseren Wagen herum, redeten durcheinander und gestikulierten aufgebracht. Angesichts dieser Situation nahm ich an, dass uns unser kleiner Ausflug teuer zu stehen kommen würde. Aber Dimitris setzte sich einfach in sein Auto, bedeutete mir, das Gleiche zu tun, wechselte ein paar freundliche Worte mit den Polizisten, informierte sie, dass wir kein Geld für eine Buße besaßen, wurde streng ermahnt und durfte dann ungeschoren davonbrausen.

Wir haben das Glück, einen Gesetzeshüter in der Familie zu haben, der wie hier üblich, mit viel gesundem Menschenverstand und Mitgefühl, den persönlichen Beziehungen mehr Gewicht verleiht, als dem Gesetz. Cousin Thodoros kenne ich bereits aus der Zeit, als ich noch als Touristin auf Kreta war. Er war damals Polizeibeamter am Flughafen Heraklion. Nach einem Urlaub auf Kreta reisten Dimitris und ich am gleichen Tag zurück in die Schweiz, wobei Dimitris einen anderen Flug als ich gebucht hatte. Zuerst nahmen wir fälschlicherweise an, dass Dimitris' Flieger nach meinem starten würde. Im Taxi auf der Fahrt zum Flughafen realisierten wir jedoch, dass wir uns geirrt hatten und Dimitris zum gegenwärtigen Zeitpunkt bereits im Flieger hätte sitzen müssen. In zwanzig Minuten würde das Flugzeug auf der Startbahn anrollen. Es war meiner Meinung nach für Dimitris nicht mehr zu schaffen, seine Reise anzutreten. Dimitris jedoch hatte eine zündende Idee. Er bat den Taxifahrer aufs Gas zu drücken und suchte dann am Flughafen schnell seinen Cousin Thodoros, der ihn im Eiltempo an allen Sicherheitskontrollen vorbeischleuste. Minuten später sahen wir, durch die beschlagenen Fenster in der Abflughalle, wie Dimitris die Treppen zum Flugzeug erklomm. Seitdem ist Thodoros unser Held.

Kostas hingegen kam schon viel früher in seinem Leben in den Genuss von Thodoros' Güte und Loyalität. Anfangs war Kostas sehr enttäuscht, dass Thodoros eine Laufbahn als Staatsdiener gewählt hatte. In seiner linken Weltanschauung waren nämlich alle Polizisten Volksverräter. Als Kostas als Jüngling von Russland nach Kreta zurückkehrte, wurde er vom Staat heimlich überwacht, denn man befürchtete, dass der überzeugte Kommunist gefährlich fürs Land werden könnte. Thodoros erfuhr als Polizist von der Überwachung und sollte eigentlich Stillschweigen bewahren. Der Gute konnte seinen Cousin über diesen Umstand jedoch nicht im Unklaren lassen, erhob sich über das Gesetz und warnte Kostas, dass er vorsichtig sein müsse, weil er unter behördlicher Beobachtung stand und Kostas musste sein Urteil über seinen Cousin revidieren.

Auch die Körpersprache in Griechenland unterscheidet sich von derjenigen anderer Länder und man muss einige Regeln beachten, um nicht ins Fettnäpfchen zu treten. Ich bin es von der Kommunikation mit der Verwandtschaft in Sizilien gewohnt, meine Hände und Mimik einzusetzen, um mich zu verständigen. Im Laufe der Jahre gelang es mir, die kretischen Ausdruckweisen ebenfalls zu verinnerlichen.

In der Schweiz ist es üblich, dem Gegenüber beim Winken oder beim Anzeigen der Zahl fünf, die offene Handfläche mit abgespreizten Fingern zu zeigen. Das könnte in Griechenland als Beleidigung verstanden werden. Ebenso gilt die Daumen-hoch-Geste als obszön und rüde. Mit einem einzelnen Kopfnicken, indem man das Kinn in Richtung Hals bewegt, kann man jemanden begrüßen. Dagegen wird ein Ja – *naí* – mit einem schiefen Kopfsenken unterstrichen und ein Nein – *óchi* – durch ein Kopfwerfen nach hinten in den Nacken und dem Hochziehen der Augenbrauen angezeigt. Der Verneinung kann durch Schließung der Augen, Rümpfen der Nase und Zungenschnalzen zusätzlich Ausdruck verliehen werden. Wenn man in der Schweiz jemanden herbeiruft, bewegt man den Zeigefinger mit nach unten gerichteten Handrücken. Da muss man höllisch aufpassen, um nicht falsch verstanden zu werden, denn in Griechenland macht man es genau umgekehrt: Man winkt jemanden mit nach oben gerichteten Handgelenk mit allen Fingern oder mit dem Zeigefinger heran.

# 18. Die Göttin Chemie

Der Umgang mit Medikamenten ist auf Kreta besorgniserregend, denn trotz der vielen hier wachsenden Heilpflanzen, deren Wirkung der älteren Bevölkerung bestens bekannt ist, setzen viele Menschen ihr Vertrauen ausschließlich in die Wissenschaft der Schulmedizin. Der kleinste Anflug von Kopfschmerzen wird mit Tabletten bekämpft. Das Design des öffentlichen Busses der Linie Heraklion-Mires bestand eine Zeit lang aus lustigen, mehrfarbigen, tanzenden Pillen. Auf Risiken und Nebenwirkungen wurde nirgendwo hingewiesen.

Chemie gilt als Retter bei Krankheit und als Lösung für die Bauern, um mehr produzieren und verdienen zu können. Unwissend, was die gefährlichen Dämpfe der Spritzmittel anrichten können, tragen die Arbeiter in den Treibhäusern keine, oder nur dürftige Masken. Mit der Zeit habe ich das Dilemma der Bauern begriffen, die einerseits von einer intakten Natur abhängig sind, andererseits aber auch so viel wie möglich Olivenöl und perfekt aussehende Früchte und Gemüse produzieren müssen, um zu überleben. Nur wenige, sehr schlaue Treibhausbesitzer erwirtschaften langfristig einen guten Ertrag mit ihren Lebensmitteln. Oftmals verschulden sich die Bauern beim Anbau sogar und hoffen, nach der Ernte ihre Lieferanten bezahlen zu können. Bei dürftiger Ernte oder wenn wegen eines Überangebots vom Handel nur geringe Preise bezahlt werden, bleiben die Bauern unterstützungslos auf ihren Schulden sitzen. In meinem Dorf sah ich einige Treibhausbesitzer scheitern und es gibt Landwirte, die trotz staatlicher Subventionen nicht genug Geld mit dem Olivenöl verdienen, um ihr Land und ihre Bäume angemessen pflegen zu können.

Der große Anbau-Guru unseres Dorfes heißt Anastasios. In seinem Agrarladen versammeln sich die Bauern täglich, um sich bestmöglich beraten zu lassen. Anastasios ist durchaus offen für biologischen Anbau und hat mir in der Vergangenheit bereits zahlreiche Tipps gegeben, wie ich meine Produktion auf natürliche Weise steigern konnte. Im ersten Jahr beispielsweise, als wir noch keinen eigenen Tiermist hatten, konnte ich auf seinen Rat hin Entendünger für meine Olivenbäume bei ihm kaufen. Von Anastasios erfuhr ich, dass Entenmist alle nötigen Bestandteile aufweist, um den Olivenbäumen genügend Nahrung zu geben. Das begeisterte mich und ich orderte eineinhalb Tonnen des Naturprodukts, um meine Oliven zu düngen. Anastasios amüsierte sich sehr über meine Bestellung, da nicht einmal die Bio-Bauern im Dorf organischen Dünger verwenden. Der Vorteil von chemischem Dünger ist, dass er bereits bei viel geringeren Mengen Wirkung zeigt. Es ist einfacher eine Handvoll «sauberen» chemischen Düngers unter einem Baum zu verteilen, als einen ganzen Kübel voll stinkenden Entenmist auszustreuen. Außerdem wird das Öl von chemisch gedüngten Oliven von den Bio-Zertifizierern akzeptiert, solange die Werte im akzeptablen Bereich sind. Warum sollte sich also ein Bauer die Mühe machen, organischen Dünger zu verwenden?

Mir ist es jedoch wichtig, die Natur auf Kreta bestmöglich zu schützen, damit sich dieses Paradies, in welchem ich lediglich ein willkommener aber kurzfristiger Gast bin, noch lange erhalten kann. Langsam aber sicher steigen auch die Preise für biologische Produkte an, so dass einige unserer Bekannten freudig auf natürlichen Anbau umsatteln. Nur wenige kretische Landwirte machen sich keine Gedanken um die Erhaltung ihrer schönen Natur. Es ist vielmehr eine Überlebensfrage und wenn ein anständiger Verdienst mit biologischem Anbau möglich ist, dann machen die meisten mit Freude und Stolz bei diesem neuen Trend mit. Immer öfter sieht man den sensiblen roten Mohn in den Olivenhainen wachsen, was ein gutes Zeichen für eine unversehrte Natur ist.

*Wenn ich Präsidentin von Kreta wäre, würde ich aus dieser Insel ein rein biologisches Land machen. In diesem abgeschotteten Fleckchen Erde könnte die Natur optimal gegen äußere Einflüsse geschützt werden. Statt auf Massentourismus würde ich auf qualitativ hochstehende Klientel setzen, die eine naturbelassene Umgebung im Urlaub zu schätzen weiß.*

Etwas weniger schnell scheint sich die umweltgerechte Müllentsorgung zu entwickeln. Jedes Jahr nach der Olivenernte schneiden wir die Bäume regenschirmförmig zu, damit Wind und Sonne wieder durch das grüne Geäst dringen können. Die abgeschnittenen Zweige werden dann jeweils direkt im Olivenhain verbrannt. Bevor ich eingreifen konnte, schmiss mein Ehemann in meinem ersten Winter auf Kreta, unseren gesamten Hausmüll in die Flammen und ich klaubte nach wütendem Protest, entsetzt und mit tränenüberströmtem Gesicht, die Plastikteile aus der Asche.

Von einem unserer Erntehelfer darauf angesprochen, warum mein Schwager Kostas den Inhalt seines Aschenbechers mitten im Anbaugebiet ausschüttete, meinte dieser, dass diese Handlung nur wenig Einfluss auf die Natur habe, im Gegensatz zu der Bedrohung der Atomkraftwerke, welche im Herkunftsland des Helfers noch immer weit verbreitet seien. Griechenland verbrennt zwar weiterhin Kohle zur Energiegewinnung, aber ein Atomkraftwerk sucht man hierzulande vergebens und die natürlichen Ressourcen würden ausreichen, um irgendwann komplett auf erneuerbare Energie umzusteigen. Wir mussten zugegebenermaßen einsehen, dass Kostas damit recht hatte, dass es auf der Welt viel schlimmere Umweltsünder gab als Griechenland; als Rechtfertigung für die Verschandelung der blumenbestückten Wiese mit seinen stinkenden Zigarettenstummeln, konnten wir sein Argument aber dennoch nicht akzeptieren.

Nicht einmal gut gebildete Kreter scheinen ein Umweltbewusstsein zu haben, denn wir mussten fassungslos mit ansehen, wie sogar eine hochstudierte Mitbürgerin unseres Dorfes ihren Müllsack aus dem Autofenster an den Straßenrand warf. Die Schulen unternehmen indes erste Schritte in Richtung Aufklärung. Sie haben damit begonnen, den Kindern die wichtigsten Verhaltensregeln mit auf den Weg zu geben. Einmal sah ich, wie ein Großvater in unserem Lebensmittelgeschäft ein Bonbonpapier achtlos auf den Boden gleiten ließ und hörte freudig, wie sein Enkel ihn darauf aufmerksam machte. Leider überhörte der Alte den schüchternen Hinweis und kümmerte sich nicht um die Aufforderung des Kindes, das Papier anderweitig zu entsorgen. Immerhin ist ein umweltbewussteres Gedankengut bei der Jugend erkennbar.

Es gibt Gruppen von Wanderern, Kletterern, Schwimmern und anderen kretischen Naturliebhabern, die sich treffen, austauschen und denen der Erhalt ihres Paradieses wichtig ist. In den Städten sorgen fortschrittliche, belesene und weitgereiste Bürger für eine bessere Aufklärung. Es werden erste Recyclingfirmen gegründet, die es möglich machen, dass Stoffe wie Plastik wiederverwertet werden, statt sie einfach in eine Grube in den Bergen zu werfen und mit Erde zuzudecken, wie es zum Zeitpunkt meiner Auswanderung auf Kreta üblich war. Zwar gibt es noch keine einheitliche Vereinigung, welche den Abfall von den Dörfern zu den Recyclingfirmen bringt, aber erste fortschrittliche Orte beginnen damit, sich selber zu organisieren. Der Dorfpräsident von Vagionia beschäftigt unsere Arbeitslosen damit, die Abfälle von den Wegrändern einzusammeln. Erste Schritte in die richtige Richtung finden statt und das stimmt mich zuversichtlich.

# 19. Außenseiter und Randgruppen

## 19.1. Outing mit Folgen

In Vagionia gibt es keinen einzigen bekennenden Schwulen. Kein Homosexueller würde sich trauen, öffentlich für seine Neigung einzustehen, aus Angst vor gesellschaftlicher Ausgrenzung. Dimitris sorgte einmal bei einem homosexuellen Gast, der sich über den Traktorenlärm beklagt hatte, mit der abfälligen Aussage: «Sei doch kein Weichei! Komm schon, du bist doch keine Frau!» für Stirnrunzeln, obwohl Dimitris ja nichts gegen Schwule und Frauen hat. Er zählt dank seiner langjährigen Tätigkeit als Tavernenwirt in einem Touristenort und als bereister Kreter eher zum weltoffenen Teil der Bevölkerung.

Bekennende Homosexuelle von Vagionia leben in Athen oder im Ausland und kommen selten oder nie ins Dorf zurück. Verwandte von Schwulen, welche das Dorf wegen ihrer Neigung verlassen haben, werden hinter vorgehaltener Hand bemitleidet. Sie schweigen sich angesichts der Schande über ihr «abtrünniges» Familienmitglied aus. Es ist manchmal so, als hätte der Bruder oder Sohn nie existiert.

## 19.2. Wertvolle Arbeitskräfte aus dem Osten

Verschiedene Ausländer aus Osteuropa und aus dem mittleren Osten spielen eine wichtige Rolle bei den Arbeiten in den Treibhäusern und bei der Olivenernte in unserem Dorf. Viele ältere Bauern können die Arbeitslast nicht mehr alleine tragen und sind auf die fleißigen und ausdauernden, jungen Immigranten angewiesen, die sich oft mit Schwarzarbeit und zu einem Hungerlohn verdingen. Die Osteuropäer haben einen guten Ruf und sind aufgrund ihrer Tüchtigkeit besonders gefragt. Ganze Familien haben sich in Vagionia niedergelassen und ihre Kinder besuchen die regulären Schulen.

Viele Ausländerkinder haben es anfangs nicht leicht, akzeptiert zu werden. Die meisten schaffen es durch ihre Härte und Zähigkeit aber trotzdem, sich zu integrieren. Bei jungen Osteuropäern, die bei uns im Dorf aufgewachsen sind, merkt man keinen Unterschied mehr zu den Alteingesessenen. Sie sprechen kretischen Dialekt, sitzen in den Kafenía und haben griechische Freunde, mit denen sie Freud und Leid des kretischen Alltags teilen.

Die Arbeiter aus dem mittleren Osten kommen meistens über den Winter für die Olivenernte nach Vagionia. Dann füllt sich am frühen Morgen der Dorfplatz mit dunklen, hageren, jungen Männern, welche als Taglöhner darauf warten, von einem Bauern mit seinem Truck abgeholt und zu den Olivenhainen gebracht zu werden. Die Zeit drängt, denn wenn die Oliven nicht rechtzeitig geerntet werden, verfaulen sie und fallen ungenutzt von den Bäumen. Deshalb sind die Arbeitstage lang und die Arbeit mit den schweren Erntegeräten anstrengend. Bei den großzügigen Landwirten gibt es ein selbstgekochtes Mittagsmahl, einige Arbeiter müssen sich dagegen mit Schokoladengipfeln aus dem Supermarkt begnügen. Ein fleißiger und deshalb sehr gefragter Arbeiter kann bis zu dreißig Euro pro Tag verdienen. Oftmals wird aber viel weniger bezahlt, vor allem, wenn ein Überangebot an Arbeitskräften besteht. Trotzdem lohnt es sich für die ärmlichen Arbeiter aus dem mittleren Osten im Winter nach Vagionia zu kommen. Sie teilen sich die Miete für eine stallähnliche Unterkunft und leben in großer Zahl zusammengepfercht unter einem Dach. Einmal ist ein junger Afghane an einem Stromschlag gestorben, als er duschte. Die Elektroinstallation im Badezimmer war veraltet und defekt. Die Angelegenheit wurde nie untersucht und der Vermieter des maroden Objekts kam mit dem Schrecken davon. Auch fürs Essen geben die Fremdarbeiter nicht viel aus. Ihr Fladenbrot backen sie eigenhändig.

Unser Dorf wäre ohne diese fleißigen Arbeiter verloren, denn ohne sie wäre es nicht möglich, die zahlreichen Olivenbäume innert nützlicher Frist abzuernten. Die Art wie in Vagionia mit den Ausländern zusammengearbeitet wird, könnte doch auch global betrachtet eine Lösung für das Flüchtlingsproblem sein! *Wenn die vielen Familien, welche aus Kriegsgebieten nach Griechenland geflüchtet sind, europaweit in die überalterten und vom Aussterben bedrohten Bauerndörfer verteilt werden würden, dann könnten diese Orte wiederbelebt, die Flüchtlinge beschäftigt und eine erfolgreiche Integration in die Wege geleitet werden.*

Die Landwirte sind darauf angewiesen, dass die fremden Erntehelfer alljährlich in unser Dorf pilgern. Obwohl die Ausländer noch nie größere Probleme kreiert haben, sind eine Distanz und auch ein wenig Misstrauen zwischen der lokalen Bevölkerung und den Hilfskräften spürbar. Nur die wenigsten Arbeiter können sich auf Griechisch verständigen. Die Ausländergruppen sind oft mafiaähnlich aufgebaut, wobei der griechisch sprechende Anführer, gegen ein Entgelt, die Arbeiter rekrutiert, nach Kreta bringt sowie Arbeit und Unterkunft organisiert.

Da ich einmal von einem türkischen Erntehelfer während der Arbeit belästigt wurde, bevorzuge ich den Einsatz von Volontären aus aller Welt für die Ernte unserer Oliven. Schließlich will ich die Arbeit genießen und nicht wie bei einem Spießrutenlauf verhindern müssen, einem notgeilen und respektlosen Arbeiter zu nahe zu kommen. Bei unseren Freiwilligen handelt es sich um Frauen und Männer unterschiedlichen Alters, die in ihrem Urlaub einen Einblick in das tägliche Leben der lokalen Bevölkerung erhalten möchten und welche für Unterkunft und Verpflegung einige Stunden pro Tag in der Landwirtschaft mithelfen. Wir sind sehr dankbar für die geleistete Fronarbeit und lernen dabei interessante Menschen kennen, die uns mit ihren Berichten über ihre Heimat gedanklich in die entferntesten Ecken der Welt transportieren. Das Miteinander ist ausnahmslos von viel gegenseitigem Respekt geprägt.

## 19.3. Vorurteile

Matt, ein besonders exotischer Erntehelfer, besuchte uns nur für kurze Zeit in Vagionia. Der Volontär kam aus Neuseeland und hatte einen maorischen Vater und eine englische Mutter. Er war ein stolzer, dunkelhäutiger, hochgewachsener Jüngling mit langen schwarzen Locken, der uns viel über seine Heimat am anderen Ende der Welt erzählte, welche ebenfalls ein wunderschönes und friedliches Fleckchen Erde zu sein schien.

In seiner Freizeit unternahm er oft lange Spaziergänge durch die umliegende Naturlandschaft. Nach einem seiner Ausflüge stürmte Matt aufgelöst und in Panik in unser Wohnzimmer. Wir erfuhren, dass er von zwei jungen Männern, die ihn wohl für einen Dieb hielten, auf ziemlich aggressive Art angesprochen worden war. Matt verstand vom griechischen Wortschwall der bedrohlich wirkenden Kreter lediglich, dass diese seinen Ausweis zu sehen wünschten. Da er keinen Pass mit in die Olivenhaine mitgenommen hatte, versuchte Matt den beiden stotternd zu erklären, dass er einer von unseren Helfern war. Er nannte unsere Namen und wurde daraufhin in Ruhe gelassen.

Mir wurde bewusst, wie privilegiert ich durch meine Hautfarbe und mein Geschlecht war und dass nicht allen Menschen auf dieser Insel die gleiche Freundlichkeit zuteilwurde, wie ich sie erfahren durfte. Es muss schrecklich sein, lediglich anhand des Aussehens beurteilt und verdächtigt zu werden.

## 19.4. Das freie Leben der Roma

Die seit Jahrhunderten auf Kreta angesiedelten Roma scheinen eine außergewöhnliche Akzeptanz zu genießen. Dimitris erinnert sich gerne daran, wie in seiner Kindheit jeden Sommer eine vierzigköpfige Gruppe von Fahrenden mit ihren Pferdewagen in Vagionia eintraf. Sie campierten jeweils für einige Wochen am Rande des Dorfes, fertigten Körbe an, reparierten kaputte Stühle und brieten Igel auf ihren Feuern. Die gemeinschaftlichen Tanzveranstaltungen mit beschwingter Gypsi-Musik waren eine willkommene Abwechslung für das Dorf. Dimitris genoss die Gesellschaft seines Romafreundes Panagiotis, der ein lahmes Bein hatte und dafür singen konnte, wie ein junger Gott. Die Frauen gingen in ihren farbenprächtigen Gewändern von Haus zu Haus, sprachen gute Wünsche für die Kinder aus und erhielten im Gegenzug Lebensmittel von den kretischen Müttern. Meine Schwiegermutter Eleftheria spendete jeweils reichlich Olivenöl für die Kochtöpfe und Öllampen.

Heute leben die Roma mehrheitlich am Rande von Heraklion in für ihre Verhältnisse ganz ansehnlichen Blockhäusern und Baracken. Sie beschäftigen sich hauptsächlich mit Handel und bringen ihre billige Ware in jedes noch so kleine Dorf. Weniger geschätzt, aber trotzdem halbwegs toleriert, werden die bettelnden Frauen und verwahrlosten Kinder, die sich in den Cafés in Heraklions Innenstadt tummeln. Im Sommer ist an den Außentischen beim Löwenplatz mit dem venezianischen Morosini-Brunnen manchmal kein normales Gespräch unter den Gästen möglich, weil immer wieder jemand stört, um auf ziemlich aggressive Art ein paar Münzen zu erheischen. Als mitten in der Sommersaison eine Urlauberin aus der Schweiz von einem Fahrenden angespuckt wurde, weil sie angeblich zu wenig gespendet hatte, beschloss man, der Bettelei einen Riegel vorzuschieben. Für kurze Zeit entspannte sich daraufhin die Lage in der Innenstadt. Mittlerweile gehören die Bettler jedoch wieder zum Stadtbild dazu.

Dimitris freundete sich in seiner Zeit als Tavernenwirt in Chersonissos mit Vasilis, einem Roma aus dem Camp von Heraklion an, der den Touristen Orangen verkaufte. Der Analphabet und zweifache Familienvater betrieb einen kleinen Verkaufsstand vor dem Supermarkt «Chalkiadakis» und war einigen umliegenden Händlern ein Dorn im Auge. Es gab sogar Bemühungen, den jungen Mann aus Chersonissos zu vertreiben. Dimitris stellte sich aber beschützend vor seinen Freund und warnte die Ladenbesitzer erfolgreich, dass jeder der Vasilis etwas zuleide tat, es mit ihm zu tun bekommen würde. Zum Dank wurde Dimitris von Vasilis ins sonst für Fremde unzugängliche Romacamp in Heraklion eingeladen und erhielt einen beeindruckenden Einblick in das Leben dieser Ethnie, welche sich ihre eigene Kultur und die Traditionen über so viele Jahre erhalten hatte. Jedes Mal, wenn wir Vasilis in Chersonissos besuchen, beschenkt er uns mit seinen Früchten und wäre zu Tode beleidigt, wenn wir ihm dafür Geld anbieten würden.

Trotz aller Sympathie warnte mich Dimitris davor, Fahrende in unser Haus zu lassen, denn er befürchtete, dass sie uns in einem unbeobachteten Moment beklauen könnten. Einmal stand ich in der Küche und erschrak heftig, als plötzlich eine wunderschöne, hochschwangere Romafrau zu mir in den Raum trat. Da es bei den Kretern keine Türklingeln gibt, ist es für Besucher üblich, draußen lautstark auf sich aufmerksam zu machen, falls kein Hund anwesend ist, der den Ankömmling durch aufgeregtes Bellen ankündigt. Vielleicht war ich gedanklich in meiner eigenen Welt versunken und hatte dadurch ihr Rufen nicht gehört. Andererseits konnte es auch sein, dass sie gar nicht gehört werden wollte. Als sie mich um eine Spende bat, gab ich ihr eine Wassermelone mit und war froh und erleichtert, als sie mit ihrem Mann, der im Auto gewartet hatte, davonfuhr.

Weniger Berührungsängste haben die Witwen auf dem *Koutsoúri* vor unserem Haus, die sich jedes Mal sehr freuen, wenn ein Auto anhält und eine Romafrau sich zu ihnen setzt, um ein bisschen zu schwatzen. Wenn das Gespräch besonders angenehm verläuft, kaufen sie den fliegenden Händlern manchmal sogar billige Kleider, Schuhe oder Bettwäsche ab.

Eines spätnachmittags bot mir eine Fahrende ihren vierjährigen Sohn, der ahnungslos in unserem Hof herumsprang, zum Verkauf an. Schockiert lehnte ich ab und fragte mich zusammen mit unseren damals anwesenden Gästen aus Frankreich, welche die Szene ebenfalls verfolgt hatten, ob dieses Angebot wohl ernst gemeint war. Wir kennen zwei Ehepaare auf Kreta, die keine eigenen Kinder bekommen konnten und deshalb, unter zweifelhaften Bedingungen, einen

Romajungen adoptiert haben. Auf der einen Seite bietet sich den Jungen in griechischen Familien ein besserer Zugang zum Bildungswesen und weniger Armut; auf der anderen Seite allerdings sind die Entfremdung von der ursprünglichen Familie und die Entwurzelung aus der angeborenen Kultur moralisch höchst verwerflich. *Können Kinder mit einem solchen Schicksal jemals ein glückliches Leben führen?*

## 19.5. Das schwere Schicksal der beeinträchtigten Menschen

### 19.5.1 Philippos' Brüder

Die ersten beiden Söhne von Olivenbauer Zacharias kamen schwerstbehindert zur Welt. Um den Fortbestand seines Betriebes sichern zu können, wagten er und seine Frau es trotzdem nochmals und das Schicksal schenkte ihnen den dritten, gesunden Sohn Philippos, welcher der ganze Stolz der Familie war.

Im Gegensatz zu Philippos, der täglich mit seinem glänzendschwarzen Geländewagen unterwegs ist und sich fleißig um die Landwirtschaft kümmert, habe ich die beiden inzwischen erwachsenen, beeinträchtigten Söhne noch nie im Dorf gesehen. Gerüchten zufolge werden die Armen überwiegend wie Tiere in einem Raum des Hauses weggeschlossen. Hin und wieder dürfen sie wenigstens eine Einrichtung für Behinderte in Pompia besuchen.

Die Familie ist stark stigmatisiert durch ihr Los. Man fragt sich hinter vorgehaltener Hand, ob die Beeinträchtigung durch die Weitergabe von Erbanlagen entstanden ist und ob weitere Familienmitglieder unter einem Gendefekt leiden könnten. Die wunderschöne Flugbegleiterin Antonia durfte ihren Freund Pantelis nicht heiraten, weil sie eine Cousine der beiden gehandicapten Brüder ist und Pantelis' Mutter allergrößte Bedenken hatte, die zukünftigen Enkel könnten, ebenfalls genetisch bedingt, behindert zur Welt kommen.

### 19.5.2. Das unerwünschte Kind

Dimitris' Cousine Stamatia war in ihrer Jugend der Traum aller Männer. Sie entschied sich, mit Simeon, einem Stadtwerkbeamten aus Mires, eine Familie zu gründen und wurde dafür allgemein sehr beneidet. Ihr Ansehen sank jedoch auf den Tiefpunkt, als ihre erste Tochter Xenia mit einer verkrüppelten Hand geboren wurde. Die «gestürzte Königin» überlegte laut, ob sie ihre Tochter ersticken sollte, um die Schande zu tilgen, was jedoch gottlob von ihrem entsetzten Bruder Haris, der Mediziner und deshalb eine Respektsperson in der Familie war, durch gutes Zureden und ein Machtwort verhindert werden konnte.

Leider konnte das Familiengeheimnis nicht gehütet werden und die arme Xenia erfuhr im Teenageralter, durch eine undichte Stelle in Stamatias Dunstkreis, vom Verrat ihrer Mutter. Wegen ihrer fehlenden Finger rechnete ohnehin niemand damit, dass Xenia jemals eine Arbeit oder einen Ehemann finden würde. Nun kamen bei Xenia noch psychische Probleme und ein tiefer Hass auf Stamatia hinzu.

Niemand hatte sie je bestärkt, trotz ihrer Behinderung ein normales Leben zu führen, sie wurde kaum gefördert und bekam auch keine Handprothese. Die arbeitslose, junge Frau verlegte sich deshalb darauf, ihren Frust mit Essen zu kompensieren, ihrer Mutter Vorwürfe zu machen und die gesamte Familie in ihrer reichlich vorhandenen Freizeit zu terrorisieren. Ihr sensibler jüngerer Bruder Ilias drehte im Laufe der Zeit ebenfalls durch, Stamatia starb an Krebs und Simeon resignierte. Lediglich Stamatias jüngste Tochter lebt ein glückliches Leben als Apothekerin mit Ehemann und Kindern.

# 20. Die Rolle der Frau

Die Gleichberechtigung zwischen Mann und Frau scheint in meiner neuen Heimat noch in weiter Ferne zu sein. Dimitris' Lieblingssprüche *«Fisch, Hühnchen und Frauen brauchen kein Messer»* und *«Nehmt euch in acht vor dem Meer, dem Feuer und Frauen»* kann ich mit einem Lächeln wegstecken. Die als Witz gemeinten Bemerkungen zeigen jedoch die immer noch sexistisch geprägten Rollenbilder und die patriarchalen Strukturen, welche im Land vorherrschen. Diskriminierung erfuhr ich auch in der ach so fortschrittlichen Schweiz, aber auf Kreta finde ich es noch schwieriger, mich als Frau durchzusetzen.

Der Mann hat in der Regel das Sagen auf Kreta. Bezahle ich in der Gaststätte unsere Rechnung, wird das Restgeld meistens meinem Gatten übergeben, bei einem Beratungsgespräch in einem Geschäft wird praktisch ausnahmslos Dimitris angesprochen und meine Einwände werden geflissentlich überhört, denn er ist ja mutmaßlich der Entscheider über Kauf oder Nicht-Kauf.

Kostas versucht, die weiblichen Helfer bei der Olivenernte regelmäßig davon abzuhalten, schwere Arbeiten zu verrichten, denn er befürchtet, dass ihre Geburtsorgane in Mitleidenschaft gezogen werden und sie in Zukunft keine Kinder bekommen können. Wir Frauen mussten lange dafür kämpfen, dass uns der Spaß, auf der Ladefläche des Pickups zu den Olivenhainen zu fahren, erlaubt wird. Kostas sähe seinen Ruf und seine Männlichkeit gefährdet, wenn jemand aus dem Dorf beobachten würde, dass er «seine» Frauen hart arbeiten lässt und dass die männlichen Erntehelfer in der komfortablen Fahrerkabine mitfahren dürfen, während sich die Damen der Schöpfung im offenen Teil des Fahrzeugs einer erhöhten Gefahr aussetzen. Als eingefleischter Junggeselle schickt er auch jedes Mal, wenn Dimitris und ich uns streiten, ein Dankesgebet zum Himmel, dass er selber frei ist und nicht von einem tyrannischen Weib unterjocht wird.

Mir war meine Freiheit zeitlebens sehr wichtig und ich habe als Kind der wilden siebziger Jahre kein anerzogenes Schamgefühl für meinen Körper. Eines Abends besuchte uns Miron, Dimitris' Freund aus früheren Zeiten, der nun seine Seniorenjahre in Vagionia, dem Herkunftsdorf seiner Frau verbringt, nachdem er im Herzen der Hauptstadt Heraklion einen Touristenshop und ein Kaffeehaus betrieben hatte. Da er keinen eigenen Garten besaß, kam er fast täglich vorbei, um bei uns Pflanzen zu gießen und unsere Tiere zu beobachten. Er teilt Dimitris' Hippie-Lebensstil und wir genossen es hin und wieder, mit ihm herumzuhängen und zu rauchen. Ich fühlte mich ihm gegenüber frei und verstanden.

Auch seine weitaus konservativere und traditionelle Frau Olga wurde mir nach zahlreichen Gesprächen und gemeinsamen Ausflügen zum Meer eine liebe Freundin und eine wichtige Ansprechpartnerin im Dorf. Sie ist eine phänomenale Köchin und beschenkte uns oft mit typisch kretisch-kulinarischen Schätzen. Unsere Hühner durften sich an den schmackhaften Abfällen aus Olgas Küche erfreuen, die uns Miron regelmäßig vorbeibrachte.

An einem milden Sommerabend saß ich also mit den beiden Freunden Dimitris und Miron auf einer Bank auf unserer Terrasse und hatte vom Rauchen einen schweren Kopf. Glücklich seufzend streckte ich meinen ermatteten Körper aus und beobachtete tiefenentspannt den funkelnden Sternenhimmel über mir.

Erst als Dimitris laut aufschrie, dass ich gefälligst meine Beine bedecken solle, merkte ich, dass sich der Rock bis zu meinem Beinansatz verschoben hatte. Miron hatte sich vorher flüsternd bei ihm beschwert, dass ich ihn in Verlegenheit gebracht habe und er nicht wisse, wohin er schauen solle, um den Anblick meiner nackten Beine zu vermeiden. Erschreckt und verschämt sprang ich auf und verkroch mich in mein Zimmer, während sich Miron hastig von seinem Kumpel verabschiedete.

Es folgte ein tränenreicher und tagelanger Streit mit Dimitris um meine Berechtigung, in meinem Zuhause so herumlaufen zu dürfen, wie es mir gefällt. Das Opfer dieser Freiheit wäre zu groß gewesen für mich; unter diesen Umständen konnte ich mir ein Leben auf Kreta plötzlich nicht mehr vorstellen. Schließlich lenkte Dimitris ein und es blieb bei diesem einen Mal, dass ich einen solchen Eingriff in meine liberale Persönlichkeit erleben musste. Unsere Beziehung litt langfristig nicht unter dieser Meinungsverschiedenheit, jedoch gab es von da an keine gemeinsamen Abende mehr mit Miron.

Die beiden Freunde besuchten sich nur noch kurz und sporadisch und ich hielt mich von den beiden fern, wenn sie bei uns zusammensaßen. Miron ging nicht mehr in unseren Garten, weil er befürchtete, mir dort zu begegnen und Olga kündigte mir ihre Freundschaft komplett. Als ich an unserem Lieblings-FKK-Strand nicht mehr ohne Badeanzug schwimmen mochte, merkte ich, dass diese Episode doch tiefe Spuren in meiner Seele hinterlassen hatte.

Von der Frauenbewegung des zwanzigsten Jahrhunderts hat Griechenland nicht viel mitbekommen. Im griechischen Fernsehen wurden die Proteste in Europa zwar gezeigt, aber die Bilder der aufgebrachten Frauenrechtlerinnen sorgten bei den Männern eher für Belustigung als für Verständnis. Die griechischen Frauen haben andere, subtilere Wege gefunden, um sich durchzusetzen und mehr Freiheit und den gleichen Zugang zur Bildung zu erhalten, wie ihre männlichen Zeitgenossen.

Immerhin wurden die beiden Geschlechter während der Militärdiktatur in den siebziger Jahren gesetzlich gleichgestellt. Starke und erfolgreiche Frauen werden in Griechenland sehr geschätzt und respektiert. Es gibt immer mehr Frauen in Führungspositionen und in der Politik. Die reichen Bauern von Vagionia förderten ihren Nachwuchs in den vergangenen fünf Dekaden, egal ob Sohn oder Tochter. Ihr Ziel war es, den Kindern ein Studium zu ermöglichen, damit sie später ein besseres Leben führen konnten als die hartarbeitenden Eltern. Die Tochter unserer Nachbarin Katina ist vorsitzende Richterin am obersten Gerichtshof in Athen und einige Frauen aus unserem Dorf wurden Lehrerinnen oder Ärztinnen und zogen in Städte.

Ich durfte allerdings auch ganz einfache Kreterinnen kennenlernen, die ihre gesamte Familie über die Runden brachten, wie Dimitris' Tochter Eleftheria, die im zarten Alter von dreiundzwanzig Jahren ein eigenes Friseurgeschäft eröffnete. In ihrer kleinen Oase herrscht eine entspannte Atmosphäre, denn sie pflegt einen sehr freundschaftlichen Umgang mit ihren langjährigen Mitarbeiterinnen und ihren Kunden. Sie bildet sich und ihre Angestellten fortlaufend weiter, um das Schönste aus ihren Klienten herausholen zu können und ihre Kreationen sind so kunstvoll, dass man sich nach vollendetem Werk oftmals selbst nicht mehr im Spiegel wiedererkennt.

Eleftheria verwendet ihre Einkünfte nicht nur für ihre kleine Familie, sondern unterstützt auch ihre Mutter Vula und den Stiefvater Stelios, welche nach dem Tod von Georgios jeglichen Mut und Antrieb verloren haben, ihr Eiergeschäft weiter zu betreiben. Ich habe die zierliche Frau mit ihrer unglaublichen mentalen Stärke noch nie klagen gehört. Irgendwie schafft sie es immer, sich um ihre Ehe, die Erziehung ihres Kindes, den Erfolg ihres Geschäftes und die familiären Probleme zu kümmern und dabei jederzeit so umwerfend, wie eine griechische Göttin auszusehen.

Hochgewachsene Frauen gelten automatisch als schön auf Kreta und die seltenen Blondinen genießen die allergrößte Verehrung, aber auch Frauen mit innerer Stärke werden respektiert und geschätzt. Es gibt Griechinnen, die mit ihrer starken Ausstrahlung und ihrer dominierenden Präsenz den gesamten Raum einnehmen, den sie betreten. Mit einer solchen Amazone an seiner Seite muss jeder noch so stattliche Mann unweigerlich verblassen. Männer, die das Herz einer starken Frau gewinnen können, werden sehr beneidet, denn sie können sich getrost zurücklehnen und das Management der Familie der Gattin überlassen. Selbstbewusste Frauen genießen sogar die volle Aufmerksamkeit von Service- und Verkaufspersonal und die ihnen entgegengebrachte Bewunderung erfüllt ihre Partner mit Stolz. Liederliche Frauen werden dagegen sehr schnell verurteilt und als *Poutána* – Schlampe – bezeichnet.

Von unserer Dorfgemeinschaft fühle ich mich vollumfänglich respektiert. Die Frauen bewundern mich dafür, dass ich meinen wilden Mann, den einst so zügellosen *Zorbás* - exzentrische Hauptfigur in Nikos Kazantzakis' gleichnamigem Buch -, in sichere Strukturen eingebettet habe, in denen er seine Ruhe gefunden hat und einen sorglosen Lebensabend verbringen kann. Bei den Männern führt meine Geschäftstüchtigkeit zu ziemlich großer Anerkennung.

Als Touristin wurde ich früher manchmal von liebeshungrigen Kretern angesprochen, die bei ausländischen Frauen einen vorzüglichen Ruf als Liebhaber genießen. Hier in Vagionia habe ich noch nie eine solche Situation mit Einheimischen erlebt. Das kann an meinem fortgeschrittenen Alter liegen oder auch daran, dass man Ehefrauen von Kretern grundsätzlich in Ruhe lässt, weil man die Rache des bewaffneten, gehörnten Partners befürchtet. Diese Sorge wäre jedoch unbegründet, denn mein pazifistischer Gatte besitzt, im Gegensatz zu vielen anderen hier, keine Schusswaffen.

# 21. Heilende Erde

Kreta verfügt mit seiner starken Energie und dem sonnigen, trockenen Klima über heilende Kräfte. Die therapeutische Wirkung der hier wachsenden, vielfach endemischen Wildkräuter war bereits in der Antike bekannt. Die berühmte *Kreta-Diät* soll der Grund sein für die überdurchschnittliche Lebenserwartung der Kreter.

Jede traditionelle Taverne bietet für wenig Geld qualitativ hochstehende Hausmannskost an, denn die gaumenverwöhnten Griechen würden kein Lokal ein zweites Mal besuchen, wenn das Preis-Leistungs-Verhältnis nicht stimmt. Ein der griechischen Sprache nicht mächtiger Tourist wird kurzerhand in die Küche geführt und darf in die blubbernden Töpfe schauen und riechen und sein Lieblingsgericht per Fingerzeig auswählen.

Die überbordende Herzlichkeit und bedingungslose Freundlichkeit der Inselbewohner führen dazu, dass man sich als Gast auf Kreta sogleich frei und angenommen fühlt. Ich beobachte immer wieder, wie sich der Zustand von unglücklichen und kränklichen Besuchern rapide verbessert, sobald sie auf der Insel sind. Vor allem für hyperaktive Kinder oder depressive Menschen ist ein Aufenthalt auf Kreta sehr empfehlenswert.

Wir setzen in der «Villa Eleftheria» alles daran, unseren Gästen die gesunde Seite von Kreta näherzubringen. Dimitris verwendet nur die besten Zutaten in seiner Küche und ich erzähle unseren Besuchern gerne von der gesunden Einstellung der Inselbewohner, welche mit ihrer Einfachheit und Solidarität, die Prioritäten im Leben so setzen, dass ein menschliches Miteinander selbstverständlich ist. Wer die Schönheit der Natur schätzt, kann von mir erfahren, wo sich die unzähligen Kraftorte Südkretas befinden.

Manch ein Gast mit Burnout kommt bei uns wieder zu Kräften und findet bei seinem Aufenthalt auf Kreta seinen Lebenssinn wieder. Menschen, die sich selbst verloren haben im Konsumrausch, verstehen auf der Insel plötzlich wieder, was im Leben wirklich wichtig ist.

Die Bedrücktheit über eine schwierige Vergangenheit und die Angst vor der Zukunft kann bei denjenigen geheilt werden, die sich ein Stück griechischer Mentalität aneignen und lernen, in der Gegenwart zu leben und jeden Tag auch die kleinen Schätze des Lebens zu sehen und zu würdigen. Ganz nach Matalas Leitsatz: «*Today is life, tomorrow never comes.*» Manch verhärmte Seele versteht auf einmal, dass Liebe und Mitgefühl in der Regel in doppelter Weise zurückgezahlt werden und versucht, ihr Verhalten ganz nach kretischem Vorbild zu ändern, um sich ein erfüllteres Dasein für sich selbst zu erschaffen.

## 21.1. Rituale

Die Norwegerin Tori entschied sich für einen Abstecher zu uns ins abgelegene Dorf, weil sie die Menschenmassen an der Nordküste nicht mehr aushielt. Die hochgewachsene, ältere Frau zwinkerte uns bei der Begrüßung mit ihren wässerigen blauen Augen hinter dicken runden Brillengläsern, freundlich zu.

Für uns war sie ein außergewöhnlicher Gast, denn im Gegensatz zu den meisten unserer Besucher, kam sie nicht mit einem Mietauto, sondern plante drei Tage ihres Urlaubs ausschließlich in unserem Dorf zu verbringen. War ihr das nicht zu langweilig? Normalerweise wollten unsere Gäste ihren zeitlich begrenzten Urlaub mit möglichst vielen Erlebnissen und Aktivitäten ausfüllen.

Tori verzichtete als Einzige sogar auf das kostenlose Frühstück, angeblich, weil sie am Morgen jeweils lange ausschlafen wollte. Irgendwann am Nachmittag kam sie aus ihrem Verschlag und wir tranken einen Kaffee zusammen und genossen Kretas süße Früchte.

Ich zeigte ihr unseren Garten, den sie fortan auch alleine besuchte. Von unseren Tieren fertigte sie kindliche Zeichnungen an, auf welche sie sehr stolz war und die wir gebührend zu loben und zu würdigen wussten.

Bei kleinen Spaziergängen im und ums Dorf knüpfte sie erste Kontakte. Katerina, die am anderen Ende von Vagionia wohnt, lud sie zum Kaffee ein. Beide Frauen sprachen ein bisschen Französisch, wodurch sogar eine kleine Unterhaltung zustande kam.

Glücklich und erschöpft kam Tori jeweils von ihren kurzen Touren zurück und legte sich dann bis zum Abendessen hin. Es war ihr immer sehr wichtig, mit uns und den anderen Gästen gemeinsam zu speisen und sie erwies sich als versierte, sprachbegabte und unterhaltsame Gesprächspartnerin. Nach dem Dessert pflegte sie sich immer rasch zu verabschieden, weil sie so müde war und wir sahen sie nicht wieder, bis zum nächsten Nachmittag.

Es war mir ein Rätsel, wie ein Mensch so viel schlafen konnte, bis Dimitris den Verdacht äußerte, dass die Frau höchstwahrscheinlich unter Medikamenteneinfluss stand. Bei unseren Nachmittagssitzungen erzählte sie mir vorsichtig von ihrer narzisstischen Mutter, welche eine in Norwegen berühmte Schauspielerin war und von ihrer gescheiterten Ehe mit einem notorischen Betrüger, der sein Glück bei Frauen suchte, die kaum älter als seine eigene Tochter waren. Da kam mir der Verdacht, dass unser seltsamer Gast an Depressionen erkrankt sein könnte. Talentfrei versuchte sie zeitlebens ihrer künstlerischen Mutter und ihrem glücklicherweise liebevollen Vater, der ein angesehener Architekt war, nachzueifern. Sie hatte es nie geschafft auf eigenen Beinen zu stehen und musste sich, angesichts ihrer erfolgreichen Eltern, als Versagerin vorkommen.

Ich machte mir große Sorgen um sie und fragte mich, ob wir mit einem solchen Gast richtig umgehen konnten. Als ich einmal in der Küche beschäftigt war, erschrak ich heftig, als ich mich umdrehte und ich die große Frau unvermittelt vor mir stehen sah. Sie hatte den Raum lautlos betreten und sah mich mit einem solch freundlichen Gesichtsausdruck an, dass ich mich rasch beruhigte. Tori teilte mir sodann mit, dass sie ihren Aufenthalt um eine Woche verlängern wollte und verbrachte schlussendlich fast ihren gesamten Urlaub bei uns.

Die Ruhe des Landlebens, die von Dimitris liebevoll gekochten Speisen und die Freundlichkeit der Dorfbewohner taten ihr gut. In den langen Ruhezeiten erholte sie sich von den anstrengenden Interaktionen mit der Außenwelt, die sie andererseits aber auch so sehr brauchte, wie die Luft zum Atmen und die ihr stets freundlich und verständnisvoll begegnete. Nur einmal bat sie uns, sie nach Matala zu fahren, um das Meer zu betrachten und nach Gortyna, um die Spuren der Minoer, der Dorer und der Römer zu erkunden.

Sie wuchs mir mit der Zeit richtig ans Herz und als sie uns wieder verließ, vermisste ich ihre Präsenz schmerzlich. Ich war sehr zufrieden, dass Kreta und wir es geschafft hatten, ihr bei ihrem Heilungsprozess zu helfen.

## 21.2 Kindersegen

### 21.2.1. Geschärfte Sinne

Besonders für kleine Jungs ist der Aufenthalt in Vagionia unvergesslich. Den klugen Paul, der so viel Wissen in seinem kleinen Kopf gespeichert hatte, nahm ich mit auf einen Spaziergang in die heilige Schlucht. Um seine Sinne zu stärken, motivierte ich ihn, seine Schuhe auszuziehen und barfuß durch die weichen Sandwege zu streunen. Nach kurzem Zögern folgte er meinem Beispiel und bald hüpfte er mit nackten Füssen vergnügt durch die Büsche.

Schon als Baby war Paul wohl äußerst wasserscheu. Wenn es warm und windstill war, traute er sich jedoch manchmal ins Meer zu springen, um sich abzukühlen. Bald lernte er sogar die ersten zaghaften Schwimmzüge. Am liebsten jedoch buddelte er sich am Strand bis zum Hals im Sand ein, um sich im warmen Boden wie in einem Kokon zu fühlen.

Da seine Eltern antimilitärisch eingestellt waren, kam für ihn eine Mitgliedschaft bei den strammen Pfadfindern nicht in Frage; jedoch kam er auf Kreta dennoch in den Genuss eines kleinen Überlebenstrainings. Beim Anfeuern des Grills lernte er mit Feuer umzugehen. Wie ein Jahr zuvor seine Cousins, musste sich auch Paul einer Mutprobe mit einem rohen Ei unterziehen. Fachmännisch schnitzte ich ein großes Loch in den oberen Teil eines frisch gelegten Hühnereis und ein kleines Luftloch in die Seite. Jetzt konnte Paul beweisen, dass er ein echter Kerl war, indem er den Inhalt des Eis hinunterschluckte. Tapfer beförderte der Junge die glitschige Masse in zwei Zügen in seinen Magen, während ich begeistert klatschte.

Um zu töpfern, sammelten wir lehmige Erde und mischten sie mit ein wenig Zement. Paul stellte kunstvolle Blumenkisten her und verzierte sie mit Steinen, Blättern und Muscheln. Die Kunstwerke nahm er mit in die Schweiz, um seine Großeltern zu beschenken.

Jeden Morgen pflückte Paul frische Feigen von Nachbars Baum und servierte sie unseren hocherfreuten australischen Gästen zum Frühstück.

Wir unternahmen ungewohnt lange Wanderungen, bei welchen ich Paul mit dem Versprechen, dass er in den Familien-Wanderclub aufgenommen und einen Wanderpokal gewinnen würde, bei Laune hielt. Seine akademischen Eltern staunten über den plötzlichen Bewegungsdrang des zuckersüßen Blondschopfs und ich freute mich, dass der Junge erfahren durfte, dass im Leben neben dem Intellekt auch noch andere Ebenen wichtig sind. Als Paul seinen Wanderpokal aussuchen durfte, wählte er eine griechische Amphore, welche noch heute an einem Ehrenplatz in seinem Zimmer steht.

### 21.2.2. Viel Aufmerksamkeit für einen Hühnerfreund

Wie viele andere Jungs hatte auch der quirlige Charles aus Frankreich ein Fable für Hühner. Wahrscheinlich hängt die Faszination für das Federvieh mit der für Buben typischen Begeisterung für Dinosaurier zusammen, denn der Schwanz, die Füße und der gesamte Körperbau von Hühnern erinnern an die gefiederten Ur-Echsen.

Charles begleitete mich jeden Morgen und jeden Abend in den Geflügelstall und half mir begeistert bei der Fütterung und beim Ausmisten, während seine Eltern zuhause ein paar Minuten Ruhe genossen. Manchmal stellte er verschiedene Behälter als Schlagzeug vor sich hin und gab seinen Lieblingstieren ein lautes Konzert, indem er die umgedrehten Kübel mit einem Holzstock bearbeitete, worauf das Geflügel mit gemischten Gefühlen reagierte. Stolz sammelte er die frisch gelegten Frühstückseier ein, welche wir zuhause gemeinsam für ihn und seine Eltern zubereiteten.

Manchmal nahm Dimitris den fröhlichen Burschen mit auf eine Tour mit dem Traktor. Gemeinsam fuhren sie winkend durchs Dorf zu den Olivenhainen, wo Charles mit einer Rebschere an den Bäumen herumschnipseln durfte.

Wenn die Familie tagsüber einen Ausflug zum Strand unternahm, fragte der ungeduldige Junge ständig, wann sie endlich nach Vagionia zurückkehren würden und wann er seine Tiere wiedersehen dürfe.

Bei ihrem nächsten Besuch erfuhr ich von Charles' Vater, dass sein Sohn das ganze Jahr über viel von uns gesprochen und die Tage gezählt habe, bis er wieder in seinen geliebten Hühnerstall zurückkehren konnte.

### 21.2.3. Zwei Engel aus Übersee

Wie auffällig viele andere Kinder aus Neuseeland auch, verhielten sich die rothaarige Meg und ihr Bruder Loki außerordentlich ungezwungen und fröhlich. Die freiheitliche Art, wie die Geschwister erzogen wurden, erinnerte mich an meine eigene Kindheit, in welcher wir Kinder viel Zeit hatten, um unseren eigenen Einfallsreichtum auszuleben und uns draußen, zusammen mit unseren Freunden und von den Erwachsenen unbeobachtet, austoben durften, bis es dunkel wurde. Dimitris nannte das selbstbewusste Mädchen *Pípi i fakidomíti* – Pippi Langstrumpf – wegen ihres roten Haars und bunten Kleidungsstils sowie aufgrund ihrer fantasievollen Art. Loki wurde von seinen Freunden nicht um seine herrische, kleine Schwester beneidet. Er führte ihre Kommandos jedoch widerspruchslos aus und verhielt sich wie ein Gentleman.

Meg und Loki brauchten weder Heilung noch Inspiration. Im Gegenteil, sie erteilten uns Erwachsenen eine Lektion, wie wunderbar sich die Welt in den Augen von unbelasteten Kindern präsentierte. Kreta bot den kleinen Wildfängen den perfekten Rahmen, ihre Fantasien auszuleben und sich frei zu fühlen.

Wir wurden von den Kindern mit farbenfrohen Tierzeichnungen beschenkt, welche noch heute die Oberfläche unseres Kühlschranks zieren. Nach dem Abendessen ließ uns Meg an einem selbst erfundenen Spiel teilnehmen, bis es ihr mit den Erwachsenen zu langweilig wurde und sie verschwand, während wir uns noch einen Verdauungsdrink gönnten.

Plötzlich ertönten Schreie aus der Richtung des *Koutsoúri*. Die Witwen riefen nach Dimitris und der Stimmlage nach zu urteilen, war die Angelegenheit sehr dringlich. Mein Mann rannte nach unten und sah Meg reglos im Dunkeln mitten auf der schlecht beleuchteten Straße liegen. Zu Tode erschrocken hob er das Kind auf und bemerkte erleichtert, dass es unverletzt war. Zur Rede gestellt, warum sie sich ausgerechnet die Straße als Ruheplatz ausgesucht hatte, meinte die Kleine keck: «Ach, ich wollte nur mal ausprobieren, wie sich so ein Straßenhund fühlen muss.»

Sie sah jedoch später ein, dass ihre spontane Aktion ziemlich gefährlich war und beschränkte ihre Kameradschaft mit den Streunern künftig auf Interaktionen am Straßenrand. Wir waren in diesem Fall sehr froh, dass Vagionias «Überwachungsapparat» funktionierte und uns die Aufmerksamkeit der Witwen vor Schlimmerem bewahrt hatte.

Bei ihrer Abreise öffnete *Pípi i fakidomíti* noch kurz das Fenster auf ihrer Seite des Mietwagens und rief in unsere Richtung: «Wir werden uns wiedersehen, sobald ich grösser bin!»

### 21.2.4. Entschleunigung und Beschäftigungstherapie

Die drei kleinen Kinder meiner Cousine Manuela waren herrlich liebevolle und wohlerzogene Gäste. Zwar waren sie es nicht gewohnt, zu reisen; besonders Nino, der Älteste, hatte immer ein wenig Heimweh nach seinem Zuhause in der Schweiz. Die Insel Kreta zog die Sprösslinge dennoch ziemlich schnell in ihren Bann. Wir unternahmen keine langen Ausflüge, sondern ließen den Kindern bei Spaziergängen in der Nähe des Dorfes Zeit, um sich einzugewöhnen. Die dreijährige Fenja blieb bei unseren Streifzügen immer wieder stehen, nur um zum Beispiel eine hübsche Blume gebührend zu bewundern.

An einem Samstag besuchten wir mit der Familie den lebhaften Markt in Mires. Fenja blieb vor einem chaotischen Krämerstand stehen und betrachtete eingehend eine farbenfrohe Kindersparkasse, die es ihr angetan hatte. Sie entschied sich, ihr Taschengeld in das Objekt ihrer Begierde zu investieren und streckte dem Verkäufer die Geldkassette und fünfzig Cents entgegen, um zu bezahlen. Bedächtig nahm der betagte Händler das Geldstück entgegen und ließ es in den Schlitz der Sparkasse gleiten. Ein strahlendes Lächeln breitete sich über seinem zahnlosen Mund aus, als er die Ware in einen Plastiksack packte und dem verdatterten Kind als Geschenk überreichte.

Ein weiteres Mal wurde ich auf dem Markt in Mires Zeugin einer überaus berührenden Geste menschlicher Nächstenliebe. Ein dunkelhäutiger, hagerer Bettler in zerschlissener Kleidung kauerte traurig auf der Gehsteigkante neben einem Gemüsestand. Weder wies ein Schild auf die Umstände seiner Bedürftigkeit hin noch bat er mit Handzeichen um eine milde Gabe. Er saß einfach nur da und das Ausmaß der Verzweiflung und der bitteren Armut des Mannes war durch den bloßen Anblick dieses Häufchens Elend offensichtlich.

Ich wollte mich gerade etwas befremdet abwenden, als ich eine Frau in mittlerem Alter aus dem Supermarkt hinter dem Gemüsestand eilen sah. Sie ging schnurstracks auf den armen Bettler zu und überreichte ihm einen Plastikbeutel, der bis zur Rand mit Lebensmitteln gefüllt war. Als würde dies nicht genügen, beugte sie sich zum Not leidenden Mann hinunter und sprach ein paar mitfühlende Worte zu ihm. Danach strich sie dem gerührten Bedürftigen tröstend über den Kopf.

Da war sie wieder: Die unbändige Freude der Kreter am Geben, wie ich sie in dieser reinen und selbstlosen Art nur auf dieser Insel erlebt habe. Mir kamen die Tränen und ich wünschte mir nur ein Quäntchen abschneiden zu können von dieser arglosen Fähigkeit, Leid zu erkennen und zu lindern. Um wie viel reicher und erfüllter wäre doch mein eigenes Leben, wenn es mir gelingen würde, mir diese wunderschöne Charakterseite der Kreter anzueignen!

Zurück in Vagionia beschlossen die Sprösslinge meiner Cousine, unseren Tieren einen Besuch abzustatten. Bereits seit vielen Jahrzehnten beobachtete ein ehrwürdiger Johannisbrotbaum die Geschicke von Vagionia. Da es in Dimitris' Kindheit nur selten Schokolade gab, schätzten die Kinder damals stattdessen die süßen Johannisbrotfrüchte als kleinen Snack für zwischendurch. Heute kommt die Verwendung der gesunden Frucht wieder in Mode als Kakaoersatz oder als Mehl für Gebäck.

Die wendigen und kletterbegeisterten Kinder entdeckten den knorrigen Giganten auf dem Weg zum Stall und nahmen ihn geradewegs in Beschlag. Der achtjährige Nino schaffte es fast bis zur Baumkrone, gefolgt von der um zwei Jahre jüngeren Larina, die sich bis zu den unteren Ästen vorarbeitete. Die Nachzüglerin Fenja krallte sich am oberen Ende des wuchtigen Baumstamms fest. Geduldig wartete ich bis die jungen Äffchen genug von ihrer sportlichen Betätigung hatten, um danach gemeinsam mit ihnen die heruntergefallenen Johannisbrotfrüchte aufzusammeln für unsere Schafe und Ziegen, welche ganz verrückt danach waren.

Nach der Fütterung beobachteten wir Dimitris, wie er die Ziegen melkte. Aus der Milch wollten wir später zuhause einen schmackhaften Weichkäse der Sorte *Tirosoúli* herstellen. Ich zeigte ihnen den Zaubertrick, mit welchem die Milch auf dem Siedepunkt, durch das Zufügen eines Säurepulvers, gerinnt. Die sonst außerordentlich wählerischen Kinder verspeisten danach auch die Molke mit genießerischer Wonne.

Dimitris besorgte im Agrarladen von Anastasios Gemüsesetzlinge und die Kinder halfen unter der Anleitung ihrer Mutter Manuela, begeistert und tatkräftig beim Pflanzen mit. Sie kannten sich bereits mit den Gewächsen aus, denn sie waren zuhause ebenfalls stolze Besitzer eines eigenen Gartens. Problemlos bestanden sie das spontane Quiz und wussten bei fast allen Setzlingen, um welches Gemüse es sich handelte. Noch nie war unser Garten so prächtig wie im Sommer, nachdem Manuelas Nachkommen bei uns zu Besuch waren. Dimitris war überzeugt, dass dies an den guten Schwingungen lag, welche die kleinen, eifrigen Engel beim Pflanzen verbreiteten.

Zurück in der Schweiz legten die drei Geschwister ihr gesamtes Erspartes beiseite, um möglichst rasch wieder nach Kreta reisen zu können.

### 21.2.5 Zu wenig! – Zu spät?

An einem heißen Sommertag kam Franziska, mit welcher ich früher in Zürich zusammengearbeitet hatte, mit Freund Bruno und seinen Kindern zu uns. Ich freute mich, denn ich mochte Franziska sehr gerne. Obwohl sie sich durch ihre Schickimicki-Lebensweise von mir unterscheidet, kann sie mit viel Tiefgang punkten und ich schätze ihre liebenswürdige Herzlichkeit. Sie ist auch eine gute Olivenölkundin, die unser Produkt begeistert und erfolgreich in ihrem Bekanntenkreis bewirbt.

Der Nachmittag verlief harmonisch und ohne Zwischenfälle. Wir unterhielten uns prächtig und ich beantwortete zahlreiche Fragen der beiden neugierigen und aufgeschlossenen Kinder Jan und Sarah, die alles über unseren alternativen Lebensstil erfahren wollten. Sie freuten sich, unsere Tiere zu sehen und spielten begeistert mit den süßen Welpen, die unsere Hündin Lara damals aufzog.

Als die Familie am Abend wieder zurück an die Nordküste fuhr, fühlte ich mich erfüllt und belebt über die nette Begegnung und ich ließ Franziska sogleich in einer Textnachricht wissen, wie glücklich sie sich mit den aufgeweckten Kindern ihres Freundes schätzen konnte. Meine Freude wurde jedoch schon bald getrübt, als ich später von Franziska erfuhr, dass sich die Teenagerin Sarah nach der Rückreise bei ihrer Mutter beschwerte, welcher Zumutung sie ausgesetzt worden sei, als sie auf einen Strandtag hatte verzichten müssen und von Franziska und Bruno gezwungen worden sei, bei uns ins bäuerliche Landleben einzutauchen.

Das war sehr enttäuschend und schmerzhaft für mich. Ich fühlte mich wie vor den Kopf gesto*ß*en und kann mir ihre Abneigung nur so erklären, dass das Mädchen durch die zerbrochene Ehe ihrer Eltern und die Streitereien in der Familie tief verletzt war. Ihre Freude, bei uns zu sein und ihr Interesse an unserem Leben schienen aufrichtig zu sein. Wahrscheinlich wollte sie es ihrer Mutter «recht machen», indem sie etwas erzählte, womit sie den Urlaub mit ihrem Vater und ihrer Stiefmutter schlechtreden konnte. Später erfuhr ich, dass Sarah anfing, gegen ihre Eltern zu rebellieren, indem sie die frauenfeindlichen Ansichten religiöser Fanatiker nachplapperte. Anscheinend war sie an die falschen Freunde geraten, welche ihr negatives Weltbild noch zusätzlich verschlechterten.

Wie gerne hätte ich mehr Zeit mit dem hübschen Mädchen verbracht. Vielleicht hätte es eine Chance für die verwirrte, junge Frau gegeben, sich zu beruhigen, wenn sie sich länger im ursprünglichen Teil Kretas aufgehalten hätte, wo viele andere Werte wichtiger waren als diejenigen ihrer eigenen kalten und materialistischen Welt und bevor die Bitterkeit von ihrer Seele Besitz nehmen konnte. Wäre es gelungen, ihr verletztes, inneres Kind mit viel Liebe zu versorgen, wären ihm vielleicht Flügel gewachsen und Sarah hätte sich zu einer empathischen und glücklichen Jugendlichen entwickeln können. *Sich geliebt fühlende Menschen müssen nicht konsumieren.*

Würde man Sarahs ureigener Persönlichkeit mit Respekt und Akzeptanz begegnen statt sie zu erziehen und nach eigenem Gutdünken zu formen, wäre ein Einstieg in ein selbstbestimmtes und selbstbewusstes Leben immer noch möglich. Da nicht mit einem weiteren Besuch von Sarah in Vagionia zu rechnen ist, setze ich meine gesamte Hoffnung in Franziska, dass sie ihre Stieftochter mit ihrer Güte und ihrem Anstand positiv beeinflussen kann. Falls sich Sarah spätestens nach ihrer Pubertät von Franziskas Einstellung inspirieren lässt und erkennt, wer es wirklich gut mit ihr meint, besteht durchaus die Möglichkeit, dass sie sich noch zu einer eigenständigen und glücklichen Person entwickeln kann; zu einem Geschöpf, das dazu in der Lage ist, anderen Menschen mit Respekt und Mitgefühl zu begegnen.

### 21.2.6. Erholung von Schikanen

Ganz im Gegensatz zu Sarah empfand Mira, eine Jugendliche aus der Schweiz, ihren Besuch in der Abgeschiedenheit Vagionias als sehr wohltuend. Sie litt seit Jahren unter dem Mobbing ihrer Klassenkameraden. Das Einschreiten ihrer Mutter war eher kontraproduktiv und die Lehrer waren keine große Hilfe, um die zerstörerische Situation zu entschärfen.

Bei uns entspannte sich das schüchterne Mädchen zusehends. Endlich musste sie sich am Morgen keine großen Gedanken um ihr Outfit machen, denn im Gegensatz zu ihren Mitschülern war es den Bewohnern von Vagionia völlig egal, was sie trug. Wie oft sieht man die alten Frauen in Nachthemden in ihrem Hof herumwerkeln; für sie sind Markenkleider vollkommen irrelevant. Die Kleidung der Bauern muss vor allem praktisch und bequem sein.

Anfangs wunderte sich Dimitris sehr über das verschlossene Kind. Wenn er Mira ansprach, erhielt er selten eine Antwort. Das lag laut ihrer Mutter daran, dass Mira es gar nicht gewohnt war, dass man sie in ein Gespräch einbezog, wurde sie doch von ihren Gefährten meistens ignoriert. Ihre einzigen Freunde waren die Tiere, die sich in großer Anzahl in ihrem Zuhause tummelten und um welche sie sich in rührender Weise kümmerte.

Als sie unsere Zuneigung und Akzeptanz im Laufe der Zeit fühlte, öffnete sich das Mädchen zu unserer großen Freude immer mehr und bei ihrer Abreise schien sie gestärkt und gewappnet für ihren harten Alltag in der Schweiz zu sein. Nach dem Schulabschluss begann sie eine Lehre in einem Tierpark, fand gute Freundinnen, welche ihre liebenswürdige Art schätzten und ihr Leben änderte sich schlagartig.

## 21.3. Dem Himmel so nah

Die Geschichte von Karena, einer jungen Amerikanerin, die nach einem Einsatz als Archäologin in Griechenland einige entspannende Tage bei uns verbrachte, beeindruckte mich tief. Es war Sommer und ich bemerkte die dunklen Flecken auf ihrer nackten Haut sofort, hielt sie aber anfangs für ein misslungenes Tattoo. Der Anstand verbot es mir, genauer hinzuschauen oder sogar danach zu fragen, obwohl sie die Verfärbungen auf der Haut in keinster Weise zu verstecken versuchte.

Bei unseren gemeinsamen Abendessen kamen wir uns näher und sie erzählte mir, dass die Flecken von einer heimtückischen und seltenen Krankheit herrührten, unter der Karena bereits seit ihrer Kindheit litt und die nach und nach ihren Körper befiel. Neunzig Prozent der Personen mit dieser Krankheit sterben innerhalb ihrer ersten beiden Lebensjahre. Ihre verzweifelten Eltern hatten früher versucht, die Krankheit mit Operationen einzudämmen. Irgendwann hatte Karena genug davon, ständig ihr Leben im Krankenhaus fristen zu müssen und weigerte sich, weitere Eingriffe über sich ergehen zu lassen. Seither ließ sie es darauf ankommen und genoss einfach ihr Leben, solange es ging. Bisher wurden die lebenswichtigen Organe vom Befall der Krankheit verschont und sie konnte ihr Archäologie-Studium abschließen.

Karena wählte diese Studienrichtung, um die Geschichte der Menschheit zu erforschen und in Griechenland fand sie die Spuren vieler Völker, die kamen und oft sang- und klanglos wieder verschwanden. Einige Ethnien brachten nur Tod und Zerstörung. Andere, wie zum Beispiel die kretischen Minoer, lebten in der Bronzezeit in einer solch friedlichen Hochkultur, dass sogar wir, mit unseren Errungenschaften des Industriezeitalters, vor Neid erblassen müssen. Während einige Völker nur Schaden und Leid hinterließen, trugen andere wiederum mit ihrer Kunst, Philosophie, Architektur und Wissenschaft zu einer positiven Entwicklung der gesamten Menschheit bei. *Geht es bei unserem kleinen und unbedeutenden Leben nicht genau darum, etwas Gutes zu erschaffen? Ist unser kurzer Aufenthalt auf dieser Erde nicht als Geschenk zu betrachten, das wir schätzen und mit guten Taten und Mitgefühl bereichern sollten?*

Karena hat verstanden, dass jeder Mensch ein möglichst glückliches, selbstbestimmtes und empathisches Leben führen sollte, unabhängig davon wie viel Zeit ihm auf dieser Erde zugestanden wird. *Was nützt es, hundert Jahre alt zu werden, wenn man in seinem Leben falsche Prioritäten setzt und auf dem Sterbebett all den nicht ge-*

*lebten Träumen nachtrauern muss, mit dem Gefühl, viel verpasst zu haben?* Überhaupt sollten wir Menschen uns nicht so wichtig nehmen, denn unser eigenes Leben ist auf der Zeitachse der gesamten Menschheit verschwindend klein und wenn man die Unendlichkeit des Universums betrachtet, ist die Existenz des Homo sapiens weniger bedeutend als ein Staubkorn.

Durch ihr schweres Schicksal hatte sich Karena zu einer sehr tapferen, starken und nachdenklichen Persönlichkeit entwickelt, die jede Minute ihres Daseins zu genießen und zu schätzen wusste. Sie verbrachte ihre Tage als Einzelgängerin, da es sehr schwer war, gleichaltrige Freunde mit demselben Tiefgang zu finden.

Ich erfuhr von Karena, dass ihr Vater ein hoher Militäroffizier in den vereinigten Staaten war, der wegen ihrer Krankheit die Sondergenehmigung bekam, während ihrer gesamten Kindheit auf demselben Stützpunkt stationiert zu bleiben, damit die gesundheitliche Versorgung seiner Tochter sichergestellt werden konnte. Das brachte mich auf einen tröstlichen Gedanken, den ich mit Karena teilte: «Vielleicht hat deine Krankheit auch etwas Gutes bewirkt, denn wenn sie nicht gewesen wäre, dann hätte die Regierung deinen Vater allenfalls in ein Kriegsgebiet geschickt. Durch dich konnte er in Sicherheit bleiben und wurde vor einer Traumatisierung oder sogar vor dem Tod bewahrt.» «So habe ich es noch nicht gesehen», antwortete Karena, «aber du könntest recht haben.»

Später am Abend sah ich Karena draußen auf dem Liegestuhl ruhen und konnte nur erahnen, was sie bei der Betrachtung der immensen Weite des Sternenhimmels, der sich wie eine Kuppel über sie wölbte, fühlen mochte. Sie, die dem Tod jederzeit so nahestand. Angesichts dieser traurigen Lebensgeschichte konnte ich bei Dimitris die Tränen nicht mehr zurückhalten und ich wurde vom besten Tröster der Welt in die Arme genommen. Karena war eine großartige Inspiration und ein Vorbild für mich, denn sie lebte im Jetzt und wusste, wie kostbar und zerbrechlich das Leben ist.

## 21.4. Unterwegs zum Red Sand Beach

Als meine Tante Hanni auf Kreta verunfallte, erfuhr sie am eigenen Leibe, wie toll die Rettungskräfte auf der Insel organisiert sind. An einem sonnigen Tag im Mai beschlossen Hanni und ich den Red Sand Beach neben Matala aufzusuchen. Weil der Pfad zum Traumstrand unbefestigt und steil war, ließen wir ihren weniger sportlichen Gatten Walter in Matala zurück, mit dem Versprechen, in zirka zwei Stunden wieder zurück zu sein.

Nach dem ersten Anstieg wurden wir mit einer wunderschönen Aussicht auf die Bucht von Matala belohnt. Spielende Kinder tummelten sich im seichten Meerwasser, während andere Touristen unter blauen Sonnenschirmen auf ihren Liegestühlen entspannten. Von der Klippe am Ende der Bucht, neben den Höhlen, wo einst die Hippies wohnten, sprangen mutige Jugendliche aus schwindliger Höhe ins kühle Nass. Weiter hinten ragten die beiden kargen Hügel der Paximadia-Inseln aus dem Meer. Aus der Ferne glichen die durch die mit Kunstwerken bemalten Gassen von Matala flanierenden Touristen bunten Ameisen. Einer von den winzigen Menschlein war Walter, der sich nach einem Spaziergang im spalierähnlichen Durchgang mit den vielen Souvenirläden bestimmt in einem der zahlreichen gemütlichen Cafés einen erfrischenden Drink gönnen würde. Hanni gelangen ein paar fantastische Schnappschüsse während unserer Verschnaufpause.

Weiter ging es über die Klippen, bis wir den ersten Blick auf den verführerischen, rotschillernden Strand erhaschen konnten. Wir erkannten bereits, dass der Wellengang am exponierten Red Sand Beach stärker war als in der geschützten Bucht von Matala, aber ich wusste, dass das Baden trotzdem herrlich sein würde. Der Strand ist langsam abfallend und das Herumlaufen auf dem sandigen Grund ist angenehm. Da sich keine Riffe im Wasser befinden, ist es ungefährlich, auch wenn man von einer Welle erfasst und weggefegt wird, denn es gibt nichts Anderes als weichen Sand, auf dem man stranden könnte. Wegen der tückischen Strömung empfiehlt es sich aber, nicht zu weit hinauszuschwimmen, wenn das Meer am Red Sand Beach aufgewühlt ist.

Schon ziemlich aufgeheizt von unserem Marsch in der glühenden Mittagssonne, begannen wir in zügigen Schritten den Abstieg auf dem schmalen, geröllbesetzten Pfad. Wir wollten noch genügend Zeit haben für ein erfrischendes Bad am Ziel unseres Ausflugs und pünktlich zu dem mit Walter vereinbarten Termin wieder zurück in Matala sein. Der Strand war nur noch wenige Meter von uns entfernt, als ich hinter mir rollende Steine das dumpfe Geräusch eines fallenden Körpers hörte.

Ein Blick zurück bestätigte meine Befürchtung. Tante Hanni war ausgerutscht und auf ihrem Hintern gelandet und zwar fast an der gleichen Stelle, wo ein Jahr zuvor ihr Sohn Beat eine Geröllhalde heruntergeschlittert war. Im Unterschied zu Beat, der mit ein paar Schrammen und dem Schrecken davongekommen war, bemerkte Hanni beim Fall ein Krachen im Wadenbein und befürchtete das Schlimmste. Die Schmerzen waren so stark, dass sie sich keinen Zentimeter mehr bewegen konnte. Sie blieb deshalb auf dem Pfad sitzen, während mein Gehirn auf Hochtouren arbeitete. Welche Schritte mussten jetzt wohl unternommen werden, um der verletzten Frau zu helfen?

Ein erster Tourist kam an der Unfallstelle vorbei und fragte, was passiert sei. Der besorgte Rainer aus Deutschland bot an, zur Bar am Red Sand Beach zu laufen, um Hilfe zu holen. Das schien mir eine gute Idee zu sein. Nach wenigen Minuten kehrte der hilfsbereite Mann zurück, mit Thorsten im Schlepptau. Thorsten war Krankenpfleger von Beruf und hörte in der Bar, wie Rainer um Hilfe bat. Der Wirt hatte jedoch gerade alle Hände voll zu tun, den angeblich weltbesten Mojito für einige durstige Gäste zu mixen und außerdem gab es am Strand keine Netzverbindung, um die Rettungskräfte zu alarmieren. Dafür meldete sich Thorsten freiwillig, um nach der Patientin zu sehen.

Ich realisierte, dass ich die Sache selber in die Hand nehmen musste, während Thorsten Hanni mit Wasser verpflegte und sein Strandtuch aufspannte, um für Schatten zu sorgen. Nicht weit von der Unfallstelle entfernt fand ich gottlob einen Ort, wo mein Handy Empfang hatte und rief Dimitris, den besten Krisenmanager der Welt, an. Dimitris kam gerade von der Gartenarbeit zurück, als ich ihm die schlechten Nachrichten überbrachte. Aufgebracht über das Unglück versprach er mir, die Notnummer zu wählen und die Ambulanz aufzubieten.

Wenige Minuten später rief mich der Disponent an, befragte mich zum Unfallgeschehen und wollte unsere genauen Koordinaten wissen. Er versicherte mir, schnellstmöglich ein Rettungsteam und einen Krankenwagen aus Mires loszuschicken. Wir konnten Walter nicht erreichen, weil er kein Handy bei sich trug. Deshalb machte sich Dimitris auf den Weg nach Matala, um den ahnungslosen Mann über die Tragödie zu informieren. Tante Hanni war erleichtert, dass die Rettung unterwegs war, aber Rainer wiegelte ab. Er sei zwar ein großer Fan von Kreta und verbringe jedes Jahr seinen Urlaub in Matala, was jedoch die griechischen Einsatzkräfte anginge, habe er eine geringe Erwartungshaltung. «Stellt euch darauf ein, dass ihr den ganzen Nachmittag auf Hilfe warten müsst», warnte er uns.

Ich sah, wie Hanni tapfer die Zähne zusammenbiss und übte mich in Geduld. Die beiden Männer erzählten uns triviale Geschichten aus ihrem Leben, um Hanni abzulenken und ihre Stimmung hochzuhalten. Immer wenn Passanten vorbeikamen, fragte Rainer, ob ein Arzt dabei sei, der uns helfen konnte. Die meisten Touristen liefen jedoch nach einem kurzen Blick auf uns einfach weiter, was mich nicht weiter störte, da die professionellen Retter ja bereits unterwegs zu uns waren. Rainer jedoch wurde so wütend über die seiner Meinung nach ignoranten Urlauber, dass er niemandem Auskunft über Hannis Schicksal gab, als er Tage später in Matala, wo sich die Begebenheit inzwischen herumgesprochen hatte, danach gefragt wurde.

Immer wieder ließ ich meinen Blick den Hang hoch schweifen und nur eine knappe Stunde nach meinem Telefonat mit Dimitris sah ich als erste, wie uniformierte Feuerwehrmänner zu uns herunterstiegen. Erleichtert winkte ich den schwitzenden Männern zu und versicherte Hanni, dass der Albtraum bald vorbei sein würde.

Rainer war angenehm überrascht, als er sah, dass außer den vier Feuerwehrmännern auch ein Arzt unter den Rettungskräften war, der Hannis Bein vorsichtig untersuchte. Mit Blick auf meine Flipflops meinten die Retter kopfschüttelnd, wir müssten uns nicht wundern, wenn wir uns mit solch ungeeignetem Schuhwerk in diesem Gelände verletzen würden. Es ging aber hier um meine Tante und die war mit ihren Wandersandalen ausreichend gut ausgerüstet. Die Feuerwehrmänner legten die Verletzte auf eine Trage und fixierten ihren Körper während ich mich hastig von unseren neuen deutschen Freunden verabschiedete. «Kommt bitte bald bei mir in Vagionia vorbei! Ich bin euch noch was schuldig!», rief ich den beiden noch zu, bevor ich dem Rettungsteam hinterherlief.

Oben auf dem Hügel angekommen, schlug ich vor, den flacheren aber weiteren Weg über Matala zu nehmen, aber die Feuerwehrleute zogen den kürzeren Weg in die Schlucht vor. Jetzt bereute auch ich, keine besseren Schuhe für unsere Exkursion gewählt zu haben, denn der abschüssige Weg führte über glattes und glitschiges Gestein. Außerdem behängten mich die Retter mit ihrer gesamten Ausrüstung, damit sie es leichter hatten, die Patientin die Felsen hinunterzutragen. Zwei Mann gingen jeweils voraus, um die Liege entgegenzunehmen, welche ihnen von den anderen beiden von oben hinuntergereicht wurde. Es war eine mühselige und gefährliche Aktion, aber die vertrauensvolle Hanni fühlte sich in besten Händen, sogar als sie kopfvoran auf ihrer Trage festgezurrt, in schwindelerregende Tiefen blicken musste.

Endlich war das Tal erreicht, Hanni wurde in den Krankenwagen verladen und die Feuerwehrmänner verabschiedeten sich fröhlich. Wir waren ihnen so dankbar. Sie waren echte *Palikária* - heldenhaft harte Burschen. Der Arzt begleitete uns zum Notfallzentrum in Mires. Unterwegs hielt der fürsorgliche Fahrer kurz an, um eine Flasche Wasser für uns zu kaufen.

Während unseres denkwürdigen Abstiegs traf Dimitris in Matala ein, wo er schon bald Walter auf dem Dorfplatz im Schatten sitzend, lokalisierte. Er wollte dem Mann die schlechten Nachrichten möglichst schonend beibringen. Walter wunderte sich zwar über das unverhoffte Auftauchen von Dimitris, ahnte jedoch noch nichts von Hannis Unglück. Es waren noch keine zwei Stunden vergangen, seit wir ihn in Matala verlassen hatten. Vorerst bestellten die beiden Männer ein kühles Bier. Irgendwann dämmerte es Walter, dass etwas nicht stimmen konnte, denn Dimitris' Miene sprach Bände. Zur Rede gestellt, erzählte Dimitris, mit welchem ich während der Rettung unter ständigem telefonischem Kontakt stand, die ganze entsetzliche Geschichte.

Bevor unser Krankenwagen in Mires ankam, warteten Dimitris und Walter bereits in der Notaufnahme auf unser Eintreffen. Hanni wurde unter Walters besorgten Blicken eingehend untersucht. Es bestand der Verdacht auf Knochenbruch. Der Fall musste jedoch im Spital in Heraklion abgeklärt werden, wo sich auch eine Röntgenstation befand. Ich durfte mit Hanni im Krankenwagen mitfahren. Dimitris und Walter wollten noch die Abholung des Mietwagens organisieren, der in Matala zurückgeblieben war und nun nicht mehr benötigt wurde und dann in Vagionia auf weitere Instruktionen warten.

Ein Rettungssanitäter gesellte sich ebenfalls zu uns in den hinteren Teil des Krankenwagens. Ich erwartete eine holprige Fahrt über die Berge und befürchtete, dass Hanni schreckliche Schmerzen würde erleiden müssen, wenn das Krankenauto mit überhöhter Geschwindigkeit über die zahlreichen Schlaglöcher fuhr. Meine Tante realisierte langsam das Ausmaß der Tragödie und ihre Augen füllten sich mit Tränen. Der Sanitäter redete unentwegt Belanglosigkeiten, um die Patientin abzulenken. Irgendwann schaute ich nach draußen und wunderte mich über eine mir völlig unbekannte Landschaft, die an unserem Fenster vorbeizog. Ich unterbrach den Redeschwall des Sanitäters und fragte, wo wir uns denn eigentlich gerade befänden. Da informierte mich der Mann lachend, dass gerade vor zwei Stunden die neue Schnellstraße Mires-Heraklion eröffnet worden war, eine moderne Fahrbahn mit drei Tunnel, deren Bau sich über viele Jahre hingezogen hatte. Auf dem taufrischen Belag war die rasante

Fahrt des Krankenwagens zu Hannis Glück vollkommen rüttelfrei. Im altbekannten PAGNI angekommen, verabschiedeten wir uns von unseren Helfern aus dem Notfallzentrum in Mires, welche extra wegen uns Überstunden geschoben hatten und nun endlich in den wohlverdienten Feierabend entlassen wurden.

Ich war noch nicht fertig mit dem Papierkram am Empfang des Krankenhauses, als Hanni in ihrem Rollstuhl bereits abgeholt und untersucht wurde. Das Röntgenbild bestätigte den Verdacht der Ärzte, dass es sich bei der Verletzung um einen Beinbruch handelte. Hanni durfte wählen, sich im PAGNI operieren zu lassen oder mit dem gebrochenen Bein in die Schweiz zurückzureisen und sich dort behandeln zu lassen. Angesichts der Erfahrungen mit der dürftigen Pflege während Dimitris' Krankheit, empfahl ich Hanni eindringlich letztere Variante.

Das Bein wurde gegipst und Hanni musste noch einmal sehr tapfer sein. Das Ergebnis war jedoch so zufriedenstellend, dass der Arzt überzeugt war, man würde sein Kunstwerk in der Schweiz für die Arbeit eines berühmten Doktors von «Chicago Hope» halten. Der Gips wurde gespalten, um dem Bein genügend Raum zu geben, falls es beim Flug durch den Luftdruck an Bord aufschwellen würde. Beim Abschied drückte mir der Arzt noch ein Flugattest sowie ein Rezept für eine Thromboseprophylaxe und ein Schmerzmittel in die Hand. Jetzt konnte ich den erleichterten Dimitris bitten, uns abzuholen.

Das Rettungsteam hatte hervorragende Arbeit geleistet. Ich war begeistert, wie beispielhaft sich Feuerwehr und Krankenhauspersonal um meine Tante gekümmert hatten. Nun hatte ich die Gewissheit, dass sich jeder Tourist auf Kreta gut aufgehoben fühlen konnte.

Auf dem Heimweg besorgten wir uns die Medikamente und Krücken in einer Apotheke. In zwei Tagen war der Rückflug in die Schweiz geplant. So lange mussten wir eine Lösung finden, um Hannis Aufenthalt bei uns möglichst angenehm zu gestalten. Wegen der Treppen war das Studio im oberen Stock unseres Hauses, wo das Ehepaar gewohnt hatte, nicht optimal. Klaus-Dieter und Sula, welche das untere Gästezimmer bewohnten, waren jedoch gerne bereit, die Zimmer zu tauschen. Eifrig beschäftigten wir uns mit Koffer packen und Putzen, während sich Hanni auf dem Sitzplatz im Haushof langsam von den Strapazen erholte.

Nachbarn kamen vorbei, um sich Hannis Unfallgeschichte erzählen zu lassen und um ihr gute Besserung zu wünschen. Sula ist Krankenschwester von Beruf und zeigte Hanni, wie die Thrombosespritzen gesetzt werden müssen. Sie kümmerte sich rührend um die Patientin und Walter begann, sich mit seinen neuen Aufgaben als Krankenpfleger vertraut zu machen. Nach der Rochade benötigte ich erst mal einen Schnaps, während sich unsere Gäste in ihren neuen Zimmern einrichteten.

Die Rückreise verlief problemlos. An beiden Flughäfen sorgte das Personal mit Rollstühlen und Rampen für einen unkomplizierten Krankentransport und die Fluggesellschaft ermöglichte es Hanni, eine ganze Dreiersitzreihe zu beanspruchen, um ihr Bein hoch zu lagern.

In der Schweiz wurde meine Tante erfolgreich operiert. Sie litt jedoch noch ein weiteres halbes Jahr unter Schmerzen und konnte nicht arbeiten. Walter erwies sich als hingebungsvoller Krankenpfleger. Es machte sogar manchmal den Anschein, dass er seine neue fürsorgerische Rolle richtiggehend genoss. Schließlich waren jedoch alle froh, als das Bein verheilte und Hanni wieder wie ein junges Reh durch die Gegend hüpfen konnte.

Überraschenderweise erhielt die Verunfallte bis heute weder eine Rechnung von der Feuerwehr noch von den Krankenhäusern auf Kreta. Auch bei der Reise sind ihr keine zusätzlichen Kosten entstanden. In der Schweiz hätten allein die Transporte im Krankenwagen jedes Budget gesprengt. Wegen des hohen Selbstbehaltes bei der Krankenversicherung hätten einige Kosten von der Verunfallten selber getragen werden müssen.

Ich befürchtete, dass Hanni nach ihrer schmerzlichen Erfahrung erst einmal genug von Kreta hatte. Sie plante aber bald eine neue Urlaubsreise zu uns und bestand sogar hartnäckig darauf, dann auch endlich am Red Sand Beach zu baden. Außerdem wollte sie die Feuerwehrstation in Mires besuchen, um sich bei den heldenhaften Männern mit einem Geschenk erkenntlich zu zeigen.

Auf den Besuch von Rainer und Thorsten warte ich bis heute vergeblich. Es würde mich sehr freuen, den Kontakt zu den beiden Rettern in der Not aufrecht zu erhalten. Schließlich findet man nicht oft Menschen mit dem Herz auf dem rechten Fleck, die zur richtigen Zeit am richtigen Ort auftauchen.

## 22. Ein Hoch auf die Schönheit meiner Insel

Seit fünf Jahren bin ich nun bereits ein Kind Kretas. Die Insel hat mir alles geschenkt, was ich mir je erträumt habe und noch viel mehr. Wie durch Zauberhand haben sich alle meine Wünsche erfüllt und meine Erwartungen wurden bei Weitem übertroffen. Zugegeben, Kreta ist nichts für Angsthasen. Es braucht Mut, Zuversicht und ein Urvertrauen, dass am Ende alles gut wird, um mit der Härte und der Rauheit der unberechenbaren Inselnatur und der ungeschliffenen Art seiner Bewohner zurechtzukommen. Der Verzicht auf Komfort und Sicherheit wird von Mutter Natur dafür tausendfach durch mystische Erlebnisse, wie sie nur hier auf der größten Insel Griechenlands vorkommen können, kompensiert.

Es sind oft kleine Ereignisse, die einem die magische Kraft von Kreta vor Augen führen. Wie dasjenige, als ich auf einer Fahrradtour erschöpft und durstig war und mich nach einer Erfrischung sehnte und ich von kühlem Wasser träumte und nach der nächsten Kurve ein Wasserstrahl von einem defekten Bewässerungsrohr auf meinen Weg spritzte. Dankbar ließ ich mich erfrischen und setzte meinen Heimweg überglücklich und gestärkt fort.

Ein idealer Ort um Kraft zu tanken, ist eine Wanderung durch die Rouvas-Schlucht oberhalb von Zaros, von wo das beste Trinkwasser der Welt stammt, und unter dem Psiloritis, dem höchsten Berg Kretas. Im oberen Teil der Schlucht mit ihren steilen Felswänden und den vielen endemischen Pflanzen führt der Weg durch einen Eichenwald. An einer lichten Stelle in den Steineichen ist die Energie besonders stark und glückspendend. Ich muss dort immer stehen bleiben, gelähmt von der überbordenden Liebe und Dankbarkeit für diese Schönheit, für dieses Leben an diesem Ort. Wenn Gevatter Tod mich in einem solchen Augenblick abholen würde, dann würde ich klaglos mitgehen. Mein bisheriges Dasein war bereits mit so viel Reichtum gesegnet, dass ich um nichts Verpasstes trauern müsste.

## 22.1 Gruß der Delphine

An einem wolkenlosen Apriltag bestieg ich mit meiner Cousine Manuela, ihrem Mann Urs und ihren drei Sprösslingen den Gipfel des Kofinas. Oben angekommen erwartete uns bereits ein Bergsteiger aus Deutschland, der, als er unseren Dialekt hörte, ausrief: «Hab ich mir doch gedacht, dass ihr aus der Schweiz kommt, denn nur die Eidgenossen schleppen kleine Kinder auf solche Berge!»

Er war wohl noch nie an einem 14. September auf dem Kofinas, wenn die Bergkirche Timios Stavros ihren religiösen Feiertag des heiligen Kreuzes zelebriert. Dann pilgern nämlich ganze Familien aus dem Dorf Kapetaniana auf den Berggipfel, um gemeinsam zu beten und zu feiern. Auch sehr betagte, aber zähe Gläubige bündeln ihre gesamte Kraft und mühen sich in ihren schwarzen Gewändern und mit ihren Gehstöcken den steilen Pfad herauf, um das Opfer Christi für unser Heil zu würdigen.

Während wir auf den Bänken vor der Kirche unsere belegten Brote auspackten, setzte sich Cousine Manuela auf einen Felsen und betrachtete die Weite des aufgewühlten Meeres im Abgrund. Plötzlich glätteten sich die Wellen an einer Stelle und eine Gruppe Delphine sprang aus dem Wasser. Noch bevor sie dazu kam uns zu rufen, war der Spuk auch schon vorbei, und die erhabenen Tiere verschwanden in den Tiefen des Meeres. Während wir Manuela um ihre Beobachtung beneideten, war die junge Frau wie berauscht von diesem Ereignis, das sich ihr wie eine Offenbarung manifestierte. *Und die Insel hatte mit ihrer Magie erneut einen Menschen in ihren Bann gezogen.*

## 22.2 Die gastfreundlichen Mönche von Koudouma

Meine Tante Rose und mein Onkel Ruedi sind die idealen Begleiter für eine Monsterwanderung zum Kloster Koudouma, denn die beiden sind sehr aktiv und sportlich. Außerdem ist Ruedi ein erfahrener

Berggänger und ein Spezialist im Kartenlesen und im Entdecken und Deuten von Wegbezeichnungen. Gemeinsam planten wir den Ausflug und entschieden, die Strecke in zwei Tagen hinter uns zu legen, um genügend Zeit zu haben, die Natur und die vielen Sehenswürdigkeiten unterwegs zu erkunden. Die Nacht wollten wir in den einfachen Unterkünften des Klosters verbringen.

Dimitris brachte uns ins Bergdorf Kapetaniana, von wo aus unsere Expedition beginnen würde. Wir baten ihn, uns am nächsten Tag um siebzehn Uhr im aus Naturstein gebauten Hotel «Thalori» von Kapetaniana wieder abzuholen und verabschiedeten uns. Die Wanderung bis zu den Ausläufern des Kofinas, der mit seinen tausendzweihundert Metern der höchste Berg des Asterousia-Gebirges ist, dauerte zwei Stunden. Der kontinuierlich ansteigende Weg war gesäumt von herrlich duftendem Thymian und wildem Salbei. Zu unserer rechten Seite lag in ungefähr achthundert Metern Tiefe das blaue Meer, links weideten Schafe auf den Hügeln und vor uns ragte der schiefe, mit weißen Schäfchenwolken dekorierte Gipfel des Kofinas auf, der mich wegen seiner Form jeweils an das schweizerische Matterhorn erinnert.

Ruedi fand die Kennzeichnung für eine Abkürzung durch eine Schlucht und wir freuten uns, die Schotterstraße zu verlassen und stattdessen den abenteuerlichen Pfad durch die wilde Landschaft zu nehmen. Während Ruedi vorausging, um die roten Punkte zu finden, welche als Wegmarkierung dienten, konzentrierten Rose und ich uns auf die Betrachtung der verschiedenen Pflanzen der Schlucht. Ganz besonders schön und faszinierend fanden wir die wilden Orchideen, den wertvollen Safran und den Drachenwurz mit seinem purpurfarbenen Blütenstand. Auf den nackten Felsen eines Bergkamms über uns saß eine Gruppe Gänsegeier, welche uns interessiert beobachtete und sich wohl fragte, ob wir ihr nächstes Mahl sein könnten.

Nachdem wir den Abenteuerpfad hinter uns gelassen hatten, gelangten wir wieder auf die Schotterstraße. Vor einer Hundehütte aus Plastik bellte uns ein riesiger, schwarzer Hirtenhund an. Durch Laras Training wusste ich inzwischen, dass die Art des Bellens keine Warnung, sondern ein Willkommensruf war. Und prompt begann das Tier mit seinem Schwanz zu wedeln, als ich mich ihm näherte. Ich streichelte die Fellnase ein wenig und bedauerte, dass die angebundene Kreatur zu einem einsamen Leben in der Wildnis verdammt war. Wenigstens war genügend frisches Wasser vorhanden. Schweren Herzens trennte ich mich vom herzzerreißend heulenden Tier.

Wir umrundeten den Kofinas und gönnten uns ein Sandwich vor dem Abstieg nach Koudouma. Der Blick in die Tiefe war schwindelerregend. Wir entdeckten die Kirchen und die gelblichen Häuser mit den Ziegeldächern des Klosters weit unter uns. Neben dem Kloster stand eine beachtliche Anzahl Sonnenkollektoren, welche für den Strom in den Gebäuden sorgten. Koudouma ist das einzige Kloster auf Kreta, das sich direkt an der Küste befindet.

Der mit Kreuzen gekennzeichnete Weg zum Kloster führt durch einen seltenen Wald aus windschiefen Pinien und Zypressen. Ruedi, der unsere Gruppe anführte, blieb plötzlich stehen und zeigte auf einen eindrucksvollen Gänsegeier, der vor uns auf einem Felsen saß. Leise schlichen wir uns näher und schafften es, bis auf zirka zehn Meter Abstand ans Tier heranzukommen. Schnell schoss Ruedi einige Fotos, bevor es dem Vogel zu bunt wurde und er seine riesigen Flügel aufklappte, um vom Felsen abzuheben und lautlos in Richtung Meer zu gleiten. *Ein Gänsegeierleben ist für mich der Inbegriff der Freiheit, denn dieses Tier muss keine Feinde fürchten und kann sein Dasein als Herrscher der Lüfte unbeschwert genießen. Sollte es ein anderes Leben nach dem Tod auf dieser Erde geben, würde ich mir wünschen, als Gänsegeier wiedergeboren zu werden.*

Auf halber Strecke befand sich eine kleine Kirche aus Stein, bei welcher wir Rast machten. Auf der Wanderkarte entdeckte Ruedi einen weiteren Abenteuerpfad, der von hier aus bis zum Kloster führte. Er entschied sich für diesen Weg, während wir Frauen auf der Schotterstraße weitergingen, um Roses empfindliche Knie zu schonen.

Während Ruedis Pfad schnurstracks in die Tiefe führte, schien sich unser Weg mit seinen weitläufigen Schlangenlinien ewig dahinzuziehen. Auf der flachen Krone eines Olivenbaums sahen wir eine Ziege stehen, welche auf den knorrigen Ästen balancierend Blätter zermalmte. Ein Pickup mit einem schwarzgelockten, bärtigen Mönch fuhr uns entgegen. Wir grüßten den uns freundlich zunickenden Fahrer zurück und sahen dem Fahrzeug noch lange nach, wie es sich gemächlich und eine dichte Staubwolke hinterlassend in die Höhe schraubte. Die Fahrt von Koudouma bis ins nächste Dorf dauert eine Stunde. Man stelle sich vor, wie mühsam die Beschaffung von Lebensmitteln und Material für die Mönche sein muss. Kurz vor dem Kloster sahen wir ein Reh unter einem Baum am Wegrand stehen. Ich vermutete, dass es sich um eine Halluzination handelte, denn das Tier rannte nicht einmal davon, als wir dicht an ihm vorbeigingen. In der Ferne ertönte der rostige Schrei eines Esels, als wir das Eisentor zum Kloster öffneten.

Als Erstes machten wir uns auf die Suche nach Ruedi. Er hätte schon vor einiger Zeit hier eintreffen müssen, denn sein Weg war um einiges kürzer. Es war jedoch weit und breit keine Spur von ihm zu entdecken und wir begannen, uns Sorgen zu machen. Wir setzten uns auf die Kieselsteine am Strand und badeten kurz, um uns abzukühlen.

Da endlich gesellte sich Ruedi zu uns. Er hatte die Wegmarkierungen, welche von den Mönchen angebracht worden waren, aus den Augen verloren und landete bei den schroff abfallenden Klippen, wo Endstation für ihn war. Da blieb ihm nichts Anderes übrig, als den ganzen Weg bis zur letzten Kennzeichnung zurückzugehen und nach dem richtigen Pfad zu suchen, was ihm glücklicherweise zeitnah gelang. Trotz der Aufregung war der Onkel guten Mutes. Die Pfadfinderei und die damit verbundene Herausforderung schienen ihm sogar großen Spaß gemacht zu haben.

Froh, dass die Reisegruppe wieder komplett war, besichtigten wir das weitläufige Klosterareal. Wir bewunderten die beiden Kirchen mit ihrem reichen Goldschmuck und entdeckten die gemalten Ikonen der Einsiedlermönche, welche früher in den umliegenden Höhlen gehaust hatten. Der geräumige Hof mit den Holzbänken bot genug Platz für die legendären Essgelage, welche zu den kirchlichen Festtagen im Kloster stattfanden. Über die Steinmauer gelehnt, konnten wir das Treiben am Strand und am Meer beobachten. Zwei Mönche schlenderten gemeinsam über die Kieselsteine zu einer Höhle, welche an der linken Seite des Strandes ins Meer klaffte. Wir füllten unsere Wasserflaschen am Brunnen des Klosters auf und setzten uns in einen blumengeschmückten Pavillon. Einige gutgenährte, zutrauliche Katzen schlichen durch den Hof.

Ein Mönch mit eindrucksvollem Bart und schwarzer Robe setzte sich zu uns und wollte wissen, woher wir kamen. Als er erfuhr, dass wir den Weg von Kapetaniana bis nach Koudouma zu Fuß zurückgelegt hatten, würdigte er unsere athletische Leistung. Ich fragte ihn, wie er sich das Erlebnis mit dem unerschrockenen Reh erklären konnte. Da lachte der Mönch: «Das Kloster hat von einem Gläubigen zwei Rehe geschenkt bekommen. Sie leben nun in den Wäldern von Koudouma in Freiheit. Da sie jedoch von uns gefüttert werden, sind sie im Laufe der Zeit ganz zutraulich geworden.» Er empfahl uns, seine gefiederten Freunde in den Ställen über dem Klostergarten und die Höhle des heiligen Kosmas zu besuchen und lud uns zum Abendessen ein. Dankend begaben wir uns zum Klosterzoo und bewunderten die sich tummelnden Tauben, Perlhühner und Fasane. In der Ferne weidete eine Schafherde. Nun fanden wir, es wäre an der Zeit, uns unsere Schlafplätze zu sichern.

Wir schlenderten zu den Blockhäusern außerhalb des Klosters, wo sich die Küche, der Speisesaal und die Gästezimmer befinden. Koudouma ist bekannt als außerordentlich gastfreundliches Kloster, welches einheimischen sowie ausländischen Besuchern kostenlos Essen und Obdach bot. Es gibt einige kretische Pensionäre, welche den gesamten Sommer in den Gästezimmern des Klosters verbringen und als Gegenleistung kochen, putzen und die Besucher empfangen. Wir wurden von Stratos begrüßt, der aus dem Dorf Asimi stammt, wie wir von ihm erfuhren. Sobald die Temperaturen steigen, zieht es ihn jeweils in die idyllische Welt des Klosters und in die Ruhe der Natur. Zusammen mit seiner Frau Amalia, welche gerade dabei war, das Abendessen zuzubereiten, waren sie momentan, außer uns, die einzigen Gäste des Klosters.

Da genug Platz vorhanden war, durften wir zu dritt ein ganzes Zimmer mit sechs Betten nutzen. Im Raum gab es nichts außer den alten Eisenbetten, welche mit je einer löchrigen Matratze, einem unbezogenen Kissen und einer staubigen Wolldecke ausgerüstet waren. Rose und Ruedi waren zufrieden mit der Unterkunft, denn sie sind glücklicherweise bescheidene und unkomplizierte Leute. Vor dem Zimmer standen ein kleiner Holztisch und einige Plastikstühle. Zu den sauberen Gemeinschaftstoiletten hatten wir es nicht weit.

Mit kritischem Blick taxierte Stratos die Spaghettiträger der Shirts von uns Frauen und bat uns, während des Abendessens die Regeln des Klosters zu respektieren und unsere Schultern zu bedecken, was wir ihm eifrig zusicherten. Vor dem Essen hatten wir noch eine Stunde Zeit. Wir entschlossen uns deshalb, dem Rat des Mönches zu folgen und die Höhle des Einsiedlers Kosmas, welche sich unweit des Klosters befand, zu besuchen.

Ein kleiner Hund namens Louca sprang aus der Küche und folgte uns schwanzwedelnd auf dem Pfad, der hinter den Gästehäusern auf eine kleine Anhöhe führte. Von da aus hatten wir einen herrlichen Blick auf das Kloster und es gelang uns im gedämpften Dämmerungslicht, einige schöne Erinnerungsfotos zu schießen. Durch ein Ziegentor ging der Spaziergang weiter über ein Geröllfeld. Unter uns an der Küste standen Plastikbehälter mit Meerwasser, in welchen das auf Kreta berühmte Meersalz von Koudouma gewonnen wird. Unter dem neugierigen Blick einer Ziegenfamilie erreichten wir nach einem kleinen Anstieg die Höhle von Kosmas. Wie schwerfällig mussten wir Wanderer diesen vierbeinigen Kletterprofis wohl vorkommen, als wir den kleinen Hügel hochkeuchten. Ganz bestimmt fühlten sich die klugen und wendigen Tiere der menschlichen Rasse weit überlegen.

Wir betraten den riesigen Schlund und bewunderten die zahlreichen Tropfsteine. Die Formen einiger Stalaktiten erinnerten an Heiligenbilder und Tiere. Louca schien sich bereits auszukennen in der Klause. Er rannte schnurstracks in den dunklen hinteren Bereich der Höhle, wo die Mauersegler nisteten. Die Vögel waren etwas beunruhigt durch unseren Besuch. Gefährlich tief fliegend versuchten sie, uns aus der Höhle zu vertreiben, während eine auf einem Felsvorsprung sitzende Taube sich dicht neben Ruedi erleichterte. Wir spürten, dass wir hier nicht willkommen waren, aber ein klein wenig mussten uns die Tiere noch aushalten. Schließlich wollten wir noch die kleine Holzkapelle besuchen, welche die Mönche in die Höhle gebaut hatten und der Geschichte vom heiligen Kosmas auf den Grund gehen. Die Ikonen in der Kapelle zeigten einen leicht bekleideten, ausgemergelten Heiligen mit langem ungepflegtem Haar. Wir konnten uns vorstellen, wie hart das Leben als Asket in dieser Höhle gewesen sein musste. Wenigstens hatte der Gute eine traumhafte Aussicht direkt aufs Meer. Hoffentlich war der Heilige für seine Entbehrungen belohnt worden, indem er die erhoffte Erleuchtung erlangte.

Auf dem Rückweg machten wir noch einen kleinen Umweg und besuchten die Behausungen der Einsiedlermönche auf der Westseite des Klosters. Einige Höhlen befanden sich noch im Originalzustand, während an anderen Klausen beachtliche Renovierungsarbeiten ausgeführt worden waren. Die Luxushöhlen verfügten über eine Holzwand mit Tür und Fenster, und im Innenbereich erspähten wir mit handgewobenen Decken dekorierte Holzbänke und Wände. Das würden tolle Gästezimmer oder Gebetsräume abgeben. Im Moment schienen die Kammern jedoch ungenutzt zu sein. Über eine Holzbrücke kehrten wir mit Louca zu unserem Zimmer zurück und warteten bis die Kirchenglocke zum Abendessen läutete.

Als es soweit war, zogen wir unsere Jacken über und begaben uns in den Speisesaal, wo sich ein langer Holztisch mit Plastikstühlen befand. Amalia hatte bereits die Gedecke aufgelegt und wies uns unseren Platz am unteren Ende des Tisches zu. Stratos und der Klosterarbeiter Nikos setzten sich zu uns und dann kamen die sieben Mönche, welche sich am oberen Teil des Tisches niederließen. Nachdem Amalia Schüsseln mit in Ziegenfett gekochten Spaghetti und griechischem Salat aufgetragen hatte, sprachen die Mönche ein Tischgebet und die Tafel wurde eröffnet. Es wurde kaum gesprochen während des Essens. Erst danach entstanden leise Unterhaltungen. Die Mönche hatten eine für kretische Männer ungewöhnlich sanfte und feine Umgangsart. Das ließ den Verdacht aufkommen, es könnte sich bei den Mönchen um homosexuelle Männer handeln, welche den Vorurteilen in den Dörfern entflohen waren, um in der Abgeschiedenheit von Koudouma ein ungestörtes Leben zu verbringen. Hier in Koudouma sind die Mönche hochgeschätzt von der Gesellschaft und auch sie ehren und respektieren die Besucher des Klosters.

Die Ruhe dieses Ortes, die vielen freilebenden Tiere und die Art und Weise, wie die Menschen miteinander umgehen, kommen dem Paradies sehr nah. Näher als alle anderen Orte, die ich in meinem Leben bisher gesehen habe.

Gesättigt und zufrieden halfen wir Amalia beim Abräumen und verabschiedeten uns. Wir waren so weit gewandert und hatten so vieles gesehen. Jetzt benötigten wir dringend Erholung. In unserem Zimmer belegten wir die Federkissen mit unseren Badetüchern, um eine kleine Illusion von Hygiene herzustellen und schliefen schon bald ein. Einmal erwachte ich in der Nacht und spähte durch die offene Türe nach draußen. Die Schafherde wanderte gemächlich in Richtung Küste, der silberne Sichelmond stand hoch am Himmel und sanfte Wellen kitzelten leise rauschend die Kieselsteine am Strand.

Frühmorgens ließen wir beiden Frauen es uns nicht nehmen, ein kurzes Bad im Meer zu genießen. Ruedi fand das Wasser zu kalt. Er blieb lieber an Land und packte seinen Rucksack. Vor unserem Aufbruch nach Agios Ioannis wollten wir uns für die Gastfreundschaft des Klosters erkenntlich zeigen und eine kleine Spende in der Kirche hinterlassen. Ein Mönch mit gezwirbelten Locken sah uns vorbeigehen und lud uns ein, uns in den Schatten einer Palme zu setzen. Dann kochte er uns einen starken, süßen, griechischen Kaffee und stellte noch ein paar Zimtkekse für uns auf den Tisch. Während er die Katzen fütterte, fragte er uns nach unserem heutigen Reiseziel. Er empfahl uns, unterwegs die Höhle von Agios Antonios zu besuchen, welche sich auf halbem Weg zwischen Koudouma und Agios Ioannis befand. Wir bedankten uns für den Tipp und überhaupt für alles, was die lieben Mönche für uns getan hatten, winkten Stratos und Amalia zum Abschied zu und brachen auf.

Auf dem Weg zu den Einsiedlerhöhlen sahen wir zwei Mönche mit Schubkarren Baumaterial transportieren. Die Geistlichen verbringen ihr Leben nicht nur mit Beten, im Gegenteil. Sie sind fast alleine für den Unterhalt des Klosters und die Versorgung der Tiere verantwortlich und müssen deshalb, neben ihren religiösen Aktivitäten auch viel körperliche Arbeit leisten.

Louca sah uns das Kloster verlassen und folgte uns bereitwillig. Der nun folgende Abschnitt ist der schönste Teil der gesamten Wanderung. Der kleine, steinige Pfad führt durch einen schattenspendenden Wald der Küste entlang. Der Weg ist leicht zu gehen, denn es gibt nur sehr geringe Höhenunterschiede. Auf der rechten Seite erhebt sich die schroffe Felswand des Kofinas, vor welchem die Gänsegeier ihre Kreise drehen.

Nach einer knappen Stunde erreichten wir eine Bucht, in der vor Jahren ein Flüchtlingsboot gestrandet war. Das Wrack mit seinen bunt bemalten Holzplanken liegt noch immer schief im Sand. Wir ließen das Schiff rechts liegen, weil der Strand nur sehr schwer zugänglich war und erreichten schon bald die grandiose Agios Antonios Höhle, in welcher wir vom Klosterarbeiter Nikos begrüßt wurden.

Nikos war gerade dabei, einige Erneuerungsarbeiten an der Steinkapelle in der Höhle vorzunehmen, die zum Kloster Koudouma gehörte. Er führte uns in den hinteren Teil der Höhle und wir sahen im Schein unserer Handytaschenlampen antike Steintröge an den Wänden stehen, in welchen sich bereits eine beträchtliche Menge Wasser angesammelt hatte, das aus den Wänden tropfte. Auch diese Höhle bot einen fantastischen Ausblick zum Meer. Wir setzten uns an einen Holztisch und teilten unsere letzten Sandwiches mit Nikos, der einige Stücke gegrilltes Schaffleisch beisteuerte, welche vom letzten Klosterfeiertag übriggeblieben waren. Auch Louca bekam ein paar Reste ab. Dann entschied sich der unternehmungslustige Rüde, zum Kloster zurückzukehren und verschwand in den Büschen.

Nach der kurzen Rast verabschiedeten wir uns von Nikos und setzten unseren Weg nach Agios Ioannis fort. Die Landschaft wurde immer karger und die Sonne brannte heiß auf unsere Köpfe. Auf einem Stein sonnte sich eine wunderschöne, blauglitzernde Schlange, welche jedoch rasch in den Felsritzen verschwand, als wir näherkamen.

Das Dorf Agios Ioannis schien fast ausgestorben zu sein. Der Supermarkt war geschlossen und wir trafen keine Menschenseele auf unserem Weg zum Strand an. Sogar Ruedi fand es jetzt angebracht, sich in die Fluten zu stürzen. Wir hatten eine Abkühlung dringend nötig und genossen für einige Stunden das faule Strandleben. Leider war die Fischtaverne von Agios Ioannis noch zu, weshalb wir uns ins Kaffeehaus begaben und kühle Limonaden bestellten.

Da uns noch ein langer Aufstieg bevorstand, wollten wir vorher gerne noch etwas essen. Der Wirt informierte uns jedoch, dass nur Getränke im Angebot waren. Es würde mein Fehler sein, wenn wir hungrig bleiben sollten. Ich war bei unserer Abreise überzeugt gewesen, dass wir uns in Agios Ioannis würden verpflegen können und hatte deshalb zu wenig Picknick eingepackt. Der Wirt zeigte glücklicherweise viel Verständnis, als ich ihm unsere Situation schilderte. Er ging schnurstracks in seinen Garten und kam mit frisch geernteten Tomaten und Gurken zurück, aus denen er einen köstlichen Salat zubereitete. Außerdem wärmte er eine Tiefkühlpizza für uns auf, die wohl für ihn selber als Abendessen bestimmt war. *«Das ist Kreta, wo der Fremde immer noch der unbekannte Gott ist, für welchen alle Herzen und Tore offen stehen.» (Zitat Nikos Kazantzakis).*

Rose betrachtete die nackte und steile Felswand mit dem Kreuz auf der Spitze, welche wir in den folgenden Stunden besteigen würden und hielt mich für verrückt. Es waren achthundert Höhenmeter in der brütenden Hitze ohne Aussicht auf Schatten zu bewältigen.

Aber als sie realisierte, dass es kein Witz war, biss sie die Zähne zusammen und folgte uns tapfer. Schritt für Schritt gewannen wir an Höhe, während die Felswand das Sonnenlicht reflektierte und dadurch noch mehr Hitze erzeugte. Dafür wurde der Ausblick auf das immer kleiner werdende Dorf Agios Ioannis und die Bucht immer spektakulärer.

Als wir schweißbedeckt und erschöpft waren, zapfte Ruedi eine Wasserleitung an, und wir erfrischten uns an der kühlen Flüssigkeit. Das half ungemein. Außerdem fand Rose in den Tiefen ihres Rucksacks noch einige süße Getreideriegel, welche uns die nötige Energie spendeten für den letzten Abschnitt unserer Expedition. Pünktlich zum vereinbarten Zeitpunkt trafen wir im charmanten und gemütlichen Hotel in Kapetaniana ein, wo Dimitris bereits auf uns wartete.

Das waren zwei erlebnisreiche Tage in Gesellschaft von Ruedi und Rose. Wir waren ein tolles Team und die Fähigkeiten jedes Einzelnen trugen dazu bei, dass alles so wunderbar klappte. Die Güte der Menschen, welche wir auf unserem Weg angetroffen hatten, machte unsere Wanderung zu einem herzerwärmenden und unvergesslichen Erlebnis.

## 22.3 Als das Meer zu uns sprach

Frank und Lorraine besuchten uns aus dem Norden Englands und waren so begeistert von Vagionia, dass sie sich überlegten, hier ein Haus zu kaufen, um sich nach ihrer Pensionierung bei uns niederzulassen. Nachdem wir ihren Wunsch den Witwen auf dem *Koutsoúri* kommuniziert hatten, erfuhren wir bald von einem geeigneten, zum Verkauf stehenden Objekt.

Bei der Besichtigung des schönen Landhauses in unserer Nachbarschaft, wies Dimitris unsere Gäste auf einen Baumangel hin. Es handelte sich um eine tiefliegende Terrasse, an der man leicht den Kopf anschlagen konnte. Vom Anblick ihres Traumhauses abgelenkt, überhörte Frank die Warnung und schlug sich prompt seine beiden Vorderzähne beim Aufschlag am harten Beton aus. Er fühlte sich benommen und schwindlig, wollte aber trotzdem wie geplant mit seiner Frau zum Strand fahren, weil sie sich so auf das Schwimmen gefreut hatte.

Für den besorgten Dimitris kam es nicht in Frage, die beiden unter diesen Umständen alleine ziehen zu lassen. Wie leicht könnte doch ein Unfall passieren, wenn der Fahrer unter den Folgen einer Hirnerschütterung litt. Er lud die Engländer ein, mit uns zu einem abgelegenen Strand zu fahren, wo sonst kein Tourist hinkommt. Das konnten unsere Gäste nicht ablehnen und schon bald saßen die beiden Männer bei einem Bierchen glücklich unter den Strandzedern, wo sich zahlreiche balzende Zikaden gerade einen Wettkampf in Lautstärke lieferten, der in einem ohrenbetäubenden Insektenkonzert mündete. Ein warmer Wind strich über die flüsternden, lockenden Wellen und Lorraine sah mich fragend an. Wenig später tauchten wir glücklich in die geliebten türkisblauen Fluten ein.

Nachdem wir weit hinausgeschwommen waren, umrundeten wir eine Klippe und setzten uns inmitten des immensen Blaus auf einen Stein. Wir ließen unsere Blicke über die menschenleere Küste und den Höhleneingang schweifen, wo kürzlich ein Fischer durch Zufall einen mehrere Fußballfelder großen See im Berginneren entdeckt hatte. Wir spekulierten, wie gigantisch die seit Jahrtausenden unberührte Natur in dieser Höhle wohl sein musste und welche Schätze im See wohl verborgen sein mochten. Danach drehten wir uns in die andere Richtung und betrachteten die unendliche Weite des Meeres und hörten den Wellen zu, wie sie von Liebe, Leben und Trost erzählten. Hier auf diesem Stein vergaßen wir die Wichtigkeit unseres eigenen Daseins, die ganze Schwere des Lebens sowie das Gefühl von Raum und Zeit. Irgendwann sprach Lorraine aus, was wir beide in diesem Moment dachten: *«Alles ist gut.»*

Dieses Erlebnis schweißte uns zusammen und immer, wenn wir beide verzweifeln und nicht mehr weiterwissen, denken wir an unsere gemeinsame spirituelle Erfahrung auf dem Stein im Meer zurück, als die Wellen zu uns sprachen.

Da sie den Unfall von Frank für ein schlechtes Omen hielten, verzichteten die beiden Engländer vorerst auf den Hauskauf in Vagionia. Sie blieben uns aber als Freunde erhalten und wer weiß, vielleicht wird es doch eines Tages klappen mit ihrer Einwanderung in unser Dorf.

## 22.4 Unvergessliche Begegnungen

Die traditionelle *Filoxenía*, die spontane und bedingungslose Gastfreundschaft der Kreter auch gegenüber Fremden, beschied uns unbeschreiblich wertvolle menschliche Begegnungen. So auch, als Dimitris und ich auf dem Weg zum Kloster Koudouma, mitten in den Asterousia-Bergen, von einer uns unbekannten picknickenden Familie angehalten und zum Essen eingeladen wurden. Bei schmackhaftem gebratenem Lammfleisch machten wir uns bekannt, tranken frisches Quellwasser vom Brunnen und dann trennten sich unsere Wege wieder. Es war das Vergnügen, in Gesellschaft zu essen und zu teilen, welches die Familie veranlasst hatte, uns einzuladen.

Ein anderes Mal als unser Geländewagen auf dem Weg in die Hauptstadt wieder einmal eine Panne hatte und Dimitris Hilfe beim Radwechsel brauchte, da hielt gleich das erste vorbeifahrende Auto. Es war der Schäfer Stavros vom Bergdorf Tefeli, der wie durch ein Wunder einen von uns dringend benötigten Wagenheber mitführte. Mit vereinten Kräften war der neue Reifen schnell montiert und Stavros lud uns zur Erfrischung in sein Heim ein.

Wir lernten seine Frau, die Schwiegertochter, den fröhlich in seinem Baby-Laufstall spielenden Enkel und Stavros' Sohn kennen, der unseren Pickup bewunderte und meinte, ihn mit seiner auffälligen Außenbeschriftung bereits einmal in Mires vorbeifahren gesehen zu haben. So berühmt war unser weißer Ford Ranger also bereits geworden! Genüsslich probierten wir uns durch die verschiedenen köstlichen, selbstgemachten Käsearten der Familie und aßen Mais-Grissini dazu und schon war der Ärger mit unserem Auto vergessen.

Das zweite Standbein der Familie waren die Trauben, deren Ernte aber in jenem Jahr wegen eines ungünstigen Niederschlags sehr gering ausfallen würde. Der Sohn erhoffte sich Hilfe durch den Staat, um den Verlust zu kompensieren. Aus vergangenen Jahren war noch etwas hausgemachter Wein übrig, den wir gerne verköstigten. Zum Nachtisch gab es in Zuckersirup eingelegte Feigen.

Unsere neuen Freunde ließen durchblicken, dass sie in so bescheidenen Verhältnissen lebten, dass sie sich nicht einmal einen Ausflug an die Küste leisten konnten. An leiblichem Wohl und an Familienzusammenhalt schien es ihnen aber nicht zu fehlen und sie führten trotz ihrer Armut ein zwar sehr genügsames, aber glückliches Leben. Das Wenige das sie besaßen, teilten sie bereitwillig mit uns Fremden. Um ein wunderschönes Erlebnis reicher, kauften wir noch einen leckeren *Graviéra*-Käse von unseren Wohltätern und machten uns wieder auf den Weg nach Heraklion.

Im Gegensatz zu mir verspürte Dimitris kein Bedürfnis, den Kontakt zur Familie aufrechtzuerhalten und ein neues Treffen zu vereinbaren. Solche spontanen Begegnungen sind auf Kreta normal und genauso schnell wie man sich kennengelernt und Gefallen aneinander gefunden hat, verabschiedet man sich auch wieder auf unbestimmte Zeit voneinander. Sollte man sich jedoch per Zufall wiedersehen, ist die Freude jedes Mal riesengroß und man führt die Bekanntschaft genau an demjenigen Punkt weiter, an welchem man sich früher getrennt hatte. Keiner macht dem anderen Vorwürfe, die Freundschaft in der Zwischenzeit nicht gepflegt zu haben.

## 22.5 Hüter der Gänsegeier

Obwohl er im Herzen ein einsamer Wolf ist, gelingt es Dimitris immer und überall neue Kontakte zu knüpfen und jeder Ausflug mit ihm wird zu einem unvergesslichen Ereignis. Auch an entferntesten Orten dieser Insel trifft er auf alte Bekannte, die das Wiedersehen mit ihm feiern. Die Welt ist klein hier auf Kreta. Mein Mann ist mir ein Vorbild, was seine Kontaktfreudigkeit betrifft und ich habe durch ihn nach und nach gelernt, meine angeborene schüchterne Zurückhaltung abzulegen. Durch die Offenheit der Inselbevölkerung ist es mir immer wieder möglich, interessante Menschen kennenzulernen, auch wenn Dimitris nicht dabei ist.

Bei einer Wanderung zum Tripiti-Strand mit meiner Freundin Bettina begegnete uns Georgios, der gerade mit dem Unterhalt einer kleinen Steinkirche, welche wir unterwegs besuchten, beschäftigt war. Er lud uns auf einen Kaffee bei unserem gemeinsamen Freund Agisilaos ein, der mitten in der Schlucht eine Taverne mit eigenem Gemüsegarten und einen Zoo mit allen erdenklichen kretischen Lebewesen betrieb.

Nach dem steilen Abstieg auf einem eigenhändig von Agisilaos mit roten Punkten markierten Pfad erreichten wir das kleine Reich des Anarchisten mitten in den alten, verknorzten Olivenbäumen, wo Georgios bereits auf uns wartete. Bettina, welche die kretische Aufgeschlossenheit noch nicht kannte, hörte gebannt zu, als uns Georgios von seinem Leben erzählte, während Agisilaos, außer dem bestellten Kaffee, laufend neue leckere *Mezé*-Teller mit gebratenem Gemüse, mit Reis gefüllten Weinblättern und hauseigenem Ziegenkäse, auftischte. Auch der obligate *Rakí*-Schnaps zur Verdauung durfte nicht fehlen.

Um die Taverne war ein mannshoher Zaun gezogen worden, durch welchen uns die Ziegen, Hunde, Katzen und das Geflügel beobachteten. Ihnen war der Zugang zur Taverne verwehrt, dafür genossen sie die uneingeschränkte Freiheit, in der Natur der Tripiti-Schlucht herumwandern zu dürfen. In Agisilaos' Taverne fühlten wir uns fast wie im Zoo. Nur dass es hier umgekehrt war: Die Tiere betrachten die seltsame Spezies Mensch durch das Käfiggitter.

Wir erfuhren von Georgios, dass er von seinem Vater eine Kirche unter dem Kofinas geerbt hatte, die er hegte und pflegte. Zusätzlich war er für die drei Gebetshäuser in der Tripiti-Schlucht zuständig, die unter anderem dem Apostel Paulus gewidmet waren, welcher der Legende nach einst bei einer seiner Missionsreisen hier vorbeikam und der angeblich folgende wenig schmeichelnde Worte über die Inselbewohner geschrieben hatte: «*Kreter sind immer Lügner, wilde Tiere und faule Bäuche.*»

Georgios' großes Hobby ist die Poesie und er gab uns einige Gedichte aus seinem Band zum Besten, die ich für Bettina unter allergrö*ß*ten Mühen zu übersetzen versuchte. Bettina war bereits beeindruckt und meine Begeisterung entflammte ebenfalls, als ich erfuhr, dass Georgios ebenfalls für den Erhalt der Gänsegeier-Population des Asterousia-Gebirges verantwortlich war.

Wir konnten bereits viele der erhabenen Tiere auf unserer Wanderung beobachten, wie sie sich mit einer Flügelspannweite von über zwei Metern fast unbeweglich durch die Lüfte treiben ließen. Die Greifvögel haben keine natürlichen Feinde und beseitigen die Kadaver von verendeten Ziegen und Schafen in unseren Bergen. Sie sind als Aasfresser keine Gefahr für die Lämmer. Deshalb werden sie von den Schäfern geschätzt und in Ruhe gelassen. Wir vernahmen, dass sich bereits hundertsiebzig Gänsegeier in unserem Gebirge angesiedelt hatten und dass sie von Tierschützern wie Georgios zusätzlich gefüttert wurden, weil es für so viele Tiere in der freien Natur zu wenig Nahrung gab.

Schließlich erzählte uns Georgios noch, wie er einmal im Sommer auf dem Gipfel des Kofinas übernachtete. Vor dem Einschlafen betrachtete er den klaren Sternenhimmel und den Mond über sich und fühlte sich dabei eins mit dem Universum. Dem Himmel so nah, dachte er in diesem Augenblick: «*Mein Gott, jetzt darfst du mich getrost zu dir holen.*» So eine Nacht auf dem Kofinas muss herrlich sein. Das möchte ich auch einmal erleben.

Vorerst reizte uns aber der Strand und wir verabschiedeten uns von Georgios, der uns so viel von sich berichtet und gegeben hatte, dass er uns jetzt wie ein alter Bekannter vorkam. Bevor wir weiterzogen, gab uns Agisilaos noch eine Führung durch den Garten und lockte mit schrillen Rufen einen Adler an, den er eigenhändig aufgezogen hatte und der auch als erwachsener Vogel gerne vorbeikam, um ein Stück Fleisch zu ergattern.

Ganz spontan und ungeplant wurde unsere simple Wanderung in der Tripiti-Schlucht zu einem unvergesslichen Erlebnis, das Bettina und mir in spezieller Erinnerung geblieben ist.

## 22.6 Trost aus dem Jenseits

Eines Abends rief mich meine Mutter an und teilte mir die Schreckensnachricht mit, dass mein Vater sterbenskrank sei. Obwohl unser Gästehaus voll besetzt war und wir viel zu tun hatten, bestärkte mich Dimitris, zu ihm in die Schweiz zu fliegen und am nächsten Tag um fünfzehn Uhr saß ich bereits an Papas Krankenbett. Es war beruhigend zu erfahren, wie schnell und einfach es dank den zahlreichen, günstigen Flügen möglich ist, die Distanz zu überwinden und im Notfall in die alte Heimat zu gelangen.

Nach einer Woche gab es Hoffnung, dass mein Vater noch einige Monate durchhalten würde und ich reiste mit gemischten Gefühlen nach Kreta zurück, um Dimitris, der den Laden unter Hochdruck alleine geschmissen hatte, wieder unter die Arme zu greifen. Leider ging es danach sehr schnell bergab mit dem Gesundheitszustand meines Vaters und er verstarb nur vier Tage nach meiner Rückkehr nach Kreta.

An seinem Todestag machte ich, mit dem dumpfen Gefühl von Trauer, Frühstück für unseren australischen Gast Serdal, welcher einen ganzen Monat bei uns verbrachte und inzwischen wie ein Familienmitglied für uns war. Jeden Tag unternahm der athletische und braungebrannte Mann lange Fahrradausflüge über die Berge zu den abgelegenen Stränden. An diesem Morgen verweilte der mitfühlende Gast aber etwas länger bei uns, um mir Trost zu spenden. Irgendwann entdeckte er eine gut getarnte Gottesanbeterin, die in Griechenland als Glücksbringerin gilt, auf dem grasgrünen Frühstückstisch und wir freuten uns beide über diesen seltenen Besuch. Das seltsame Tierchen blieb den gesamten Vormittag bei uns, beäugte uns interessiert und lenkte uns von den trübseligen Gedanken ab. *Ein Zeichen vom Himmel?*

Am Abend erhielten wir überraschend Besuch von zwei Freunden von Dimitris aus seiner Zeit in Heraklion. Es waren viele Jahre vergangen, seit sie sich das letzte Mal gesehen hatten. Nach dem gemeinsamen Abendessen packten die beiden kretischen Besucher ihre Instrumente aus und spielten melancholische Volkslieder. Serdal und das junge Pärchen aus Belgien, welche ebenfalls spontan in den Genuss des Konzertes kamen, waren hingerissen. Für mich war die Musik Balsam für meine Seele. Nichts hätte mich besser trösten können. Dimitris' Freunde wussten nichts davon, was ich an diesem Tag durchmachen musste. Sie kamen einfach per Zufall vorbei, hatten ihre Instrumente dabei und waren in der Stimmung, Musik zu machen. *War das wirklich bloß eine glückliche Fügung oder waren da höhere Mächte im Spiel?*

## 22.7 Der Mond von Vathy

Meine Tochter Marina war nie eine Freundin von langen Wanderungen gewesen. Als junge Frau erkannte sie jedoch, wie sehr sie in der Natur zur Ruhe kommen konnte und wir begannen, gemeinsame Expeditionen in die Wildnis von Kreta zu unternehmen. Von Matala zur einsamen Bucht Vathy zu wandern, war ein langgehegter Traum von uns beiden. Wir gelangten bei einem Ausflug bereits bis zur Blauen Lagune, welche sich ungefähr auf der Mitte der Strecke befand. Da wir jedoch am gleichen Tag wieder zurück in Matala sein wollten, mussten wir von dort wieder umkehren. Für die gesamte Wanderung nach Vathy müssen zwei Tage eingeplant werden.

An einem warmen Oktobertag ergab sich die Möglichkeit für uns beide, dieses Abenteuer in Angriff zu nehmen. Wir hatten gerade ausnahmsweise keine Gäste in der «Villa Eleftheria». Dimitris war zwar nicht begeistert, dass wir draußen in der freien Natur übernachten wollten, er wagte es jedoch nicht, die entschlossene Marina umzustimmen. Frühere Versuche, seine willensstarke Stieftochter einzuschüchtern, waren bereits kläglich gescheitert. Deshalb beschränkte er sich vor unserem Aufbruch darauf, mir mit sorgenvollem Gesichtsausdruck zuzuraunen: «Ihr seid selber schuld, wenn euch etwas passiert. Ruf mich bloß nicht an, falls du Hilfe benötigst.» Ich ließ mir jedoch die Vorfreude auf die Qualitätszeit mit meiner Tochter und auf den Aufenthalt in der Stille der Natur nicht durch seine schlechte Stimmung vermiesen und ich nahm ihn beruhigend in die Arme.

Kletterbegeisterte Gäste, welchen wir von unserem Vorhaben erzählt hatten, empfahlen mir, meinen Hund zur Gesellschaft und zu unserer Sicherheit mitzunehmen. Wir nannten den mittelgroßen Golden-Retriever-Mischling Hermes, weil seine buschigen, hängenden Ohren an die Flügel des Götterboten erinnern. Der Vierbeiner war erst acht Monate alt und man sollte junge Hunde nicht überfordern. Er hatte zwar noch nie an langen Spaziergängen teilgenommen, war aber voller Kraft und Energie, sodass ich ihm die Wanderung zutraute. Schließlich würden wir kein Wettrennen veranstalten und immer wieder Pausen einlegen, bei welchen er sich ausruhen konnte. Hermes durfte darum auf einer Decke auf dem Rücksitz des Rangers Platz nehmen und wir fuhren frohen Mutes nach Matala.

Während ich in der Bäckerei noch ein paar Getreideriegel zur Stärkung besorgte, genoss Hermes die Streicheleinheiten der Passanten. Das ungewohnte Gewicht meines Rucksacks, in welchen ich meinen Militärschlafsack, drei Liter Wasser und den Proviant für zwei Tage gepackt hatte, machte mir anfangs zu schaffen. Oberhalb des Red Sand Beaches gewöhnte sich mein Körper jedoch an die Anstrengung und meine Atmung normalisierte sich. Marinas Schlafsack war leichter, dafür hatte sie mehr Wasser dabei. Die sportliche Marina hatte jedoch keine Konditionsprobleme. Wir warfen einen Blick hinunter zum Traumstrand, wo sich eine für Oktober beachtliche Anzahl Touristen im Wasser vergnügte. Das war für einige Zeit das letzte Mal, dass wir andere Menschen zu Gesicht bekommen sollten.

Wir folgten dem mit roten Punkten gekennzeichneten Pfad zu den Klippen. Eine grüngemusterte Eidechse überquerte hurtig unseren Weg. Dicht hinter uns schnupperte Hermes hochinteressiert die neuen Gerüche der ihm unbekannten Umgebung, indem er seine spitze Nase in die dornigen Büsche steckte. Sein Schwanz war hochaufgerichtet und das lange Fell wehte wie eine Fahne im Wind. Auf den Klippen angekommen gönnten wir uns die erste Rast und genossen den grandiosen Ausblick über das türkisblaue Meer. Auf den lieblichen Wellen glitzerten Diamanten. Ein sanfter Wind wehte und machte das Sitzen in der glühenden Sonne erträglich. Weit und breit war kein Baum zu sehen. Die Sommersonne und die Schafherden hatten die Vegetation aufs Minimum reduziert. Lediglich einige immergrüne Büsche und Sträucher ragten aus den Steinritzen. Es herrschte eine Stille, wie ich sie nur auf Kreta erlebt habe, wenn kein menschliches Geräusch und kein Fahr- oder Flugzeug die Stimme der Natur übertönt. Welche Wohltat, dem Flüstern des Windes und dem fernen Rauschen der Brandung zuzuhören. *Ach, wie sehr ich diese Insel doch liebte!* Wir hätten noch stundenlang hier sitzen können, aber wir hatten noch einen weiten Weg bis nach Vathy vor uns und mussten weiter.

Hermes war verschwunden und hörte unsere Rufe nicht. Marina fand ihn schließlich tief schlafend unter einem Ginsterstrauch. Er wunderte sich ein bisschen, dass der Ausflug noch nicht zu Ende war, begleitete uns dennoch hochmotiviert während der nächsten Etappe zur Blauen Lagune. Nach den Klippen gab es keine roten Farbkleckse mehr, die den Weg markierten. Das war unproblematisch, denn wir kannten den Weg ja bereits von früheren Expeditionen. Außerdem hatten unsere Erntehelfer vor Monaten, bei einem gemeinsamen Ausflug zur Blauen Lagune, Steinmännchen aufgeschichtet, an denen wir uns jetzt vergewissern konnten, dass wir uns auf dem rechten Weg befanden. Wir erreichten eine Ziegenweide und fanden die Stelle, an welcher sich der Zaun leicht öffnen ließ. Hermes verhielt sich vorbildlich, als wir an den Ziegen vorbeigingen. Er war noch zu jung, um seinen Jagdtrieb auszuleben und er hatte außerdem einen gehörigen Respekt vor den kuriosen Tieren, die uns aus sicherer Distanz wiederkäuend beäugten.

Drei Stunden nach unserem Start in Matala erreichten wir endlich die Lagune und packten unser Picknick aus. Danach balancierten wir über die muschelbedeckten Felsen und sprangen ins Meer. Hermes meinte, uns retten zu müssen und folgte uns ins kühle Wasser. Wir planschten eine Weile gemeinsam herum, bis Hermes genug hatte und sich für einen Mittagsschlaf in den Schatten legte. Das fanden wir eine gute Idee. Wir breiteten unsere Badetücher auf den flachgespülten Felsen aus und erholten uns bei einem Nickerchen vom anstrengenden Marsch. Als wir uns fit genug fühlten, setzten wir unseren Weg nach Vathy fort.

Ab hier war die Strecke für mich Neuland. Ich war ziemlich aufgeregt und freute mich darauf, die unbekannte Landschaft auszukundschaften. Von der Lagune bis nach Vathy gab es keine Wegmarkierungen mehr. Ich wusste jedoch aus der Streckenbeschreibung im Internet, dass wir uns möglichst nah an der Küste halten mussten. Wir wanderten über eine Mondlandschaft aus Kalkstein und Hermes fand eine mit Regenwasser gefüllte Ausbuchtung, bei welcher er seinen Durst stillen konnte.

Manchmal fielen die Klippen so steil und rutschig ins Meer, dass wir es vorzogen, die Schluchten weiter im Hinterland hoch und runter zu steigen. Das war sehr anstrengend. Bei einem Abstieg fiel Marina auf die Hüfte und eine Schrecksekunde lang dachte ich an Hannis Beinbruch. Wir hatten schon seit Stunden keine Netzverbindung mehr. Ich hätte Marina an der Unfallstelle lassen und alleine zurück nach Matala marschieren müssen, um Hilfe zu holen, hätte sie sich verletzt. Glücklicherweise stand sie mit schmerzverzerrtem Gesicht wieder auf und folgte mir die Zähne zusammenbeißend weiter in östlicher Richtung.

Die Dämmerung setzte bereits ein, als wir den letzten Hügel erklommen und wenig später die einsame Bucht von Vathy in unser Blickfeld kam. Der letzte Abstieg war kein Zuckerschlecken. Der unerfahrene Hund weigerte sich an einer besonders steilen Stelle, uns zu folgen und als ich ihn tragen wollte, wich er zurück und flüchtete auf den Gipfel des Hügels zurück. Ich beschloss, dass wir Hermes zurücklassen und alleine weitergehen mussten, denn ich zweifelte, dass sich der verschreckte Vierbeiner einfach einfangen lassen würde. Außerdem waren wir erschöpft und mussten den Talmarsch vor Einbruch der Dunkelheit schaffen. Wir rutschten die Sanddüne hinunter und setzten uns an den Strand.

Ich hoffte, dass Hermes von alleine einen für ihn passenden Weg finden würde, um uns zu folgen. Sonst musste er auf dem Hügel übernachten, bis wir morgen zurückkehren würden. Der Strand war nur wenige Luftlinienmeter von seinem Standort entfernt, sodass er uns immer im Blick hatte und deshalb wenigstens wusste, dass wir noch da waren.

Wir aßen ein belegtes Brot und genossen die Schönheit des magischen Ortes. Es wurde bereits etwas kühl, deshalb verzichteten wir auf ein Bad, obwohl das ruhige und friedvolle Wasser uns förmlich einzuladen schien. Wir befürchteten, dass wir uns nach einer Abkühlung im Meer nicht mehr genügend würden aufwärmen können vor der Nacht. Meine Schuhe waren noch nicht genügend eingelaufen und ich fühlte, dass sich erste Blasen gebildet hatten. Ich gönnte meinen geschundenen Füssen deshalb noch ein kühlendes Bad und drehte danach noch eine kleine Runde durchs Dorf, während sich Marina in der Mitte des Strandes unter den Strandzedern in ihren Schlafsack einnistete.

Es stehen nur wenige verstreute Häuser in der Bucht von Vathy, welche von Einheimischen als Feriendomizile genutzt werden. Außer einer in ihrem Gehege dösenden Schafherde war niemand zu sehen. Wir schienen an diesem Tag die einzigen menschlichen Besucher von Vathy zu sein. Ich kehrte zurück an den Strand und legte mich neben meine müde Tochter.

Über dem östlichen Hügel stieg der leuchtende Vollmond auf und legte einen hellen Schein aufs pechschwarze Meerwasser vor uns. Vom westlichen Hügel ertönte passend dazu ein Wolfsgeheul, als Hermes seiner Verzweiflung, nicht bei uns sein zu können, Ausdruck verlieh. Hermes' Klagen waren bereits verstummt, als wir ein Motorengeräusch hörten und ein schwarzer Pickup neben dem gestrandeten Fischerboot am linken Ende des Strandes auftauchte.

Drei jüngere Männer stiegen aus und leuchteten mit ihren Taschenlampen ins Wasser. Ich nahm an, dass es Fischer waren, die ihre Ausrüstung überprüften. Marina hatte andere Vorstellungen. Sie raunte mir ängstlich zu: «Mama, wenn diese Männer uns etwas antun wollen, dann wäre jetzt niemand hier, der uns helfen könnte. Nicht einmal Hermes könnte uns nun beschützen.» «Nur keine Sorge!», antwortete ich. «Hier auf Kreta kannst du dich sicher fühlen, denn es gibt nur eine geringe Kriminalität.» Dann kam mir ein Geistesblitz, wie ich die Situation noch zusätzlich entschärfen konnte. «Wenn wir aufhören zu sprechen und uns in unsere Schlafsäcke einwickeln, dann merken die doch nicht einmal, dass wir Frauen sind, wenn sie uns entdecken und kommen erst gar nicht auf dumme Gedanken», teilte ich Marina mit. Sie fand diesen Vorschlag schlau und wir verzogen uns beide schweigend in die Tiefen unseres Nachtlagers. Ich sah noch, wie die Jungs mit den Lampen in unsere Richtung leuchteten. Dann stiegen sie wieder in ihr Fahrzeug und verließen Vathy. Erleichtert entspannten wir uns und schliefen endlich ein, als der Mond bereits ein Drittel seines Weges über die Bucht von Vathy zurückgelegt hatte.

Obwohl ich es genügend warm hatte in meinem Militärschlafsack, schreckte ich während der Nacht, wegen der ungewohnten Geräusche in der freien Natur, öfters aus dem Schlaf auf und beobachtete, wie sich der Mond immer weiter in Richtung von Hermes' Schlafplatz auf dem Westhügel mit den steilen Klippen bewegte. Auch Marina schlief schlecht, denn sie fror ein wenig und machte sich Sorgen, ob wir Hermes morgen wiederfinden, ob unser Wasser wohl ausreichen und ob wir es unfallfrei zurückschaffen würden.

Am frühen Morgen drängte sie mich, gleich nach dem Frühstück wieder aufzubrechen. Ich wollte jedoch vorher im Dorf nach Wasser suchen, um unsere Plastikflaschen aufzufüllen. In einer noch funktionierenden Außendusche wurde ich fündig. Allerdings wurde die

Dusche von Wasser aus einer Plastiktonne gespeist, welche dort bestimmt schon seit Wochen lagerte. Kein Problem, mein Kuhmagen würde das schon aushalten. Marina jedoch war vorsichtig und wollte kein abgestandenes Wasser aus Vathy mitnehmen.

Der Aufstieg zum Westhügel gestaltete sich noch schwieriger als der Talmarsch vom Vortag. Wir mussten an einigen Stellen sogar klettern, um auf die höher gelegene Ebene zu gelangen. Meiner kräftigen und beweglichen Tochter fiel es leichter als mir, sich an den Felswänden hochzuziehen. Kein Wunder, schließlich hatte ich ein paar Jahre und ein paar Kilos mehr auf dem Buckel. Marina übernahm die Führung und half mir wo nötig. Als wir schon ziemlich weit oben waren, verlor ich meinen Halt und war bereits im Begriff in die Tiefe zu stürzen, als Marina in letzter Sekunde mein Handgelenk zu fassen kriegte und mich hochzog, während Hermes schwanzwedelnd mein Gesicht ableckte. Er hatte uns vorher von seinem Aussichtspunkt auf dem Gipfel aus beobachtet und rannte zu uns, als wir in seine Nähe kamen.

Froh, unser Hündchen endlich wieder bei uns zu haben, begaben wir uns auf die höchste Stelle des Hügels, von wo aus wir die herrliche Aussicht auf die Vathy-Bucht noch einmal genießen konnten. Hermes bekam ein reichhaltiges Frühstück und Wasser aus meiner Trinkflasche, da es in dieser Gegend so trocken war, dass nirgendwo in der Natur Süßwasser für ihn zu finden war.

Dank der kühleren Morgentemperaturen und weil wir uns über Nacht ausreichend erholt hatten, war die Schluchtenwanderung angenehm und nicht zu anstrengend. Bei einem weißen, flachen Kieselstrand, der uns bereits am Vortag ins Auge gestochen war, wo wir aber beim Hinweg aus Zeitmangel nicht Halt machen konnten, gönnten wir uns nun eine Pause. Wir beide genossen ein Bad, während Hermes im Schatten eines Felsens, mit seinen spitzen Zähnen, geschickt einen Dorn aus seiner rechten Hinterpfote entfernte. Als wir den Rückweg fortsetzten, ließen wir die Blaue Lagune links liegen und setzten uns etwas später in einer Schlucht unter den Schatten des einzigen Baums weit und breit und verspeisten die letzten belegten Brote.

Mittlerweile knallte die Sonne noch unbarmherziger vom Himmel als am Tag davor und es war fast kein Luftzug zu spüren. Wir waren theoretisch noch zwei Stunden von Matala entfernt, aber ich musste mein Marschtempo drosseln, denn meine geschwollenen Füße machten jeden Schritt zur Qual. Hermes schien ebenfalls ziemlich erschöpft zu sein, denn er nutzte jede noch so kleine Pause für einen Erholungsschlaf. Einzelne Strähnen seines Felles leuchteten in der Sonne wie Goldfäden. Als ich endlich wieder eine Netzverbindung hatte, sah ich auf meinem Handy, dass Dimitris bereits sechs Mal angerufen hatte. Ich rief ihn zurück und teilte ihm mit, dass es uns gut ginge, dass wir kurz vor Matala seien und bald zuhause eintreffen würden. Auf den Klippen vor dem Red Sand Beach aßen wir die Getreideriegel, um unseren Blutzucker zu erhöhen.

Vor dem letzten Hügel von Matala, zurück in der Zivilisation und unserer Endstation so nah, mussten wir eine Zwangspause einlegen, weil sich Hermes erschöpft in den Schatten eines Felsens legte und sich partout nicht überreden ließ, weiterzugehen. Wir tranken die letzten Wasserreste und freuten uns, dass der Vorrat bis zum Ende der Wanderung gereicht hatte. Unser Gepäck war jetzt federleicht, ohne das Picknick und das Wasser, und als Hermes wieder fit war, erklommen wir unter Aufbietung unserer verbliebenen Kräfte die finale Anhöhe vor unserem Ziel.

Wir ernteten einige verwunderte Blicke von Touristen, die sich wahrscheinlich fragten, was die beiden verschwitzten, niedergekämpften Frauen mit dem müden Hündchen im Schlepptau wohl erlebt hatten. Der sonst so zutrauliche Vierbeiner wich den Passanten konsequent aus, die ihn unterwegs streicheln wollten. Er war zu erschöpft für Zuwendungen und wollte nur noch nach Hause. Der Duft von *Gíros* stieg uns in die Nase. Es schien fast so, als würde ganz Matala nach gebratenem Fleisch riechen. Eigentlich ist Fast Food für mich ein Tabu, aber angesichts unserer Leistung, wollte auch ich mir ausnahmsweise ein Sandwich mit fettigem Fleisch vom Grillspieß gönnen.

Wir setzten uns in das erstbeste *Gíros*-Lokal und bestellten. Hermes haute sich sogleich aufs Ohr und es war ihm egal, dass sein Schlafplatz so unglücklich gewählt war, dass er den ganzen Eingang des Restaurants blockierte. Nach der Verkostung einiger *Gíros*-Reste schaffte er es, uns zum Auto zu folgen.

Obwohl ich danach im Gegensatz zu Marina noch einige Tage mit Muskelkater zu kämpfen hatte, erinnere ich mich sehr gerne an den gemeinschaftlichen Ausflug nach Vathy zurück. Zwar sprachen wir während der Wanderung nicht viel miteinander, um unseren Atem für die anstrengenden Aufstiege zu sparen, dennoch verstärkte sich unsere Bindung bei diesem Abenteuer auf magische Weise. Wir wissen jetzt, dass wir viel erreichen können, auch wenn wir auf uns alleine gestellt sind und dass wir uns aufeinander verlassen können. Die Ruhe in der kretischen Wildnis war sehr wohltuend und erholsam. Schon bald hatte ich alle Mühen vergessen und dachte nur noch an die schönen Erlebnisse mit meiner geliebten Tochter. Marina sah das etwas anders. Als ich sie einige Wochen später fragte, ob sie wieder einmal mit mir nach Vathy gehen wolle, meinte sie: «Ja, das möchte ich schon! Aber das nächste Mal fahren wir mit dem Geländewagen dahin!»

# 23. Epilog

## 23.1 Kreta in Coronazeiten

Kreta war im Frühjahr 2020 kaum von der Pandemie betroffen. Trotzdem waren wir einige Wochen lang stark in unserem Leben eingeschränkt. Wie fast überall auf der Welt wurden Geschäfte geschlossen und es wurde eine Ausgangsbeschränkung und ein Kontaktverbot erlassen. Die Insel war komplett für Besucher abgeriegelt. Selbst Griechen durften nur einreisen, wenn sie einen Wohnsitz auf Kreta und einen guten Grund für die Einreise nachweisen konnten. Bis anhin wusste ich nicht, was es bedeutete, einen Inselkoller zu haben, denn Kreta ist so weiträumig und vielfältig, dass ich mich hier nie eingeengt gefühlt habe. Außerdem gibt es auf unserer Insel alles, was das Herz begehrt. Kreta könnte theoretisch sogar ohne Importe existieren, so ergiebig ist seine Natur. Es ist fast so, als lebte man auf einem achten Kontinent.

Als das schweizerische Konsulat mir Mitte März 2020 schrieb, dass nun die letzten Flüge in die Schweiz stattfinden würden und dass ich sofort ausreisen müsse, falls ich die Insel noch verlassen wolle, da wurde mir schon etwas mulmig. Ich dachte an meine Mutter. Was wäre, wenn sie krank werden würde? Dann könnte ich nicht einmal zu ihr reisen, um sie in meine Arme zu schließen. Dann aber wurde mir klar, dass es mir wegen des unsäglichen Besuchsverbots in den Krankenhäusern sowieso nicht erlaubt sein würde, meine Mutter zu sehen. Mir blieb nichts weiter übrig als zu hoffen, dass niemand den ich liebte, in dieser Zeit ernsthaft erkranken würde. Ich war erleichtert, dass ich mich während der Pandemie auf Kreta aufhalten durfte, wo das Virus kein großes Thema war und weiterhin ein entspannter Umgang herrschte. *Kreta ist der beste Ort auf der Welt, um eine Quarantäne durchzustehen.*

Marina konnte ihren geplanten zweimonatigen Aufenthalt bei uns, wofür sie extra ihren sicheren Arbeitsplatz gekündigt hatte, wegen den Reisebeschränkungen nicht antreten. Als mein Sohn Nikola seine wunderschöne Jelena zivil heiratete, musste er auf die Teilnahme beider Elternteile am Hochzeitsfest verzichten, denn auch sein Vater lebte inzwischen im Ausland und konnte nicht anreisen. Wir hoffen dafür, bei der kirchlichen Trauung später umso mehr auf den Putz hauen zu können.

Wie auch in der Finanzkrise von 2015 ging das Leben in Vagionia trotz der Regierungsmaßnahmen ziemlich locker weiter. *Man kann sich glücklich schätzen, wenn man in einer staatlichen Notlage auf dem Land lebt.* Als Hauseigentümer und Selbstversorger ist man weniger abhängig vom System und kann sich ein Stück Unabhängigkeit, Unbeschwertheit und Freiheit bewahren, auch wenn die Welt rundherum im Chaos versinkt.

Es ist ein neues Phänomen, dass immer mehr junge Leute das Landleben für sich entdecken. In unserer Familie kehrten seit Kurzem gleich drei Männer aus Heraklion in die Geburtsstätten ihrer Eltern und Großeltern zurück. Den Anfang machte Dimitris' Neffe Ilias, welcher von seiner zänkischen Schwester zu seiner Großmutter nach Vagionia flüchtete und sich innert Rekordzeit das Image des weltbesten Olivenbaumschneiders aufbaute. Auch Familienvater Ioannis beschloss nach der Scheidung, sein Leben komplett umzukrempeln und zog von der Hauptstadt nach Apesokari, weil er sich von einem Leben als Bauer mehr Glück und Zufriedenheit erhoffte. Nach dem Tod von Onkel Panagiotis übernahm sein gleichnamiger Enkel den Landwirtschaftsbetrieb. Der fünfundzwanzigjährige Städter eignete sich das erforderliche Wissen blitzschnell an und führt das Werk seines Großvaters mit einer unglaublichen Lust und Freude weiter. Der Onkel wäre sehr stolz auf ihn gewesen.

In jeder Krise, welche ich hier auf Kreta erlebt habe, steuerten die Inselbewohner ihren Kahn souverän und zuversichtlich durch die stürmische See. Weder die serbelnde Wirtschaft noch die zerstörerischen Unwetter oder die fallenden Olivenölpreise und schon gar nicht die Pleite eines einflussreichen Reiseanbieters konnten die robusten Kreter in die Knie zwingen. Auch wenn die meisten Menschen über wenig Rücklagen verfügen und ihnen der Sozialstaat nur selten und mit bescheidenen Mitteln unter die Arme greift, so können sie wenigstens immer auf die Unterstützung ihrer Mitmenschen zählen und das beruhigt ungemein. Als an Sicherheit gewöhnte Schweizerin ist es für mich wichtig zu wissen, dass ich in mageren Zeiten auf mein angespartes finanzielles Polster zurückgreifen kann.

Die Digitalisierung wurde stark vorangetrieben, um Warteschlangen vor den Banken und den Ämtern zu vermeiden. Dieser positive Effekt der Pandemie wird uns auch nach der Krise erhalten bleiben und unsere künftigen Behördengänge hoffentlich maßgeblich vereinfachen, auch ohne *Pápa Mímis* Hilfe.

Die Bauern gingen auch während der Coronazeit ihren täglichen Beschäftigungen draußen in der freien Natur nach und da die Meisten weitgehend Selbstversorger sind, litten sie nicht unter Existenzängsten. Es gab keine Hamsterkäufe im Supermarkt und auch kein Denunziantentum, falls sich jemand ausnahmsweise nicht an die Regeln hielt.

Statt sich im Café zu treffen, saßen die alten Herren vor ihren Hauseingängen und lächelten den Vorbeigehenden freundlich zu. Die Witwen trafen sich nicht mehr beim *Koutsoúri* und durften auch nicht mehr in die Kirche gehen. Sie vermissten die sonntäglichen Zusammenkünfte im Gotteshaus sehr, denn die Messen alleine vor dem Fernseher zu verfolgen war ein öder und unbefriedigender Ersatz. Weil Besuche von Verwandten ausfielen, wurden alle noch ein bisschen einsamer, aber das Vertrauen in die Regierung war groß und man fühlte sich beschützt.

Antonis, unser Dorfpräsident, fuhr während der Pandemie mehrere Male durch Vagionia und ließ über ein Megaphon die aktuellen Maßnahmen der Regierung verlauten. Außerdem durften sich alle Bedürftigen bei ihm melden und wurden mit Esspaketen versorgt.

Der alte Bauer Mathios zog aus Sicherheitsgründen eine Maske an, um seine Gartenarbeit zu verrichten. Mit der Zeit färbte sich das Vlies durch den vielen Staub hellbraun und Mathios sah ein, dass es sinnlos war, wie ein Bankräuber gestylt, Unkraut zu jäten und verzichtete fortan auf die Maskerade.

Weil seine heißgeliebten Ausflüge nach Mires durch die Corona-Maßnahmen verboten waren, fuhr Kostas täglich zu den Olivenhainen. In Ermangelung an menschlichen Gesprächspartnern unterhielt er sich manchmal lautstark mit seinen hölzernen Freunden. Unsere Bäume waren noch nie so gehegt und gepflegt worden wie während der Pandemie. Dimitris setzte viel Gemüse für schlechtere Zeiten in seinen Garten und auch ich suchte Erholung in der Natur, um mich von den niederschmetternden Nachrichten abzulenken.

Um ein bisschen Abwechslung und menschliche Interaktion zu erleben, unternahmen die Brüder fast täglich einen Spaziergang in den Dorfladen. Ich war sehr froh, dass die Männer die Einkäufe erledigten, denn mich stimmte es jedes Mal traurig, wenn ich den maskierten Eleftheris hinter der Kasse sitzen sah. Außerdem verstand ich seinen freundlichen Redeschwall nur bedingt, da er durch den Stoff der Maske gedämpft wurde und ich Eleftheris' Lippenbewegungen nicht sehen konnte.

Unser Gästehaus wurde per Regierungsdekret geschlossen und es war fraglich, ob die Insel vor dem Sommer für Touristen geöffnet werden würde. Die unerwartete Freizeit gab mir also Gelegenheit, endlich meine Erfahrungen der vergangenen fünf Jahre auf Kreta niederzuschreiben.

Jeden Tag erreichten mich mehrere Nachrichten von Freunden und früheren Gästen, die wissen wollten, wie es uns in dieser Ausnahmesituation ging, die uns Mut machten und versprachen, uns zu besuchen, sobald es wieder möglich sein würde. Sie schickten mir Bilder von Geisterorten aus der ganzen Welt und berichteten mir, wie sie selber die Lage einschätzten und wie sie mit den veränderten Umständen zurechtkamen. Die meisten dieser Kontaktaufnahmen waren positiv und ermutigend. Es waren die Ausflüge in die Natur und die gedankliche Verbundenheit mit so vielen Menschen, die mir dabei halfen, die Isolation unbeschadet durchzustehen.

Inmitten des Lockdowns gerieten zwei Nachbarn, ein Schafhirte und ein Kickboxer, in einem unerlaubt geöffneten Kaffeehaus in Anogia in einen Streit um einen Parkplatz. Ein Wort ergab das andere, bis wüste und ehrverletzende Beschimpfungen fielen und die Auseinandersetzung in einen handfesten Streit ausartete, der von den anderen Anwesenden nur mit Mühe beendet werden konnte.

Nachdem die Fäuste gesprochen hatten, begaben sich die beiden erhitzten Gemüter nach Hause, jedoch nur, um sich zu bewaffnen und sich auf der Straße zu einem Duell wiederzutreffen. Beim Konflikt musste schließlich der Schäfer, ein Familienvater, sein Leben lassen und der Vater des anderen Zänkers, der den Streit schlichten wollte, fiel ebenfalls einer Kugel zum Opfer.

Was genau geschehen war, muss die Forensik herausfinden, denn unter den über zwanzig Zeugen war wegen der *Omertá* - Schweigepflicht - niemand bereit, auszusagen. Man befürchtete eine *Ventéta* - Blutrache. Aus diesem Grund waren die Kriminalbeamten besonders vorsichtig und fassten die beiden involvierten, alteingesessenen Familien mit Samthandschuhen an.

Der überlebende Kickboxer flüchtete und stellte sich erst am nächsten Tag der Polizei. Die Familie des getöteten Burschen ließ die Tatwaffe vorerst verschwinden und rückte sie erst nach tagelangem Druck der Ermittler für die Untersuchung raus.

An den Beerdigungen versammelten sich tausende Menschen, obwohl wegen der Corona-Maßnahmen nur 10 Teilnehmer erlaubt gewesen wären. Kein Ordnungshüter hätte es aber gewagt, den Trauerzug aufzulösen und die Beteiligten zu bestrafen.

Bei uns in Vagionia kam meines Wissens während des Lockdowns kein einziges Mal die Polizei vorbei, um die Ausgangsformulare und –nachrichten sowie die Einhaltung der Abstandsregeln zu kontrollieren. In den Städten wird es freilich strenger zu und hergegangen sein, wobei die Staatsorgane in den Medienberichten den Eindruck machten, dass sie mehr auf Eigenverantwortung und Information setzten als auf angedrohte hohe Bußen. Sonst hätten die freiheitsgewohnten Griechen sich bestimmt gegen die Maßnahmen gewehrt, denn Druck erzeugt bekanntlich Gegendruck.

Ich kann nur hoffen, dass die Polizei, die Behörden und das Personal im Gesundheitswesen auch in anderen Teilen der Welt ihren gesunden Menschenverstand bewahren und sich über die zum Teil menschenfeindlichen Bestimmungen hinwegsetzen konnten. Wenn ich die globale Situation betrachtete, fand ich es schon bedenklich, wie Demokratie und Grundrechte aufgrund von Annahmen und theoretischen Hochrechnungen ausgehebelt werden konnten. Dass Kinder monatelang nicht mehr zur Schule gehen durften und zuhause eingeschlossen wurden und dass kranke und betagte Menschen nicht mehr besucht werden konnten, stimmte mich besonders traurig. Man stelle sich all die isolierten Menschen vor, in der Einsamkeit eines Altenheimzimmers und all diejenigen, welchen bei ihrem Todeskampf nicht einmal die tröstende Hand eines Angehörigen zugestanden wurde.

Wie kann man je über das Dahinscheiden eines geliebten Menschen hinwegkommen, wenn man sich nicht einmal mehr von ihm verabschieden darf und einem sogar die Teilnahme am Begräbnis verwehrt wird? Wir müssen aus diesem unsäglichen Drama lernen, dass die Würde des Menschen und die Freiheit niemals aus unserem Blickfeld verschwinden dürfen, wie es uns die Griechen schon immer vorgelebt haben. Die gemachten Fehler dürfen niemals wiederholt werden.

## 23.2 Fazit und Zukunftsträume

Kostas, der normalerweise mit Komplimenten eher geizig umgeht, fragte kürzlich eine Erntehelferin aus Kanada: «Weißt du, was das Beste ist, das diesem Haus je passiert ist?» Nach ihrem Schulterzucken führte er aus: «Unser größtes Glück ist, dass wir Catia bei uns haben.» Das war wahrscheinlich die schönste Anerkennung, die ich je von jemandem erhalten habe und ich fühlte mich gebauchpinselt. Ich habe mich oft gefragt, wie es für ihn als eingefleischten Junggesellen gewesen sein mag, als sich eine Frau in die Familienangelegenheiten einmischte. In seinem Leben hatte ja bisher höchstens sein Bruder etwas zu sagen.

Unser Stammgast Olli verriet mir einmal in einem schwachen Moment, dass in der «Villa Eleftheria» etwas andere Sitten herrschten, wenn ich mich im Ausland aufhielt, ganz im Sinne von: *Wenn die Katze aus dem Haus ist, dann tanzen die Mäuse*. Ich fragte dem Frieden zuliebe nicht weiter nach, was das bedeutete und ziehe es vor, nicht zu wissen, wie die beiden Brüder leben, wenn ich abwesend bin. Jedenfalls freuen sich beide Männer jeweils sehr, wenn ich wieder zurückkomme und sie beeilen sich jederzeit, mir meine Wünsche von den Augen abzulesen und zu erfüllen. Offenbar wird mein Einsatz auch von Kostas sehr geschätzt und ich fühle mich von beiden Brüdern respektiert und umsorgt. Jeder von uns dreien erledigt seinen Talenten entsprechend die nötigen Arbeiten, um unseren kleinen Betrieb aufrechtzuerhalten. Wir sind in kürzester Zeit zu einem perfekten Triangel geworden.

Kreta ist inzwischen mein Zuhause geworden. Dimitris' Schwiegersohn Vasilis nannte mich kürzlich einmal *Messarititsa* – eine aus der Messara stammende Person –, als ich wieder einmal in den höchsten Tönen von der Schönheit und dem milden Klima meines Tals schwärmte. Und er hat Recht: Es kommt mir fast so vor, als hätte ich schon immer hier gelebt.

Bei jeder Reise in die Schweiz fühle ich mich ein wenig fremder. Alles verändert sich blitzschnell in meiner alten Heimat und auch das Tempo, mit welchem die Leute durchs Leben hasten, steigt kontinuierlich an. Schon bei meiner Ankunft am Flughafen Zürich merke ich jeweils, wie viel bedächtiger meine Art zu gehen geworden ist, wenn sich hinter mir ein Menschenstau bildet und sich die Leute schrecklich über mich aufregen, weil sie wegen mir nicht schnell genug vorwärtskommen. Es dauert jeweils zwei bis drei Tage, bis ich mich an den Sturmschritt der Züricher angepasst habe. Neue Hochhäuser wachsen wie Pilze in den Himmel, wo früher Parks und alte Riegelhäuser standen und versperren den Blick zum Horizont. Es fühlt sich wie ein Brett vor dem Kopf an, wenn man immer nur eine Mauer im Blickfeld hat. Wie auch Clemens fällt es mir immer schwerer, mit der Engstirnigkeit und den vielen Regeln umzugehen.

Ich frage mich, wie die Verwöhnten unter den Schweizern mit einer existentiellen Notsituation umgehen würden, wenn sie oft bereits bei kleinsten Schwierigkeiten, wie einer Zugverspätung, aus der Fassung geraten. Der materielle Reichtum führt bei den wenigsten Menschen zum Glück. Viele meiner Bekannten fühlen sich vom immer grösser werdenden Druck am Arbeitsplatz überfordert und die Lebensqualität leidet. Das gute Sozialsystem kann nicht über die Ängste und Unsicherheiten hinweghelfen, welche durch die gesellschaftliche Vereinsamung entstehen.

Ein Leben auf Kreta aufzubauen, gelang mir leichter als gedacht. Mit etwas hingebungsvoller Pflege gedeihen unsere Olivenbäume prächtig, denn die Olive ist ein freundlicher Baum. Ein Gewächs, das jede Aufmerksamkeit in doppelter und dreifacher Weise vergütet. Unser schmackhaftes Olivenöl findet reißenden Absatz bei meinen Kunden in der Schweiz und bei den Gästen der «Villa Eleftheria». Niemals hätte ich erwartet, dass uns so viele Menschen besuchen würden. Vagionia liegt nicht an der Küste und hat keine besonderen Attraktionen zu bieten, außer dem puren Landleben der kretischen Bauern. Trotzdem entscheiden sich Gäste aus den entferntesten Winkeln der Erde, ihre Ferien bei uns zu verbringen und wir haben im Laufe der Jahre zahlreiche neue Freunde gewonnen.

Auch im persönlichen Bereich durfte ich mich in den vergangenen Jahren auf Kreta weiterentwickeln. Ich bin jetzt etwas mehr Mensch und ein bisschen weniger Maschine und muss nicht mehr einfach nur funktionieren, sondern habe gelernt, selber zu agieren. *Jedes Ziel kann man erreichen, wenn man es wirklich will und stark genug daran glaubt, wenn man es beharrlich genug verfolgt und seine ganze Energie in die Realisierung hineinsteckt, davon bin ich überzeugt.* Meine Ängste vor menschlichen Aggressionen und vor Spinnen konnte ich ablegen, denn wo kämen wir da hin, wenn ich bei jeder hitzigen Diskussion und bei jedem Anblick eines achtbeinigen Gliederfüßlers während der Landarbeit den Kopf verlieren würde? Ich fühle mich heute offener und freier als je zuvor.

Die Insel bietet viele Freiheiten und Möglichkeiten und es entwickeln sich in meinem Kopf immer neue Ideen für innovative und manchmal etwas verrückte Projekte. Wir könnten zum Beispiel eine Patenschaft für die Olivenbäume in Form eines Geschenkgutscheins mit der Möglichkeit eines Besuchs seines persönlichen Baums und dem Bezug einer bestimmten Menge Olivenöls anbieten. Und wie wäre es mit einem Olivenöl-Museum mit einem Baumlabyrinth für Kinder in Vagionia? Jedermann in unserem Dorf beschäftigt sich mit der Olivenölproduktion und hat bestimmt noch irgendwo einige antike Objekte zur Olivenölherstellung eingelagert, die er dem Museum zur Verfügung stellen könnte.

Außerdem träume ich von einem Campingplatz inmitten eines Olivenhains mit ganz vielen Tieren, wo jährlich bei Livemusik und *Souvláki*-Spießen ein Wettbewerb stattfindet, welcher Bauer das schönste Schaf und die prächtigste Ziege besitzt. In unserem Obstgarten könnten wir romantische Zelte für Liebespaare und eine Sauna für den Wintertourismus herrichten.

Ganz hoch im Kurs steht mein Plan, Eseltrekking mit Kindern durchzuführen und ein Esel müsste auch dabei sein, wenn ich den E4-Fernweg oder zumindest die mittlere Südküste Kretas erwandern möchte. Und ganz bestimmt wird sich in naher Zukunft jemand finden, der mit mir den Psiloritis besteigt, von dessen Gipfel aus die ganze Insel überblickt werden kann.

Die vielen leerstehenden Häuser des Dorfes könnten von Aussteigern aus aller Welt bewohnt werden und wir könnten eine Landwirtschaftskommune gründen, in der gemeinschaftliches Arbeiten, gegenseitige Hilfe, Nutzung des individuellen Talents, Teilen und Freiheit von gesellschaftlichen Zwängen, abseits vom Kommerz, gelebt werden könnten. Kostas sicherte mir bereits zu, sich als erstes Mitglied der Kommune anmelden zu wollen, wenn es so weit sei. Es würde mir sehr gefallen, zusammen mit meinen Freundinnen Bettina und Beata eine spirituelle Alterswohngemeinschaft zu gründen, falls sie sich nach ihrer Pensionierung für eine Auswanderung nach Kreta entscheiden.

Jugendlichen, die Schwierigkeiten haben, sich im Leben zurechtzufinden oder Kindern mit Aufmerksamkeitsdefiziten, könnten wir einen perfekten Rahmen bieten, um in der kraftspendenden Natur und in der kinderfreundlichen kretischen Gesellschaft zur Ruhe zu kommen.

Mein Leben wird nicht ausreichen, um alle Pläne und Visionen zu realisieren. Ich bin glücklich, wenn sich auch nur ein kleiner Teil meiner Ideen in die Tat umsetzen lässt.

*Mit diesem Buch ist bereits eines meiner Ziele in Erfüllung gegangen. Ich danke allen Lesern für das Interesse an meiner Auswandergeschichte und den zahlreichen Menschen, die mich bei der Verwirklichung meiner Träume stets begleitet und tatkräftig unterstützt haben. Ein besonderer Dank geht an meine beiden lieben Freundinnen Gordana Blagojevic und Beata Mara Moetsch-Kallus sowie an Lisa Pudwell, der Lektorin des agenda Verlags, die mir bei der Fertigstellung dieses Buchs mit viel Herzblut sowie mit Rat und Tat zur Seite gestanden haben - Efharistó polí!*

# Glossar

| ***Aussprache*** | ***Griechisch*** | ***Übersetzung*** |
|---|---|---|
| Agápi mou | αγάπη μου | meine Liebe |
| alithós anésti | *αληθώς ανέστη* | *er ist wahrhaft auferstanden* |
| Antilópi | αντιλόπη | Antilope |
| Apáki | απάκι | geräuchertes Schweinefleisch |
| Avlí | *αυλή* | *Innenhof* |
| Chórta | *χόρτα* | *Blattgemüse* |
| Christós anésti | *χριστός ἀνέστη* | *Jesus ist auferstanden* |
| Chrónia pollá | *χρόνια πολλά* | *viele (gute) Jahre* |
| Chrysí Avgí | *χρυσή αυγή* | *goldene Morgenröte (politische Partei)* |
| dióxe tin | *διώξε την* | *vertreibe sie* |
| efharistó polí | *ευχαριστώ πολύ* | *vielen Dank* |
| Elvetída | *ελβετίδα* | *Schweizerin* |
| Epitáphios | *επιτάφιος* | *Grabtuch Christi (symbolisch)* |
| Filoxenía | *φιλοξενία* | *Gastfreundschaft* |
| gia mas | *γεια μας* | *Prost* |
| Giatrós | *γιατρός* | *Arzt* |
| Gíros | *γύρος* | *Gyros Drehspieß* |
| Glénti | *γλέντι* | *Feier* |
| Graviéra | *γραβιέρα* | *Schafskäse* |
| Kafenío | *καφενείο* | *Kaffeehaus* |
| kaliméra | *καλημέρα* | *guten Tag* |
| kalispéra | *καλησπέρα* | *guten Abend* |
| kaló mína | καλό μήνα | guten Monat |
| kalós írthes | *καλώς ήρθες* | *willkommen* |

| | | |
|---|---|---|
| kalotáxido | *καλοτάξιδο* | *es möge gut reisen* |
| kaló Parádiso | *καλό παράδεισο* | *auf ein gutes Paradies* |
| Kaneláda | *κανελάδα* | *Zimtsirup* |
| Kíria | *κυρία* | *Frau* |
| Koutsoúri | *κουτσούρη* | *Baumstumpf* |
| Loukoúmi | *λουκούμι* | *zuckrige Süßigkeit* |
| Magirítsa | *μαγειρίτσα* | *Suppe aus Lamminnereien* |
| Mantinádes | *μαντινάδες* | *volkstümliche Reime* |
| Messarititsa | *μεσσαρίτητσα* | *aus dem Messara-Tal stammende Frau* |
| Metaxá | *Μεταξά* | Weinbrand-Spirituose |
| Mezédes | *μεζέδες* | *Appetithappen* |
| Mizíthra | *μυζήθρας* | *Molkenfrischkäse* |
| naí | *ναι* | *ja* |
| na sisis na ton thimase | να ζησεις να τον θυμασαι | lebe, um dich an ihn zu erinnern |
| na sísoun | *να ζήσουν* | *hoch sollen sie leben* |
| óchi | *όχι* | *nein* |
| Omertá | *ομερτά* | *Schweigepflicht (Ehrenkodex)* |
| Palikária | *παλικάρια* | *ganze Kerle* |
| Panigíri | πανηγύρι | Fest |
| Papádes | *παπάδες* | *Pfarrer* |
| Paximádia | *παξιμάδια* | *Zwieback* |
| Piláfi | *πιλάφι* | *Reisgericht* |
| Pípi i fakidomíti | *Πίπη η Φακιδομύτη* | *Pippi Langstrumpf* |

| | | |
|---|---|---|
| Pola Roupa | *Πόλα Ρούπα* | *Name einer Revolutions- führerin* |
| Posidónas | *Ποσειδώνας* | *Poseidon* |
| Poutána | *πουτάνα* | *Hure* |
| Psitó | *ψητό* | *Braten* |
| Rakí | *ρακή* | *Tresterbrand* |
| Siderénios | *σιδερένιος* | *gute Besserung* |
| Siganós | *σιγανός* | *langsamer Tanz* |
| Síllogos | *σύλλογος* | *Kulturverein* |
| Sínteknos | *σύντεκνος* | *Pate* |
| Soufláki | *σουβλάκι* | *Grillspieß* |
| ti kánis | *τι κάνεις* | *Wie geht es dir* |
| Tirosoúli | *τυροζούλι* | *Ziegenkäse* |
| Tsatsíki | τζατζίκι | *Gurkenjoghurt* |
| Ventéta | *βεντέτα* | *Blutrache* |
| Vérga | *βέργα* | *Stock* |
| Xéni | *ξένη* | *Fremde* |
| Zorbás | *Ζορμπάς* | *Name eines Romanhelden* |